ITALIAN–KOREAN KOREAN–ITALIAN
DIZIONARIO

이탈리아어-한국어
한국어-이탈리아어
입문소사전

이기철 저

외국어도서전문

1945
문예림

초보자를 위한
이탈리아어-한국어 입문소사전

이기철 저

이 한 입문소사전

초 판 인 쇄 : 2013년 5월 20일
초 판 발 행 : 2013년 5월 30일
저 자 : 이 기 철
발 행 인 : 서 덕 일
펴 낸 곳 : 도서출판 문예림
등 록 : 1962. 7. 12 제2-110호
주 소 : 서울특별시 광진구 군자동 1-13 문예
하우스 101호
전 화 : (02)499-1281~2
팩 스 : (02)499-1283
http://www.bookmoon.co.kr
E-mail : book1281@hanmail.net

* 잘못된 책이나 파본은 교환해 드립니다.

    유럽으로 여행을 떠나는 사람이라면 반드시 들리고 싶고, 들려야 하는 곳이 이탈리아이다. 왜냐하면 이탈리아는 유럽 역사의 중심이며 인간이 창조해 놓은 수많은 걸작이 오늘 날까지 살아 쉼 쉬고 있는 거대한 박물관이기 때문이다.

    우리가 흔히 말하는 '이탈리아'라는 나라의 역사는 그리 길지 않다. 이탈리아가 통일을 이룬 해가 1861년이기 때문이다. 이탈리아 통일이 이뤄지기 전까지 '이탈리아'가 의미하는 것은 단지 알프스 산맥 이남의 장화 모양으로 생긴 모양의 땅이었으며, 서로마 제국이 멸망한 해인 476년부터 1861년까지 이탈리아 반도에는 수많은 도시국가가 존재했기 때문이다. 이러한 이유로 이탈리아는 다양성과 독창성을 동시에 지니고 있는 나라이다.

    여러 문화 중에서 까푸치노, 스빠게띠 등의 이탈리아 음식 문화는 이미 우리에게 매우 친숙한 존재가 되었고, 패션과 디자인 분야 또한 우리의 삶 속에 스며든 지 오래이다. 이탈리아의 다양한 문화가 우리에게 소개됨에 따라 이탈리아인들이 사용하는 언어 또한 자연스럽게 우리에게 알려졌다.

    이 책 속에 일상생활에서 필수적인 이탈리아어 기본 단어들을 한글 발음과 함께 소개하였다. 이 작은 책이 이탈리아어를 처음 공부하는 분들에게 뿐만 아니라, 이탈리아로 여행을 떠나는 분들에게 유용한 도구가 되길 바란다.

2012년 3월. 이기철

차례

머리말	3	p	203
a	5	q	235
b	38	r	238
c	50	s	251
d	93	t	284
e	109	u	300
f	119	v	305
g	135	w x y z	31
h	147		
i	148		
j k	161		
l	162		
M	171		
n	188		
o	195		

a

a
아
(전) ~곳에, ~곳으로, ~에게

abate
아바떼
(남) 대수도원장

abbandonare
아반도나레
(타동) 포기하다

abbassare
아바사레
(타동) 낮추다

abbastanza
아바스딴짜
(부) 상당히, 충분히

abbattere
아바떼레
(타동) 부수다

abbazia
아바지아
(여) 대수도원

abbigliamento
아빌리아멘또
(남) 의류

- abbigliamento da alpinismo
아빌리아멘또 다 알삐니즈모
- 등산복

abboccato
아보까또
(형) 풀바디의(full bodied)

abbonamento
아보나멘또
(남) 정기권

abbonarsi
아보나르시
(재귀) 정기권을 구입하다

5

abbondante 아본단떼	(형) 풍부한, 많은 양의
abbondanza 아본단짜	(여) 풍부함
abbracciare 아브라촤레	(타동) 포옹하다
abbraccio 아브랏쵸	(남) 포옹
abbronzante 아브론잔떼	(남) 선텐로션
abbronzarsi 아브론자르시	(재귀) 선텐을 하다
abbronzato 아브론자또	(형) 선텐을 한, 구리빛의
abile 아빌레	(형) 유능한, 기술을 지닌
abilità 아빌리따	(여) 유능함, 기술
abitante 아비딴떼	(남), (여) 거주자, 주민
abitare 아비따레	(자동) 거주하다
abitazione 아비따찌오네	(여) 거주지, 집
abito 아비또	(남) 양복, 정장, 옷
abitualmente 아비뚜알멘떼	(부) 습관적으로

abituarsi 아비뚜아르시	(재귀) 습관이 들다, 익숙해지다
abituato 아비뚜아또	(형) 익숙한
abitudine 아비뚜디네	(여) 습관
abolire 아볼리레	(타동) 폐지하다
abortire 아보르띠레	(자동) 낙태하다
aborto 아보르또	(남) 낙태
abusare 아부자레	(타동) 이용하다, 남용하다
abusivo 아부지보	(형) 불법의
acaro 아까로	(남) 진드기
accademia 아까데미아	(여) 아카데미, 학교
accadere 아까데레	(자동) 발생하다
accaldato 아깔다또	(형) 더운, 땀을 흘린
accampamento 아깜빠멘또	(남) 야영, 캠핑
accamparsi 아깜빠르시	(재귀) 야영을 하다, 캠핑을 하다

accanto 아깐또	(부) 곁에, 옆에
accappatoio 아까빠또이오	(남) 목욕 가운
acceleratore 아첼레라또레	(남) 악셀러레이터
accendere 아첸데레	(타동) 불을 붙이다
accendino 아첸디노	(남) 라이터
accennare 아첸나레	(타동) 언급하다, 지적하다
accento 아첸또	(남) 악센트
acceso 아체조	(형) 불켜진, 불타는
accesso 아첫소	(남) 접근, 진입
accessorio 아체소리오	(남) 악세서리
accettare 아체따레	(타동) 받아들이다, 접수하다
accettazione 아체따찌오네	(여) 접수, 리셉션
acciaio 아치아요	(남) 강철, 스틸
acciuga 아츄가	(여) 엔초비(anchovies), 멸치

accogliere 아꼴리에레	(타) 접대하다
accomodarsi 아꼬모다르시	(재귀동사) 편하게 하다
accompagnare 아꼼빠냐레	(타) 동반하다, 데려다주다
acconto 아꼰또	(나) 선금
accordo 아꼬르도	(남) 동의, 찬성, 일치
accorgersi 아꼬르제르시	(재귀) 인식하다
accurato 아꾸라또	(형) 세심한, 신중한
acero 아체로	(남) 단풍나무
aceto - aceto balsamico 아체또 -아체또 발사미꼬	(남) 식초- 발삼 식초
acidità 아치디따	(여) 산도
acido 아시도	(형) 맛이 신 (남) 산(酸)
acino 아치노	(남) 포도 알
acne 아끄네	(여) 여드름
acqua 아꽈	(여) 물

- acqua bollente 아꽈 볼렌떼	- 끓는 물
- acqua calda 아꽈 깔다	- 온수
- acqua fredda 아꽈 프레다	- 냉수
- acqua gassata 아꽈 가사따	- 탄산수
- acqua minerale naturale 아꽈 미네랄레 나뚜랄레	- 생수
- acqua potabile 아꽈 뽀따빌레	- 식수
acquavite 아꽈비떼	(남) 브랜디
acquazzone 아꽈쪼네	(남) 소나기
acquistare 아뀌스따레	(타) 구입하다, 획득하다
acquisto 아뀌스또	(남) 구매, 매입
acuto 아꾸또	(형) 뾰족한
adatto 아닷또	(형) 적합한
addestrare 아데스뜨라레	(타) 훈련을 시키다
addestrarsi 아데스뜨라르시	(자) 훈련을 하다

addizione 아디찌오네	(여) 부가, 더하기
addormentarsi 아도르멘따르시	(재귀동사) 잠들다
addormentato 아도르멘따또	(형) 잠든
addosso 아돗소	(부) 입고, 위에, 향해서
adesivo 아데지보	(남) 접착 테이프, 스티커
adesso 아뎃소	(부) 지금
adolescente 아돌레쉔떼	(남,여) 십대, 청년 (형) 십대의, 사춘기의
adottare 아도따레	(타) 맡아 기르다. 발견하다
adulterio 아둘떼리오	(남) 간통
adulto 아둘또	(남) 어른, 성인
aereo 아에레오	(남) 비행기 (형) 항공의
- **aereo da trasporto** 아에레오 다 뜨라스뽀르또	- 수송기
- **in aereo** 인 아에레오	- 비행기로, 비행기를 타고
aeroplano 아에로쁠라노	(남) 비행기 (형) 항공의

aeronautica 아에로나우띠까	(여) 공군
aeroporto 아에로뽀르또	(남) 공항
affare 아파레	(남) 사업
affetto 아펫또	(남) 애정
affitto 아핏또	(남) 월세
affogato 아포가또	(형) 물에 빠진, 적신
affrettarsi 아프레따르시	(재귀) 서두르다
afoso 아포조	(형) 무더운
Africa 아프리까	(여) 아프리카
africana 아프리까나	(명) 아프리카 여자
africano 아프리까노	(명) 아프리카 남자, 아프리카의
agenzia 아젠지아	(여) 에이전시
- agenzia di viaggi 아젠지아 디 비앗지	- 여행사
aggettivo 아제띠보	(남) 형용사(문법)

aggiornato 아죠르나또	(형) 업데이트한, 최신의
aggiungere 아쥰제레	(타동) 부가하다, 첨가하다
aggiunta 아쥰따	(여) 부가, 첨가
agitato 아지따또	(형) 동요하는, 요동치는
aglio 알리오	(남) 마늘
agnello 아뻴로	(남) 숫양
- agnello arrosto 아뻴로 아로스또	- 양고기 구이
ago 아고	(남) 침, 바늘
agopuntura 아고뿐뚜라	(여) 침(한의학)
agopunturista 아고뿐뚜리스따	(남) 침술사
agosto 아고스또	(남) 팔월
agricoltore 아그리꼴또레	(남) 농부, 농민
agricoltura 아그리꼴뚜라	(여) 농업
agro 아그로	(형) 시큼한

agrodolce
아그로돌체
(형) 달콤새콤한

agrumi
아그루미
(남.복) 감귤류 과일

aiutare
아이우따레
(타동) 돕다

aiuto
아이우또
(남) 도움, 원조

- Aiuto!
아이우또!
- 도와줘!

alba
알바
(여) 새벽

albergo
알베르고
(남) 호텔, 여관

albero
알베로
(남) 나무

- albero di frutta
알베로 디 프룻따
- 과수

- albero di Natale
알베로 디 나딸레
- 크리스마스 트리

albicocca
알비꼬까
(여) 살구

alcolico
알꼴리꼬
(형) 알코올 성분의
(명) 알코올 음료

alcuno
알꾸노
(형) 약간의 (대) 어떤 사람

alga
알가
(여) 해초

alimentare 알리멘따레	(남) 식료품. (타동) 공급하다.
aliotidi 알리오띠디	(여) 전복(해산물)
allarme 알라르메	(남) 알람, 경고
allegare 알레가레	(타) 첨부하다
allegato 알레가또	(형) 첨부한. (남) 첨부
allegro 알레그로	(형) 명랑한, 쾌활한
allenatore 알레나또레	(남) 감독
allergia 알레르지아	(여) 알레르기
allevamento 알레바멘또	(남) 사육
allevare 알레바레	(타동) 사육하다, 양육하다
allieva 알리에바	(여) 여자 제자
allievo 알리에보	(남) 남자 제자
all'ingrosso 알링그로쏘	도매로
alloggio 알로지오	(남) 숙소, 숙박

alluvione 알루뵤네	(여) 홍수
almeno 알메노	(부) 적어도, 최소한
alpinismo 알삐니즈모	(남) 등산
alpinista 알삐니스따	(남) 등산가
altare 알따레	(남) 제단(종교)
alternativo 알떼르나띠보	(형) 양자택일의, 대신의
altezza 알뗏짜	(여) 고도, 높이, 키
alto 알또	(형) 높은, 키가 큰
altoparlante 알또빠를란떼	(남) 스피커
altrettanto 알뜨레딴또	(대) 동일한 것 (부) 똑같이
altrimenti 알뜨리멘띠	(부) 그렇지 않으면, 다른 방식으로
altro 알뜨로	(형) 다른. (대) 다른 사람
- un altro modo 운 알뜨로 모도	- 다른 방법
- un altro uomo 운 알뜨로 우오모	- 다른 사람

alzarsi 알짜르시	(재귀동사) 일어나다(자리에서)
- **Alzati!** 알짜띠!	-일어나!
amante 아만떼	(남) 애인
amare 아마레	(타동) 사랑하다
amaro 아마로	(형) 쓴(맛이)
ambasciata 암바샤따	(여) 대사관
- **Ambasciata della Corea in Italia** 암바샤따 델라 꼬레아 인 이딸리아	- 이탈리아 주재 한국대사관
ambasciatore 암바샤또레	(남) 대사
ambiente 암비엔떼	(남) 환경
ambiguo 암비구오	(형) 모호한
ambizione 암비찌오네	(여) 열망, 야망
ambra 암브라	(여) 호박(광물)
ambulanza 암블란짜	(여) 응급차
ambulatorio 암불라또리오	(남) 진료실

America del Nord 아메리까 델 노르드	(여) 북아메리카
America del Sud 아메리까 델 수드	(여) 남아메리카
America Latina 아메리까 라띠나	(여) 라틴아메리카
americano 아메리까노	(남) 미국 사람. (형) 미국의
ametista 아메띠스따	(여) 자수정
amica 아미까	(여) 여자 친구
amicizia 아미칫찌아	(여) 우정
amico 아미꼬	(남) 남자 친구
ammalato 아말라또	(형) 아픈, 병든
ammettere 암멧떼레	(타) 시인하다, 인정하다
amministrare 암미니스뜨라레	(타동) 관리하다
amministratore 암미니스뜨라또레	(남) 관리인
amministrazione 암미니스뜨라찌오네	(여) 관리
ammissione 암미시오네	(여) 가입, 승인

- ammissione alla scuola 암미시오네 알라 스꾸올라	- 입학
ammobiliato 암모빌리아또	(형) 가구가 비치된
ammorbidente 암모르비덴떼	(남) 유연제
amo 아모	(남) 낚시 바늘
amore 아모레	(남) 사랑
analcolico 아날꼴리꼬	(형) 알코올 성분이 없는
analisi 아날리지	(여) 분석
analizzare 아날리자레	(타동) 분석하다
ananas 아나나스	(남) 파인애플
anatra 아나뜨라	(여) 오리
anche 앙께	(접) 또한, 역시
ancora 앙꼬라	(부) 또, 다시, 여전히. (악센트가 o에 있음)
- ancora una volta 앙꼬라 우나 볼따	- 다시 한 번
andare 안다레	(자동) 가다

- andare a fare la spesa
  안다레 아 파레 라 스뻬차
  — 쇼핑을 하러 가다

- andare a vedere
  안다레 아 베데레
  — 구경가다

- andare al cinema
  안다레 알 치네마
  — 영화를 보러가다

- andare diritto
  안다레 디릿또
  — 직진하다

- andare in chiesa
  안다레 인 끼에자
  — 교회에 가다

- andare in pensione
  안다레 인 뻰시오네
  — 은퇴하다

- andare in vacanza
  안다레 인 바깐짜
  — 휴가를 떠나다

andata
안다따
(여) 편도

- andata e ritorno
  안다따 에 리또르노
  — 왕복

Andiamo!
안디아모!
갑시다!

- Andiamo a piedi!
  안디아모 아 삐에디!
  — 걸어갑시다!

anello
아넬로
(남) 링, 고리, 반지

- anello d'argento
  아넬로 다르젠또
  — 은반지

- anello di fidanzamento
  아넬로 디 피단자멘또
  — 약혼 반지

anello di perle 아넬로 디 뻬를레	– 진주 반지
anemia 아네미아	(여) 빈혈
anestesia 아네스떼지아	(여) 마취
- anestesia totale 아네스떼지아 또딸레	– 전신 마취
anestetico 아네스떼띠꼬	(남) 마취제
angolo 앙골로	(남) 구석, 모퉁이
anguilla 앙귈라	(여) 뱀장어
anguria 앙구리아	(여) 수박
anima 아니마	(여) 영혼
animale 아니말레	(남) 동물
- animale domestico 아니말레 도메스띠꼬	– 가축
- animale selvatico 아니말레 셀바띠꼬	– 야생 동물
annata 안나따	(여) 빈티지(vintage)
anno 안노	(남) 해(년도)

- **anno nuovo** — 새해
  안노 누오보

- **anno prossimo** — 내년
  안노 쁘롯시모

- **anno scorso** — 작년, 지난해
  안노 스꼬르소

annullare (타) 취소하다
안눌라레

annunciare (타동) 발표하다
아눈치아레

annuncio (남) 알림, 공고
아눈치오

anonimo (형) 익명의
아노니모

antenato (남) 조상
안떼나또

anteriorità (여) 선행성
안떼리오리따

antibiotico (남) 항생제
안띠비오띠꼬

anticamera (여) 현관
안띠까메라

antichità (여) 고대
안띠끼따

anticipo (남) 앞당김, 미리
안띠치뽀

- **in anticipo** 미리, 먼저
  인 안디치뽀

antico 안띠꼬	(형) 오래된, 고대의
antiforfora 안띠포르포라	(형) 비듬 방지의
antiorario 안띠오라리오	(형) 시계 반대 방향의
antipasto 안띠빠스또	(남) 전채요리
antipatico 안띠빠띠꼬	(형) 불쾌한, 불친절한
antisettico 안띠세띠꼬	(남) 방부제
anulare 아눌아레	(남) 약손가락
anzi 안지	(접) 오히려, 사실상
anziché 안지께	(접) 대신에, ~라기 보다
ape 아뻬	(여) 벌(곤충)
- ape regina 아뻬 레지나	– 여왕벌
aperitivo 아뻬리띠보	(남) 식전주
apertamente 아뻬르따멘떼	(부) 공개적으로
aperto 아뻬르또	(형) 영업중인, 열린 마음의

apparecchio 아빠레끼오	(남) 장치, 보호대
apparire 아빠리레	(자동) 나타나다
appartamento 아빠르따멘또	(남) 아파트
appartenere 아빠르떼네레	(자동) 속하다
appassionato 아빠시오나또	(형) 열정적인, 사랑하는
appena 아뻬나	(부) 이제 막
appendere 아뻰데레	(타) 걸다
- appendere l'abito 아뻰데레 라비또	- 옷을 걸다
appendicite 아뻰디치떼	(여) 맹장염
appetito 아뻬띠또	(남) 식욕
applaudire 아쁠라우디레	(타동) 박수를 치다
applauso 아쁠아우조	(남) 박수
applicare 아쁠리까레	(타동) 적용하다
applicazione 아쁠리까찌오네	(여) 적용

appoggiare 아뽀지아레	(타) 놓다, 기초하다
apprendista 아쁘렌디스따	(남) 초보자
approfittare 아쁘로피따레	(자동) 기회를 이용하다
approfondire 아쁘로폰디레	(타) 심도있게 연구하다
approvare 아쁘로바레	(타) 승인하다
appuntamento 아뿐따멘또	(남) 약속, 데이트
apribottiglie 아쁘리보띨례	(남) 병따게
aprile 아쁘릴레	(남) 사월
aprire 아쁘리레	(타동) 뜯다, 열다. (자동) 일을 시작하다
- aprire gli occhi 아쁘리레 리 오끼	- 눈을 뜨다
- aprire la porta 아쁘리레 라 뽀르따	- 문을 열다
- aprire un conto corrente 아쁘리레 운 꼰또 꼬렌떼	- 계좌를 열다
aprirsi 아쁘리르시	(재귀동사) 열리다
aquila 아낄라	(여) 독수리

araba 아라바	(여) 아랍 여자
arabo 아라보	(남) 아랍 남자 (형) 아랍의
arachide 아라끼데	(여) 땅콩
aragosta 아라고스따	(여) 바다가재
arancia 아란챠	(여) 오렌지
aranciata 아란치아따	(여) 오렌지 음료
arancio 아란쵸	(남) 오렌지 나무
arancione 아란쵸네	(형) 오랜지 색의
arbitro 아르비뜨로	(남) 주심, 심판
archeologa 아르께올로가	(여) 여자 고고학자
archeologia 아르께올로좌	(여) 고고학
archeologo 아르께올로고	(남) 남자 고고학자
architetto 아르끼떼또	(남) 건축가
archittetura 아르끼떼뚜라	(여) 건축

arco 아르꼬	(남) 활
area 아레아	(여) 지역, 구역
Argentina 아르젠띠나	(여) 아르헨띠나
argentina 아르젠띠나	(여) 아르헨띠나 여자
argentino 아르젠띠노	(남) 아르헨티나 남자, (형) 아르헨티나의
argento 아르젠또	(남) 은(銀)
argomento 아르고멘또	(남) 주제
aria 아리아	(여) 공기
aringa 아링가	(여) 청어(생선)
arma 아르마	(여) 무기
- arma nucleare 아르마 누끌레아레	– 핵무기
armadietto 아르마디엣또	(남) 캐비닛
armadio 아르마디오	(남) 가구, 옷장
armonia 아르모니아	(여) 조화

arrabbiarsi 아라비아르시	(재귀동사) 화내다
arrabbiato 아라비아또	(형) 화가난
arredamento 아레다멘또	(남) 가구
arredato 아레다또	(형) 가구가 비치된
arrestare 아레스따레	(타) 체포하다
arresto 아레스또	(남) 체포
arrivare 아리바레	(자동) 도착하다
- arrivare tardi 아리바레 따르디	- 늦게 도착하다
Arrivederci! 아리베데르치!	또 만나(요)!
ArrivederLa! 아리베데를라!	안녕히 가세요! 또 뵙겠습니다!
arrivo 아리보	(남) 도착
arrossire 아로씨레	(자동) 얼굴이 붉어지다
arrosto 아로스또	(남) 구이 요리
arte 아르떼	(여) 예술, 기술

- bell'arte
  벨라르떼
  – 미술

articolo
아르띠꼴로
(남) 관사(문법), 신문 기사, 법 조항

- articolo determinativo
  아르띠꼴로 데떼르미나띠보
  – 정관사

- articolo esentasse
  아르띠꼴로 에센따쎄
  – 면세품

- articolo indeterminativo
  아르띠꼴로 인데떼르미나띠보
  – 부정관사

artificiale
아르띠피치알레
(형) 인공적인

artigiano
아르띠쟈노
(남) 수공업자

artista
아르띠스따
(남) 예술가

artistico
아르띠스띠꼬
(형) 예술적인

artralgia
아르뜨랄쟈
(여) 관절통

artrite
아르뜨리떼
(여) 관절염

ascensore
아쉔소레
(남) 승강기, 엘리베이터

asciugacapelli
아슈가까뻴리
(남) 헤어 드라이어

asciugamano
아슈가마노
(남) 타월, 수건

asciugatrice 아슈가뜨리체	(여) 건조기
asciutto 아슛또	(형) 마른, 건조한
ascoltare 아스꼴따레	(타동) 듣다
Asia 아시아	(여) 아시아
asiatico 아시아띠꼬	(형) 아시아의
asilo 아질로	(남) 보호소, 유치원
- asilo-nido 아질로 니도	- 유치원-유아원
asino 아지노	(남) 노새, 망아지
asparagi 아스빠라지	(남.복) 아스파라거스
aspettare 아스뻬따레	(타동) 기다리다
aspetto 아스뻿또	(남) 모습, 외모
aspirapolvere 아스삐라뽈베레	(남) 진공 청소기
aspirina 아스피리나	(여) 아스피린
assaggiare 앗사쥐아레	(타동) 맛보다, 시음하다, 시식하다

assai 아사이	(부) 매우
assegno 아세뇨	(남) 수표
assemblare 아셈블라레	(타동) 조립하다
assente 아센떼	(형) 결석한
assenza 아쎈자	(여) 결석, 결근
assicurazione 아시꾸라찌오네	(여) 보험
assistente 아시스뗀떼	(남,여) 조력자, 어시스턴트
associazione 아소챠찌오네	(여) 협회
assolutamente 아솔루따멘떼	(부) 절대적으로
assoluto 아솔루또	(형) 절대적인
assorbente 아소르벤떼	(남) 생리대
assumere 아수메레	(타) 고용하다
astratto 아스뜨랏또	(형) 추상적인
astronave 아스뜨로나베	(여) 우주선

astronomia 아스뜨로노미아 (여) 천문학

astuccio 아스뚜쵸 (남) 필통

atleta 아뜰레따 (남,여) 운동선수

atomico 아또미꼬 (형) 원자력의

attaccante 아따깐떼 (남), (여) 공격수(축구)

attaccapanni 아따까빤니 (남) 옷걸이

attaccare 아따까레 (타동) 붙이다, 공격하다

attacco 아따꼬 (남) 공격

- **attacco cardiaco** 아따꼬 까르디아꼬 - 심장마비

attento 아뗀또 (형) 조심스런

attenzione 아뗀찌오네 (여) 주의, 조심

- **fare attenzione** 파레 아뗀찌오네 - 주의하다

atterraggio 아떼랏죠 (남) 착륙

- **atterraggio d'emergenza** 아떼랏죠 데메르젠자 불시착

atterrare 아떼라레	(자동) 착륙하다
attesa 아떼자	(여) 기다림
attico 아띠꼬	(남) 다락방
attimo 아띠모	(남) 순간, 잠깐
attività 아띠비따	(여) 활동
attivo 아띠보	(형) 활동적인, 능동적인
atto 아또	(남) 막(연극)
attore 아또레	(남) 남자 배우
attraente 아뜨라엔떼	(형) 매력적인, 유혹하는
attrattiva 아뜨라띠바	(여) 매력
attraversare 아뜨라베르사레	(타동) 건너가다, 횡단하다
attraverso 아뜨라베르소	(부) ~통해서
attrezzato 아뜨레자또	(형) 설비된
attrezzatura 아뜨레자뚜라	(여) 시설, 설비

attrezzo 아뜨레쪼	(남) 장비, 도구
attrice 아뜨리체	(여) 여자 배우
attuale 아뚜알레	(형) 현재의
augurare 아우구라레	(타동) 축하하다
Auguri! 아우구리!	(감탄사) 축하합니다!
augurio 아우구리오	(남) 축하
aula 아울라	(여) 교실
aumentare 아우멘따레	(타동) 증가시키다. 가격을 올리다.
ausiliare 아우질리아레	(형) 보조의
autentico 아우뗀띠꼬	(형) 사실의, 진짜의
autista 아우띠스따	(남) 운전사
autobus 아우또부스	(남) 버스
- autobus turistico 라우또부스 뚜리스띠꼬	- 관광 버스
autografo 아우또그라포	(남) 서명, 사인

automatico 아우또마띠꼬	(형) 자동의
automobile 아우또모빌레	(여) 자동차
autonoleggio 아우또놀레쬬	(남) 카 렌트, 렌터카 회사
autore 아우또레	(남) 저자, 작가
autoscuola 아우또스꾸올라	(남) 자동차 학원
autostrada 아우또스뜨라다	(여) 고속도로
autunno 아우뚠노	(남) 가을
avanti 아반띠	(부) 앞으로
avarizia 아바리짜아	(여) 욕심
avaro 아바로	(남) 구두쇠. (형) 욕심이 많은
avere 아베레	(타동) 가지다
- avere caldo 아베레 깔도	- 덥다(몸이)
- avere fame 아베레 파메	- 배고프다
- avere freddo 아베레 프레도	- 춥다(몸이)

- avere mal d'aereo — 멀미하다(비행기)
  아베레 말 다에레오

- avere mal di testa — 머리가 아프다
  아베레 말 디 떼스따

- avere ragione — 옳다
  아베레 라지오네

- avere una fame da lupo — 허기가 심하다
  아베레 우나 파메 다 루뽀

- avere una gomma a terra — 펑크나다
  아베레 우나 곰마 아 떼라

aviazione (여) 항공
아비아찌오네

avvelenamento (남) 중독
아벨레나멘또

avventura (여) 모험
아벤뚜라

avventurare (타동) 모험하다
아벤뚜라레

avverbio (남) 부사(문법)
아베르비오

avversario (남) 상태편, 적, 반대자
아베르사리오

avvicinarsi (재귀동사) 접근하다, 다가가다
아비치나르시

avviso (남) 공고(公告), 알림, 의견
아비조

avvocato (남) 변호사
아보까또

azione (여) 행동, 주식
아찌오네

azzurro (형) 푸른 색의
아쭈로

b

babbo
밥보
(남) 아빠

- Babbo Natale
밥보 나딸레
− 산타크로스 할아버지

bacchetta
바껫따
(여) 막대기

baciare
바촤레
(타동) 키스하다

bacio
바쵸
(남) 키스

baco
바꼬
(남) 벌레

badessa
바데싸
(여) 수녀원장

baffi
바피
(남.복) 콧수염

bagagliaio
바갈랴이오
(남) 트렁크(자동차)

bagaglio
바갈리오
(남) 수하물, 짐

- bagaglio a mano
바갈리오 아 마노
− 수화물(hand baggage)

bagnato
바냐또
(형) 젖은

bagno 바뇨	(남) 목욕, 목욕탕, 화장실
- **bagno pubblico** 바뇨 뿌블리꼬	- 공중 목욕탕
bagnoschiuma 바뇨스끼우마	(여) 목욕 샴푸
balcone 발꼬네	(남) 발코니
ballare 발라레	(자동) 춤을 추다. (타동) 탱고 등을 추다
ballo 발로	(남) 댄스(춤)
bambina 밤비나	(여) 여자 아이
bambino 밤비노	(남) 남자 아이
bambola 밤볼라	(여) 인형
bambù 밤부	(남) 대나무
banana 바나나	(여) 바나나
banca 방까	(여) 은행
bancaria 방까리아	(여) 여자 은행원
bancario 방까리오	(남) 남자 은행원

bancarotta 방까롯따	(여) 파산
banchina 방끼나	(여) 부두
banco 방꼬	(남) 의자가 부착되어 있는 책상, 테이블
bandiera 반디에라	(여) 기(旗), 깃발
- bandiera nazionale 반디에라 나찌오날레	- 국기(國旗)
bar 바르	(남) 바, 주점
barba 바르바	(여) 구렛나루, 수염
- farsi la barba 파르시 라 바르바	- 면도를 하다
barbiere 바르비에레	(남) 이발사, 이발소
barca 바르까	(여) 보트, 작은 배
barista 바리스따	(남) 바텐더
base 바제	(여) 기초
baseball 베이스볼	(남) 야구
basilico 바질리꼬	(남) 바질(basil 향료)

basso 밧소	(형) 낮은, 키가 작은, 값이 싼
bastare 바스따레	(자동) 충분하다
bastoncino 바스똔치노	(남) 작은 막대기
- bastoncini (cinesi) 바스똔치니 (치네지)	- 젓가락
battaglia 바딸리아	(여) 전투
battere 바떼레	(타동) 두드리다, 때리다. (자동) 해가 땅을 비추다
batteria 바떼리아	(여) 건전지, 배터리, 드럼(악기)
battesimo 바떼지모	(남) 세례
baule 바울레	(남) 자동차 트렁크
becco 베꼬	(남) 새의 부리
bellezza 벨렛짜	(여) 아름다움
bello 벨로	(형) 예쁜, 멋있는 (남) 아름다움
benda 벤다	(여) 붕대
bene 베네	(부) 잘

benedire 베네디레	(타동) 축복하다
benedizione 베네디찌오네	(여) 축복
beneducato 벤에두까또	(형) 예의가 바른
Benvenuto(a)! 벤베누또(따)!	(감탄사) 환영합니다!
benzina 벤지나	(여) 가솔린, 휘발류
bere 베레	(타동) ~을/를 마시다
berretto 베렛또	(남) 베레모(모자)
- berretto da alpinismo 베렛또 다 알삐니즈모	- 등산모자
bersaglio 베르살리오	(남) 타겟, 목표물
bevanda 베반다	(여) 음료수
biancheria 비앙께리아	(여) 린넨 제품
- biancheria intima 비앙께리아 인띠마	- 속옷
bianco 비앙꼬	(형) 흰색의, (남)흰색
biberon 비베롱	(남) 젖병

bibita 비비따	(여) 음료수
biblioteca 비블리오떼까	(여) 도서관
Biblioteca nazionale 비블리오떼까 나찌오날레	(여) 국립 도서관
bicchiere 비끼에레	(남) 컵(cup)
- un bicchiere d'acqua 운 비끼에레 다꾸아	- 물 한 잔
- un bicchiere di birra 운 비끼에레 디 비라	- 맥주 한 잔
- un bicchiere di vino 운 비끼에레 디 비노	- 포도주 한 잔
bicicletta 비치끌렛따	(여) 자전거
bidone dell'immondizia 비도네 델림몬디찌아	쓰레기통
bigliettaio 빌리에따이오	(남) 매표원
biglietteria 빌리에떼리아	(여) 매표소
biglietto 빌리엣또	(남) 티켓, 표, 지폐
- biglietto collettivo 빌리엣또 꼴렛띠보	- 단체 표
- biglietto da visita 빌리에또 다 비지따	- 명함

- **biglietto d'aereo** — 항공권
  빌리엣또 다에레오

- **biglietto d'entrata** — 관람권(입장권)
  빌리엣또 덴뜨라따

- **biglietto di andata e ritorno** — 왕복표
  빌리엣또 디 안다따 에 리또르노

- **biglietto giornaliero** — 데이티켓(day ticket)
  빌리엣또 죠르날레로

bilancia (여) 저울
빌란촤

biliardo (남) 당구
빌리아르도

bimba (여) 여자 갓난아이
빔바

bimbo (남) 남자 갓난아이
빔보

binario (남) 기차 선로(플랫폼)
비나리오

binocolo (남) 망원경
비노꼴로

biologia (여) 생물학
비올로지아

biro (남) 볼펜
비로

birra (여) 맥주
비라

- **birra alla spina** — 생맥주
  비라 알라스삐나

- birra in bottiglia 비라 인 보띨랴	- 병맥주
- birra in lattina 비라 인 라띠나	- 캔맥주
bis 비스	(형) 반복의, 두번째의 (남) 반복 (감탄사) 앵콜
biscotto 비스꼿또	(남) 비스킷
bisogno 비조뇨	(남) 필요, 필요성
bistecca 비스떼까	(여) 스테이크(요리)
- bistecca di manzo 비스떼까 디 만조	- (여) 비프스테이크
bloccare 블로까레	(타동) 막다, 차단하다
blu 블루	(형) 파란 색의 (명) 파란색
bocca 보까	(여) 입(口)
bolla 볼라	(여) 물집
bollente 볼렌떼	(형) 뜨거운, 끓는
bollire 볼리레	(자동) 끓다. (타동) 삶다, 끓이다
bomba 봄바	(여) 폭탄

bonifico 보니피꼬	(남) 송금
- fare il bonifico 파레 일 보니피꼬	- 송금하다
borsa 보르사	(여) 쇼핑백, 가방, 주식
- borsa da viaggio 보르사 다 비아죠	- 여행 가방
- borsa di studio 보르사 디 스뚜디오	- 장학금
borsaiolo 보르사이올로	(남) 소매치기
borsetta 보르셋따	(남) 핸드백
bosco 보스꼬	(남) 숲
bottega 보떼가	(여) 가게
bottiglia 보띨랴	(여) 병(저장 용기)
bottoncino 보똔치노	(남) 단추
bozza 봇짜	(여) 초안
braccia 브라챠	(여.복) 팔(신체)
braccialetto 브라촬렛또	(남) 팔찌

braciola 브라치올라	(여) 스테이크
- braciola di agnello 브라치올라 디 아녤로	- 양고기 스테이크
- braciola di vitello 브라치올라 디 비뗄로	- 송아지 고기 스테이크
brandy 브렌디	(남) 브랜디
branzino 브란지노	(남) 농어(생선)
Brasile 브라질레	(남) 브라질
bravo(a) 브라보	(형) 똑똑한, 영리한, 훌륭한
breve 브레베	(형) 짧은
brina 브리나	(여) 서리
broccolo 브로꼴로	(남) 브로콜리
brodo 브로도	(남) 스프(soup)
bronzo 브론조	(남) 청동
bruciare 브루촤레	(자동) 타다(불에) (타동) 태우다
brutto 브룻또	(형) 나쁜, 못생긴 (남) 나쁜 남자

buca 부까	(여) 구멍
- **buca per le lettere** 부까 뻬르 레 레떼레	- 우체통
bucato 부까또	(남) 빨래
buccia 부챠	(여) 껍질
buco 부꼬	(남) 구멍
budino 부디노	(남) 푸딩(pudding)
bufalo 부팔로	(남) 물소
buffo 부포	(형) 우스운
bugia 부지아	(여) 거짓말
bugiardo 부좌르도	(남) 거짓말쟁이
buio 부요	(형) 어두운
bullone 불로네	(남) 볼트(bolt)
buono 부오노	(형) 맛있는, 착한
- **a buon mercato** 아 부온 메르까또	- 가격이 좋은

- è buono
  에 부오노

  – 맛있다

buonumore
부온우모레

(남) 즐거운 기분

burro
부로

(남) 버터

bussare
붓사레

(타동) 두드리다

- bussare alla porta
  붓사레 알라 뽀르따

– 노크하다

bussola
붓솔라

(여) 나침반

busta
부스따

(여) 봉투

buttare
부따레

(타) 버리다, 부수다

cabina
까비나
(여) 선실

cacciare
까챠레
(타동) ~을/를 붙잡다, ~을/를 쫓아내다.
(자동) 사냥하다

cacciatore
까챠또레
(남) 사냥꾼

cacciavite
까치아비떼
(남) 드라이버

caco
까꼬
(남) 감(과일)

cadavere
까다베레
(남) 시체

cadere
까데레
(자동) 넘어지다, 떨어지다

caffè
까페
(남) 커피, 카페

- caffè espresso
까페 에스쁘레소
- 에스쁘레소커피

caffellatte
까펠랏떼
(남) 밀크커피

caffettiera
까페띠에라
(여) 커피포트, 커피메이커

calamaro
깔라마로
(남) 오징어

calamita 깔라미따	(여) 자석
calciare 깔차레	(타동) 발로 차다
calciatore 깔차또레	(남) 축구 선수
calcio 깔쵸	(남) 축구
- calcio d'angolo 깔쵸 당골로	- 코너킥
- calcio di punizione 깔쵸 디 뿌니찌오네	- 프리킥
- calcio di rigore 깔쵸 디 리고레	- 페널티킥
calcolare 깔꼴라레	(타동) 계산하다
calcolatrice 깔꼴라뜨리체	(여) 계산기
calcolo 깔꼴로	(남) 계산
caldo 깔도	(형) 더운, 따뜻한. (남) 더위
calendario 깔렌다리오	(남) 달력
- calendario ecclesiastico 깔렌다리오 에끌레시아스띠꼬	- 교회력
- calendario lunare 깐렌다리오 루나레	- 음력

- **calendario solare** — 양력
  깔렌다리오 솔라레

callo (남) 티눈
깔로

calmante (남) 진통제
깔만떼

calmare (타동) 진정시키다
깔마레

calmarsi (재귀동사) 진정되다
깔마르시

caloria (여) 열량, 칼로리
깔로리아

calvo (형) 대머리의, 머리가 벗겨진
깔보

calze (여.복) 스타킹
깔쩨

calzini (남.복) 양말
깔찌니

cambiale (여) 환어음
깜비알레

cambiare (타동) 바꾸다, 교환하다, 갈아타다, 환전하다
깜비아레

- **cambiare idea** — 생각을 바꾸다
  깜비아레 이데아

cambio (남) 교환, 환승, 기어, 환율
깜삐오

- **cambio di valuta** — 환전
  깜비오 디 발루따

camera 까메라	(여) 방(room)
- **camera da letto** 까메라 다 렛또	- 침실
- **camera doppia** 까메라 돕삐아	- 트윈룸
- **camera singola** 까메라 싱골라	- 싱글룸
- **camera matrimoniale** 까메라 마뜨리모니알레	- 더블룸
cameriera 까메리에라	(여) 웨이트리스
cameriere 까메리에레	(남) 웨이터
camicetta 까메쳇따	(여) 블라우스(blouse)
camicia 까미챠	(여) 셔츠, 와이셔츠
caminetto 까미네또	(남) 벽난로
camino 까미노	(남) 굴뚝
camion 까미온	(남) 트럭
camioncino 까미온치노	(남) 소형 트럭
cammello 까멜로	(남) 낙타

camminare 깜미나레	(자동) 걷다
campagna 깜빠냐	(여) 야외(전원), 시골
campana 깜빠나	(여) 종(鐘)
campanello 깜빠넬로	(남) 초인종
campanile 깜빠닐레	(남) 종탑
campeggio 깜뻿죠	(남) 캠프장, 야영장
- **fare campeggio** 파레 캄뻬죠	- 야영을 하다
campionato 깜삐오나또	(남) 챔피업십
campione 깜삐오네	(남) 챔피언, 샘플
campionessa 깜삐오넷사	(여) 여자 챔피언
campo 깜뽀	(남) 운동장
- **campo da sci** 깜뽀 다 쉬	- 스키장
Canada 까나다	(여) 캐나다
canadese 까나데제	(남,여) 캐나다 사람

canale 까날레	(남) 운하, 방송 채널
canapa 까나빠	(여) 삼(대마)
cancellare 깐첼라레	(타동) 삭제하다
cancro 깡크로	(남) 암
candela 깐델라	(여) 초, 양초, 점화 플러그
candeliere 깐델리에레	(남) 촛대
cane 까네	(남) 개(동물)
canna 깐나	(여) 갈대
- canna da pesca 깐나 다 뻬스까	- 낚시대
cannella 깐넬라	(여) 계피
cannocchiale 까노끼알레	(남) 망원경
cannuccia 깐누챠	(여) 빨대
cantante 깐딴떼	(남), (여) 가수
cantare 깐따레	(자동) 노래를 부르다. (타동) 노래로 ~을/를 표현하다

canto 깐또	(남) 노래
- canto tradizionale 깐또 뜨라디찌오날레	– 민요
canzone 깐쪼네	(여) 노래
capacità 까빠치따	(여) 능력
capasanta 까빠산따	(여) 가리비(조개류)
capello 까뻴로	(남) 머리카락
- capelli corti 까뻴리 꼬르띠	– 짧은 머리
- capelli grigi 까뻴리 그리지	– 백발
capire 까삐레	(타동) 이해하다
capitale 까삐딸레	(남) 자본, 원금 (여) 나라의 수도
capitano 까삐따노	(남) 선장, 주장(팀)
capoclasse 까뽀끌라세	(남) 반장
capocuoco 까뽀꾸오꼬	(남) 주방장
Capodanno 까뽀단노	(남) 새해

capofamiglia 까뽀파밀리아	(남,여) 가장
capolavoro 까뽈라보로	(남) 걸작
capolinea 까뽀리네아	(남) 종점
- **capolinea dell'autobus** 　까뽀리네아 델라우또부스	– 버스 종점
capostazione 까뽀스따찌오네	(남) 역장
cappello 까뻴로	(남) 모자
cappotto 까**뽀**또	(남) 코트(coat)
cappuccino 까뿌치노	(남) 카푸치노
capra 까쁘라	(여) 염소
caramella 까라멜라	(여) 사탕, 캐러멜, 캔디
carato 까라또	(남) 캐럿
carattere 까라떼레	(여) 개성
caratteristico 까라떼리스띠꼬	(형) 독특한
carburante 까르부란떼	(남) 연료

carburatore 까르부라또레	(남) 카뷰레이터(자동차)
cardiopatia 까르디오파띠아	(여) 심장병
caricare 까리까레	(타동) 싣다, 충전하다
- caricare la batteria 까리까레 라 바떼리아	- 배터리를 충전하다
carico 까리꼬	(남) 화물, 짐
carino 까리노	(형) 귀여운
carità 까리따	(여) 자비심
carne 까르네	(여) 고기, 살, 육체
- carne di agnello 까르네 디 아녤로	- 양고기
- carne di maiale 까르네 디 마이알레	- 돼지고기
- carne di manzo 까르네 디 만조	- 소고기
- carne di vitello 까르네 디 비뗄로	- 송아지 고기
- carne grigliata 까르네 그릴리아따	- 구운 고기
- carne tritata 까르네 뜨리따따	- 저민 고기

caro 까로	(형) 친애하는, 값이 비싼
carota 까로따	(여) 당근
carrello 까렐로	(남) 카트(cart)
- carrello per la spesa 까렐로 뻬르 라 스뻬자	– 쇼핑카트
carretto 까렛또	(남) 손수레
carriera 까리에라	(여) 경력
carro 까로	(남) 짐수레
- carro armato 까로 아르마또	– 탱크(군사)
- carro merci 까로 메르치	– 화물차
carrozza 까롯짜	(여) 마차
carta 까르따	(여) 종이, 카드
- carta colorata 까르따 꼴로라따	– 색종이
- carta da cucina 까르따 다 꾸치나	– 키친타월
- carta di credito 까르따 디 끄레디또	– 신용 카드

- carta d'identità 까르따 디덴띠따	– 신분증
- carta d'imbarco 까르따 딤바르꼬	– 탑승권
- carta igienica 까르따 이제니까	– 화장지
- carta stagnola 까르따 스따뇰라	– 알루미늄호일
cartella 까르뗄라	(여) 서류가방
cartellino 까르뗄리노	(남) 작은 카드
- cartellino giallo 까르뗄리노 쨜로	– 옐로우카드
- cartellino rosso 까르뗄리노 롯소	– 레드카드
cartina 까르띠나	(여) 지도
cartoleria 까르똘레리아	(여) 문구점
cartolina 까르똘리나	(여) 엽서
cartolina illustrata 까르똘리나 일루스뜨라따	(여) 그림 엽서
cartone animato 까르또네 아니마또	만화 영화
casa 까자	(여) 집, 주택

casalinga 까살링가	(여) 주부
cascata 까스까따	(여) 폭포
casco 까스꼬	(남) 헬멧
casino 까지노	(남) 혼란, 문제
casinò 까지노	(남) 카지노, 도박장
caso 까조	(남) 경우
- per caso 뻬르 까조	- 우연히
cassa 깟사	(여) 계산대
cassaforte 까사포르떼	(여) 금고
cassetta 까셋따	(여) 서랍, 카세트
cassiera 까시에라	(여) 출납계(원)
cassiere 까시에레	(남) 출납계(원)
castagna 까스따냐	(여) 밤(과일)
castano 까스따노	(형) 밤색의, 부라운색의

61

castello 까스뗄로	(남) 성(城)
catalogo 까딸로고	(남) 카탈로그
categoria 까떼고리아	(여) 카테고리
catena 까떼나	(여) 체인
- catena montuosa 까떼나 몬뚜오자	- 산맥
cattivo 까띠보	(형) 나쁜, 사악한. (남) 나쁜 남자
- cattivo umore 까띠보 우모레	- 나쁜 기분
causa 까우자	(여) 원인, 이유
cavalcavia 까발까비아	(남) 육교
cavalletto 까발렛또	(남) 이젤(그림용), 삼각대
cavallo 까발로	(남) 말(동물)
cavatappi 까바따삐	(남) 병따개, 오프너
caviale 까비알레	(남) 캐비아
caviglia 까빌리아	(여) 발목

cavo 까보	(남) 선, 와이어
- cavo di accoppiamento 까보 디 아꼬삐아멘또	- 점퍼 케이블(jumper cable)
cavolo 까볼로	(남) 배추, 캐비지
- cavolo bianco 까볼로 비앙꼬	- 양배추
cece 체체	(남) 병아리 콩
cedere 체데레	(자동) 무너지다 (타동) 판매하다
cellulare 첼룰라레	(남) 휴대폰
cena 체나	- (여) 저녁 식사
- fare cena 파레 체나	- 저녁 식사를 하다
- cena formale 체나 포르말레	- 정찬
cenare 체나레	(자동) 저녁식사를 하다
centesimo 첸떼지모	(형) 100번째 (남) 센트
cento 첸또	(남) 일백(100). (형) 일백의
- cento dollari 첸또 돌라리	- 백 달러

- **cento euro** 쳰또 에우로 — 백 유로

centomila 쳰또밀라 (남) 십만. (형) 십만의

centro 쳰뜨로 (남) 시내, 중심

- **al centro** 알 쳰뜨로 — 가운데에

- **centro commerciale** 쳰뜨로 꼼메르치알레 — 쇼핑센터

- **Centro medico nazionale** 쳰뜨로 메디꼬 나찌오날레 — 국립 의료원

centrodesta 쳰뜨로데스뜨라 (남) 중도우파

centrosinistra 쳰뜨로시니스뜨라 (남) 중도좌파

ceramica 체라미까 (여) 도자기

cercare 체르까레 (타동) 구하다, 찾다

cerchio 체르끼오 (남) 원(圓)

cerimonia 체리모니아 (여) 의식, 기념 행사

- **cerimonia matrimoniale** 체리모냐 마뜨리모니알레 — 결혼, 결혼식

cerino 체리노 (남) 성냥

cerotto 체롯또	(남) 반창고
certificato 체르띠피까또	(남) 증명서
- certificato di nascita 체르띠피까또 디 나쉬따	- 출생증명서
- certificato di vaccinazione 체르띠피까또 델라 바치나찌오네	- 예방 접종 증명서
certo 체르또	(형) 확실한, 몇몇의. (부) 물론
cervello 체르벨로	(남) 뇌
cervo 체르보	(남) 사슴
cessare 쳇사레	(타동) 중단하다. (자동) 그치다
cestino 체스띠노	(남) 바구니, 휴지통
cetriolo 체뜨리올로	(남) 오이
che cosa 께 꼬자	(대) 무엇, 무슨
chi 끼	(대) 누구. 어떤 사람. ~하는 사람.
- Chi è? 끼 에?	- 누구세요?
- Chi parla? 끼 빠를라?	- 누구세요?(전화상)

chiacchiera 끼아끼에라	(여) 잡담
chiacchierare 끼아끼에라레	(자동) 잡담하다
chiamare 끼아마레	(타동) 부르다
- chiamare un taxi 끼아마레 운 딱시	- 택시를 부르다
chiamata 끼아마따	(여) 호출
chiarire 끼아리레	(타) 명확히 하다
chiaro 끼아로	(형) 맑은, 확실한, 명확한
chiave 끼아베	(여) 열쇠, 렌치(wrench 공구)
chiedere 끼에데레	(타동) 질문을 하다, 요구하다
- chiedere il permesso 끼에데레 일 뻬르멧소	- 허락을 구하다
- chiedere un consulto 끼에데레 운 꼰술또	- 진찰을 요구하다
- chiedere un favore 끼에데레 운 파보레	- 부탁하다
chiesa 끼에자	(여) 교회, 성당
chilo 낄로	(남) 킬로

chilogrammo (남) 킬로그램
낄로그람모

chimica (여) 화학
끼미까

chimico (남) 화학자
끼미꼬

chiodino (남) 압핀
끼오디노

chiodo (남) 못
끼오도

chirurgia (여) 외과
끼루르좌

- chirurgia plastica – 성형 수술
끼루르좌 쁠라스띠까

chirurgo (남) 외과 의사
끼루르고

chitarra (여) 기타(악기)
끼따라

chiudere (타동) 닫다
끼우데레

- chiudere gli occhi – 눈을 감다
끼우데레 리 오끼

- chiudere la porta a chiave – 문을 잠그다
끼우데레 라 뽀르따 아 끼아베

- chiudere la porta – 문을 닫다
끼우데레 라 뽀르따

chiunque (대) 누구든지
끼웅꿰

chiuso 끼우조	(형) 휴관한, 닫은
chiusura 끼우주라	(여) 잠금장치
- chiusura lampo 끼우주라 람뽀	- 지퍼(zipper)
ciambella 참벨라	(여) 도넛
Ciao! 챠오!	안녕!
cibo 치보	(남) 음식
cicca 치까	(여) 담배 꽁초
ciclismo 치끌리즈모	(남) 사이클
cieco 치에꼬	(남) 맹인
cielo 치엘로	(남) 하늘
- cielo azzurro 치엘로 아쭈로	- 푸른 하늘
Cile 칠레	(여) 칠레
cilena 칠레나	(여) 칠레 사람(여자)
cileno 칠레노	(남) 칠레 사람(남자)

ciliegia 칠리에쟈	(여) 체리, 앵두
ciliegio 칠리에죠	(남) 벚나무, 체리나무
cima 치마	(여) 정상, 꼭대기
Cina 치나	(여) 중국
cinema 치네마	(남) 극장
cinese 치네제	(남) 중국어, 중국 남자. (여) 중국 여자
- **la lingua cinese** 라 링구아 치네제	- 중국어
cinghiale 칭기알레	(남) 멧돼지
cinquanta 칭꽌따	(형) 오십의, (남) (50)
cinque 칭꿰	(형) 다섯의, (남) 다섯
cinquecento 칭꿰첸또	(남) 오백(500), (형) 오백의
cintura 친뚜라	(여) 허리띠, 벨트
- **cintura di sicurezza** 친뚜라 디 시꾸레짜	- 안전벨트
ciò 쵸	(대) 이것

cioccolata 쵸꼴라따	(여) 초콜릿, 핫 초코
cioccolato 쵸꼴라또	(남) 초콜릿
ciotola 쵸똘라	(여) 그릇, 밥공기
- **ciotola da minestra** 쵸똘라 다 미네스뜨라	- 수프 그릇
cipolla 치뽈라	(여) 양파
cipollino 치뽈리노	(남) 파(야채)
cipria 치쁘리아	(여) 분(화장품)
circa 치르까	(전) ~에 대해서. (부) 대략
circo 치르꼬	(남) 서커스
circolare 치르꼴라레	(자동) 돌아다니다
circolo 치르꼴로	(남) 클럽
circostanza 치르꼬스딴짜	(여) 형편
cistifellea 치스띠펠레아	(여) 쓸개
citare 치따레	(타동) 인용하다

citazione 치따찌오네	(여) 인용
città 칫따	(여) 도시
cittadino 치따디노	(남) 시민
civiltà 치빌따	(여) 문명
clacson 끌락송	(남) 혼(horn)
classe 끌라쎄	(여) 계층, 학년
- classe economica 끌라세 에꼬노미까	- 이코노미 클래스
classico 끌라시꼬	(형) 고전의
cliccare 끌리까레	(자동) 클릭하다
cliente 끌리엔떼	(남) 단골, 손님
clima 끌리마	(남) 기후
climatizzatore 끌리마띠자또레	(남) 에어컨
club 끌럽	(남) 클럽
cocco 꼬꼬	(남) 코코넛

coccodrillo 꼬꼬드릴로	(남) 악어
cocomero 꼬꼬메로	(남) 수박
coda 꼬다	(여) 꼬리
codice 꼬디체	(남) 코드
- codice a barre 꼬디체 아 바레	- 바코드
- codice postale 꼬디체 뽀스딸레	- 우편 번호
cogliere 꼴리에레	(타동) 따다, 쥐다
cognata 꼬냐따	(여) 여자 조카, 형수
cognato 꼬냐또	(남) 남자 조카, 형부
cognome 꼬뇨메	(남) 성(姓)
coincidere 꼬인치데레	(자동) 일치하다
colazione 꼴라찌오네	(여) 아침 식사
- fare colazione 파레 꼴라찌오네	- 아침 식사를 하다
colla 꼴라	(여) 풀(사무용품)

collaborazione 꼴라보라찌오네	(여) 협동, 협력
collana 꼴라나	(여) 목걸이
collega 꼴레가	(남,여) 동료, 친구
collegamento 꼴레가멘또	(남) 연결
collegare 꼴레가레	(타동) 연결하다
collegio 꼴레죠	(남) 기숙학교
collera 꼴레라	(남) 콜레라
colletto 꼴레또	(남) 깃, 칼라(collar)
collezione 꼴레찌오네	(여) 컬렉션
collina 꼴리나	(여) 구릉
collo 꼴로	(남) 목
collocazione 꼴로까찌오네	(여) 연어(언어)
colloquio 꼴로뀌오	(남) 인터뷰, 대담
Colombia 꼴롬비아	(여) 콜롬비아

colombiana 꼴롬비아나	(여) 콜롬비아 여자
colombiano 꼴롬비아노	(남) 콜롬비아 남자
colonnello 꼴로넬로	(남) 대령
colorante 꼴로란떼	(남) 색소
- colorante artificiale 꼴로란떼 아르띠피치알레	– 인공 색소
colore 꼴로레	(남) 색깔, 컬러
- colore bianco 꼴로레 비앙꼬	– 흰색
colpa 꼴빠	(여) 잘못, 죄
colpire 꼴삐레	(타동) 때리다
colpo 꼴뽀	(남) 타격, 강타
coltello 꼴뗄로	(남) 칼, 나이프
coltivare 꼴띠바레	(타동) 경작하다, 재배하다
coltivatore 꼴띠바또레	(남) 경작자
coltivazione 꼴띠바지오네	(여) 경작

comandare 꼬만다레	(타동) 명령하다
combattere 꼼밧테레	(자동) 싸우다. (타동) 전투에서 ~을/를 상대하다
come 꼬메	(부) 어떻게. (접) ~처럼
comico 꼬미꼬	(형) 재미있는, 우스운
cominciare 꼬민챠레	(타동) 시작하다. (자동) 시작되다
- cominciare il lavoro 꼬민챠레 일 라보로	- 일을 시작하다
commedia 꼬메디아	(여) 희극
commemorare 꼬메모라레	(타동) 기념하다
commerciante 꼬메르치안떼	(남) 판매상
commerciare 꼬메르치아레	(타동) 교역하다
commercio 꼬메르쵸	(남) 교역
- commercio al minuto 일 꼼메르쵸 알 미누또	- 소매(상업)
commessa 꼬멧사	(여) 여자 점원
commesso 꼬멧소	(남) 남자 점원

commozione 꼼모지오네	(여) 감동
comodamente 꼬모다멘떼	(부) 편안하게
comodo 꼬모도	(형) 편리한
compagnia 꼼빠니아	(여) 회사
- compagnia aerea 꼼빠니아 아에레아	- 항공사
compagno 꼼빠뇨	(남) 동료
comparazione 꼼빠라찌오네	(여) 비교
compensare 꼼뻰사레	(타동) 보답하다
compenso 꼼뻰소	(남) 보답, 보상
- in compenso 인 꼼뻰소	- 보상으로
competere 꼼뻬떼레	(타동) 경쟁하다
competitore 꼼뻬띠또레	(남) 경쟁자
competizione 꼼뻬띠찌오네	(여) 경쟁
compilare 꼼삘라레	(타동) 작성하다

compito 꼼삐또	(남) 숙제
compleanno 꼼쁠레안노	(남) 생일
complemento 꼼쁠레멘또	(남) 보어
- complemento oggetto diretto 　꼼쁠레멘또 오젯또 디렛또	- 직접목적보어
- complemento oggetto indiretto 　꼼플레멘또 오젯또 인디렛또	- 간접목적보어
completare 꼼쁠레따레	(타동) 완성하다
completo 꼼쁠레또	(형) 완전한
complicato 꼼쁠리까또	(형) 복잡한
complimento 꼼쁠리멘또	(남) 축하
comporre 꼼뽀레	(타동) 구성하다, 합성하다
comportamento 꼼뽀르따멘또	(남) 태도
composizione 꼼뽀지찌오네	(여) 작문
comprare 꼼쁘라레	(타동) 구입하다, 매입하다
- comprare il biglietto 　꼼쁘라레 일 빌리엣또	- 표를 사다

compreso 꼼쁘레조	(형) 포함하는
computer 꼼뿌떼르	(남) 컴퓨터
- computer portatile 꼼뿌떼르 뽀르따띨레	– 노트북 컴퓨터
comunicare 꼬무니까레	(타동) 전달하다. (자동) 정보를 교환하다
comunicazione 꼬무니까찌오네	(여) 전달, 커뮤니케이션
comunque 꼬뭉꿰	(접) 그렇지만. (부) 어쨌든
concentrare 꼰첸뜨라레	(타동) 집중하다
concentrazione 꼰첸뜨라찌오네	(여) 집중
concerto 꼰체르또	(남) 콘서트
concessionario 꼰체시오나리오	(남) 대리점
concetto 꼰쳇또	(남) 개념
conchiglia 꼰낄랴	(여) 조개
conclusione 꼰끌루지오네	(여) 결론
concorrente 꼰꼬렌떼	(남,여) 경쟁자

concorso 꼰꼬르소	(남) 경연대회, 시험
condimento 꼰디멘또	(남) 조미료, 양념
- condimento chimico 꼰디멘또 끼미꼬	- 인공 조미료
condire 꼰디레	양념하다
condividere 꼰디비데레	(타동) 공유하다
condizione 꼰디찌오네	(여) 조건, 상황
- condizione di pagamento 꼰디찌오네 디 빠가멘또	- 지불조건
condominio 꼰도미니오	(남) 관리비(아파트)
conducente 꼰두첸떼	(남) 운전수
conferenza 꼰페렌자	(여) 회의, 회담
- conferenza stampa 꼰페렌자 스땀빠	- 기자회견
conferma 꼰페르마	(여) 확인
confermare 꼰페르마레	(타동) 확인하다
confessare 꼰페사레	(타동) 고백하다

confessione 꼰페시오네	(여) 고백
confezione 꼰페찌오네	(여) 묶음
confidenziale 꼰피덴지알레	(형) 격의 없는
confine 꼰피네	(남) 국경, 경계
confondere 꼰폰데레	(타동) 혼동하다
confrontare 꼰프론따레	(타동) 비교하다
confucianesimo 꼰푸치아네지모	(남) 유교
confusione 꼰푸지오네	(여) 혼란
congelatore 꼰젤라또레	(남) 냉동기
congiunzione 꼰쥰찌오네	(여) 접속사(문법)
coniglio 꼬닐료	(남) 토끼
connettere 꼰네떼레	(타동) 연결하다
conoscenza 꼬노쉔짜	(여) 지식
conoscere 꼬노쉐레	(타동) 사람을 알다. 직접적인 경험을 하다

conquistare 꼰뀌스따레	(타동) 정복하다
consegna 꼰세냐	(여) 납품, 배달
conseguenza 꼰세구엔짜	(여) 후유증
conservare 꼰세르바레	(타동) 보관하다
conservatore 꼰세르바또레	(남) 보수주의자
considerare 꼰시데라레	(타동) 고려하다
consigliare 꼰실랴레	(타동) 충고하다
consiglio 꼰실료	(남) 충고
consolare 꼰솔라레	(타동) 위로하다
consolato 꼰솔라또	(남) 영사관
consonante 꼰소난떼	(남) 자음
consultazione 꼰술따찌오네	(여) 상담
consumare 꼰수마레	(타동) 소비하다
consumatore 꼰수마또레	(남) 소비자

consumo 꼰수모	(남) 소비
contabilità 꼰따빌리따	(여) 회계
contadino 꼰따디노	(남) 농부, 농민
contagioso 꼰따죠소	(형) 오염된
contante 꼰딴떼	(남) 현금
contare 꼰따레	(타동) 계산을 하다
contattare 꼰따따레	(타동) 접촉하다
contatto 꼰땃또	(남) 연락, 접촉
contemporaneamente 꼰뗌뽀라네아멘떼	(부) 동시에
contemporaneità 꼰뗌뽀라네이따	(여) 동시성
contenitore 꼰떼니또레	(남) 통, 저장통
contento 꼰뗀또	(형) 기쁜, 만족스런
contenuto 꼰떼누또	(남) 내용
- contenuto di zucchero 꼰떼누또 디 쭈께로	- 당도, 당분 함량

continente 꼰띠넨떼	(남) 대륙
continuare 꼰띠누아레	(타동) 지속하다 (자동) 지속되다
continuità 꼰띠누이따	(여) 계속, 지속
conto 꼰또	(남) 계산서, 송장(送狀), 발송장
- conto corrente 꼰또 꼬렌떼	- 은행 계좌, 은행 구좌
contorno 꼰또르노	(남) 야채, 반찬
contrabbandare 꼰뜨라반다레	(타동) 밀수하다
contrabbando 꼰뜨라반도	(남) 밀수
contraccettivo 꼰뜨라체띠보	(남) 피임약
contrariamente 꼰뜨라리아멘떼	(부) 반대로
contrario 꼰뜨라리오	(형) 반대의
contratto 꼰뜨랏또	(남) 계약, 계약서
- contratto di lavoro 꼰뜨랏또 디 라보로	- 고용계약
- fare il contratto 파레 일 꼰뜨랏또	- 계약을 하다

controfiletto 꼰뜨로필렛또	(남) 꽃등심
controllare 꼰뜨롤라레	(타동) 조절하다
controllo 꼰뜨롤로	(남) 검사, 조절
- controllo di sicurezza 꼰트롤로 디 시꾸레짜	- 안전 검사
- controllo doganale 꼰뜨롤로 도가날레	- 세관 검사
controllore 꼰뜨롤로레	(남) 검표원(기차)
conveniente 꼰베니엔떼	(형) 가격이 좋은
convento 꼰벤또	(남) 수도원
conversare 꼰베르사레	(자동) 대화를 나누다
conversazione 꼰베르사찌오네	(여) 회화
convincersi 꼰빈체르시	(재귀동사) 확신하다
convinzione 꼰빈찌오네	(여) 확신
cooperazione 꼬오뻬라찌오네	(여) 협력, 조합
coperta 꼬뻬르따	(여) 모포, 담요, 덮개

copertina 꼬뻬르띠나	(여) 겉표지
copia 꼬삐아	(여) 복사본
copiare 꼬삐아레	(타동) 복사하다
copilota 꼬삘로따	(남) 부조종사
coppia 꼬삐아	(여) 쌍, 커플
coprire 꼬쁘리레	(타동) 덮다
coraggio 꼬랏죠	(남) 용기
coraggioso 꼬라죠조	(형) 용감한
corda 꼬르다	(여) 끈, 줄, 로프(rope)
cordialmente 꼬르디알멘떼	(부) 정중히, 진심으로
Corea del Nord 꼬레아 델 노르드	(여) 북한
Corea del Sud 꼬레아 델 수드	(여) 남한, 한국
coreana 꼬레아나	(여) 한국 여자
- la lingua coreana 라 링구아 꼬레아나	- 한국어

coreano 꼬레아노	(남) 한국 남자, 한국어
cornetto 꼬르넷또	(남) 크로아상(빵)
cornice 꼬르니체	(여) 액자
coro 꼬로	(남) 합창
corpo 꼬르뽀	(남) 바디(와인), 몸통(신체)
- corpo di guardia 꼬르뽀 디 과르디아	- 경호원, 보디가드
correggere 꼬레제레	(타동) 고치다, 수정하다
corrente 꼬렌떼	(여) 전기, 물살
correre 꼬레레	(자동) 달리다, 뛰다. (타동) ~을/를 감수하다
correzione 꼬렛찌오네	(여) 수정(修正)
corridoio 꼬리도요	(남) 복도
corrispendenza 꼬리스뽄덴짜	(여) 일치
corrispondente 꼬리스뽄덴떼	(남.여) 특파원
corrispondere 꼬리스뽄데레	(자) 일치하다, 동등하다

- corrispondere a 꼬리스뽄데레 아	- ~과 일치하다
corsa 꼬르사	(여) 경주
corso 꼬르소	(남) 과정, 코스, 넓은 길
- Corso di dottorato di ricerca 꼬르소 디 도또라도 디 리체르까	- 박사과정
- corso elementare 꼬르소 엘레멘따레	- 기초 코스
- corso medio 꼬르소 메디오	- 중급 코스
- corso superiore 꼬르소 수뻬리오레	- 고급 코스
cortese 꼬르떼제	(형) 정중한
corto 꼬르또	(형) 짧은
corvo 꼬르보	(남) 까마귀
cosa 꼬자	(여) 물건
coscia 꼬샤	(여) 허벅지
così 꼬지	(부) 그렇게. (접) 그 결과로
cosmetico 꼬스메띠꼬	(남) 화장품

costa 꼬스따	(여) 해안, 해변
costare 꼬스따레	(타동) 비용이 들다
Costituzione 꼬스띠뚜지오네	(여) 헌법
costo 꼬스또	(남) 비용
- costo del servizio 꼬스또 델 세르비찌오	- 봉사료
- costo della vita 꼬스또 델라 비따	- 생활비
- costo di lavoro 꼬스또 디 라보로	- 노동비
costruire` 꼬스뜨루이레	(타동) 건설하다
costruzione 꼬스뜨루찌오네	(여) 건설
costume 꼬스뚜메	(남) 관습, 의류
- costume da bagno 꼬스뚜메 다 바뇨	- 수영복
cotoletta 꼬똘렛따	(여) 커트릿(cutlet)
cotone 꼬또네	(남) 면(cotton)
cotto 꼿또	(형) 익은, 요리된

- cotto a vapore 꼿또 아 바뽀레	- 증기로 찐
- ben cotto 벤 꼿또	- 잘 익은(well done)
- cotto medio 꼿또 메디오	- 중간쯤 익은(medium)
cottura 꼬뚜라	(여) 요리
cozza 꼿짜	(여) 홍합
crampo 끄람뽀	(남) 쥐(근육경련)
cravatta 끄라밧따	(여) 넥타이
creare 끄레아레	(타동) 창조하다
credenza 끄레덴짜	(여) 찬장
credere 끄레데레	(타동) 믿다
credito 끄레디또	(남) 신용
crema 끄레마	(여) 크림
- crema solare 끄레마 솔라레	- 선크림
crescere 끄레쉐레	(자동) 성장하다

crimine 끄리미네	(남) 범죄
crisantemo 크리산떼모	(남) 국화(꽃)
crisi 끄리지	(여) 위기
cristallo 끄리스딸로	(남) 수정(水晶)
criticare 끄리띠까레	(타동) 비판하다
croce 끄로체	(여) 십자가
crocevia 끄로세비아	(여) 사거리
crociera 끄로췌라	(여) 크루즈(cruise)
cronaca 끄로나까	(여) 뉴스
crudele 끄루델레	(형) 잔인한
crudo 끄루도	(형) 날것의, 익히지 않은
Cuba 꾸바	(여) 쿠바
cubano 꾸바노	(남) 쿠바 남자
cubana 꾸바나	(여) 쿠바 여자

cucchiaino 꾸끼아이노	(남) 티스푼
cucchiaio 꾸끼아이오	(남) 숟가락
cucciolo 꾸쵸로	(남) 새끼(동물의)
cucina 꾸치나	(여) 부엌, 요리
- **cucina cinese** 꾸치나 치네제	- 중국 요리
- **cucina coreana** 꾸치나 꼬레아나	- 한국 요리
- **cucina giapponese** 꾸치나 쟈뽀네제	- 일본 요리
- **cucina italiana** 꾸치나 이딸리아나	- 이탈리아 요리
- **cucina spagnola** 꾸치나 스빠뇰라	- 스페인 요리
- **cucina tradizionale** 꾸치나 뜨라디찌오날레	- 전통 요리
cucinare 꾸치나레	(타동) 음식을 요리하다. (자동) 요리를 하다
cucire 꾸치레	(타동) ~을/를 실로 연결하다. (자동) 바느질하다
cuffie 꾸피에	(여.복) 헤드폰, 샤워캡
cugino 꾸지노	(남) 남자 사촌

cultura 꿀뚜라	(여) 문화
cuoca 꾸오까	(여) 여자 요리사
cuoco 꾸오꼬	(남) 남자 요리사
cuoio 꾸오요	(남) 가죽
cuore 꾸오레	(남) 마음, 심장
cura 꾸라	(여) 치료, 보살핌, 몸조심
curare 꾸라레	(자동) 치료되다. (타동) 돌보다.
curarsi 꾸라르씨	(재귀동사) 몸조심하다
curioso 꾸리오조	(형) 호기심이 있는
curriculum vitae 꾸리꿀룸 비떼	이력서
cursore 꾸르소레	(남) 커서(컴퓨터)
curvarsi 꾸르바르시	(재귀동사) 구부러지다
cuscino 꾸쉬노	(남) 베개
- cuscino da sedia 꾸쉬노 다 세디아	– 방석

dado 다도	(남) 주사위, 너트(nut)
dama 다마	(여) 귀부인
danese 다네제	(남,여) 덴마크 사람
Danimarca 다니마르까	(여) 덴마크
danno 단노	(남) 손해
danza 단짜	(여) 춤, 댄스
dapperttutto 다뻬르뚯또	(부) 모든 곳에
dare 다레	(타동) 주다
- dare il benvenuto 다레 일 벤베누또	- 환영하다
- dare la mano 다레 라 마노	- 악수하다
- dare la sveglia telefonica 다레 라 즈벨리아 뗄레포니까	- 모닝콜하다
- dare una mano 다레 우나 마노	- 도와주다

data 다따	(여) 날짜
- data di nascita 다따 디 나쉬따	- 생년월일
datore di lavoro 다또레 디 라보로	고용주
davanti 다반띠	(부) (형) 앞에. (남) 앞
debito 데비또	(남) 빚
debole 데볼레	(형) 약한
decano 데까노	(남) 학장
decidere 데치데레	(자동) 결심하다, 결정하다
decisione 데치지오네	(여) 결심, 결정
declinare 데끌리나레	(타동) 거절하다
decollare 데꼴라레	(자동) 이륙하다
decollo 데꼴로	(남) 이륙
decorare 데꼬라레	(타동) 장식하다
decorazione 데꼬라찌오네	(여) 장식, 훈장

dedicarsi 데디까르시	(재귀동사) 헌신하다
definitivo 데피니띠보	(형) 최종적인
defunto 데푼또	(남) 고인
delicato 델리까또	(형) 섬세한
delitto 델리또	(남) 범죄
deludente 델루덴떼	(형) 낙담한
delusione 델루지오네	(여) 낙담, 실망
democrazia 데모끄라찌아	(여) 민주주의
denaro 데나로	(남) 돈(錢)
dente 덴떼	(남) 이(치아)
- dente del giudizio 덴떼 델 쥬디찌오	– 사랑니
dentifricio 덴띠프릿쵸	(남) 치약
dentista 덴띠스따	(남) 치과 의사
dentro 덴뜨로	(부) 안으로 (전) 안에, 내부에. (남) 내부

denuncia 데눈치아	(여) 신고, 고발
denunciare 데눈치아레	(타동) 고발하다, 신고하다
depliant 데쁠리앙	(남) 카탈로그
depositare 데뽀지따레	(타동) 맡기다
- depositare i soldi in banca 데뽀지따레 이 솔디 인 방까	- 예금하다
deposito bagagli 데뽀지또 바갈리	수하물 보관소
deposito 데뽀지또	(남) 창고, 담보, 보증금, 예금
depressione 데쁘레시오네	(여) 의기소침, 우울함
descrivere 데스끄리베레	(타동) 묘사하다
descrizione 데스끄리찌오네	(여) 묘사
deserto 데제르또	(남) 사막
desiderare 데지데라레	(타동) 바라다
desiderio 데지데리오	(남) 욕구, 의욕
design 디자인	(남) 디자인

designer 디자이너	(남,여) 디자이너
dessert 데세르뜨	(남) 디저트
destinatario 데스띠나따리오	(남) 수신인
destinazione 데스띠나찌오네	(여) 행선지, 목적지
destino 데스띠노	(남) 운명
destra 데스뜨라	(여) 오른쪽
detergente 데떼르젠떼	(형) 청소하는, 세척하는
detersivo 데떼르시보	(남) 세척제
dettagliatamente 데딸리아따멘떼	(부) 상세히
diabete 디아베떼	(남) 당뇨병
diabetico 디아베띠꼬	(남) 당뇨병 환자
diagnosi 디아뇨지	(여) 진단
dialetto 디알렛또	(남) 사투리, 방언(方言)
dialogo 디알로고	(남) 대화

diamante 디아만떼 — (남) 다이아몬드

diapositiva 디아뽀지띠바 — (여) 슬라이드

diarrea 디아레아 — (여) 설사

diavolo 디아볼로 — (남) 악마

dicembre 디쳄브레 — (남) 십이월

dichiarare 디끼아라레 — (타동) 신고하다

dichiarazione 디끼아라찌오네 — (여) 신고

dieci 디에치 — (남) 열(10). (형) 십의

dieta 디에따 — (여) 다이어트

- **fare la dieta** 파레 라 디에따 — 다이어트를 하다

dietro 디에뜨로 — (부) 뒤에. (전) 뒤에, 후에. (형) 뒤의. (명) 뒷편

difendere 디펜데레 — (타동) 방어하다

difensore 디펜소레 — (남) 수비수

difesa 디페자 — (여) 방어

difetto 디펫또	(남) 결점
differenza 디페렌짜	(여) 차이
- differenza di fuso orario 디페렌짜 디 푸조 오라리오	– 시차
difficile 디피칠레	(형) 어려운
difficoltà 디피꼴따	(여) 곤란, 어려움
difficoltoso 디피꼴또조	(형) 곤란한, 힘든
digerire 디제리레	(타) 소화를 시키다
digestione 디제스띠오네	(여) 소화
digitale 디지딸레	(형) 디지털의
digiunare 디쥬나레	(자동) 단식하다
digiuno 디쥬노	(남) 단식
dilettante 딜레딴테	(남) 아마추어
diligente 딜리젠떼	(형) 근면한
diligentemente 딜리젠떼멘떼	(부) 열심히

dimagrire 디마그리레	(자동) 몸이 마르다, 몸무게가 줄다
dimensione 디멘시오네	(여) 크기, 사이즈
- dimensione media 디멘시오네 메디아	- 중간 크기
dimenticare 디멘띠까레	(타동) 잊다
diminuire 디미누이레	(자동) 감소하다
dinosauro 디노사우로	(남) 공룡
dio 디오	(남) 신(종교)
Dio 디오	(남) 유일신. D자는 항상 대문자
dipartimento 디빠르띠멘또	(남) 부서, 학과
dipendente 디뻰덴떼	(남,여) 종업원
dipingere 디삔제레	(타동) ~을/를 그리다. (자동) 그림을 그리다
diploma 디쁠로마	(남) 졸업장, 고등학교 졸업장
diplomatico 디쁠로마띠꼬	(남) 외교관
dire 디레	(타동) 말하다

- dire francamente 디레 프랑까멘떼	- 솔직히 말하다
direttamente 디렛따멘떼	(부) 직접
diretto 디렛또	(형) 직접의
direttore 디레또레	(남) 매니져
direzione 디레찌오네	(여) 방향
dirigere 디리제레	(타동) 지휘를 하다
dirigersi 디리제르시	(재귀동사) 향하다
diritto 디릿또	(부) 똑바로. (형) 곧은. (남) 권리
- diritto d'autore 디릿또 다우또레	- 저작권
discendente 디쉔덴떼	(남) 자손(후손)
disceso 디쉐소	(형) 내려온
dischetto 디스껫또	(남) 디스켓, 플로피디스크
disco 디스꼬	(남) 음반, 레코드
- disco esterno 디스꼬 에스떼르노	- 외장 하드(컴퓨터)

- disco rigido 디스꼬 리지도	- 하드디스크
discorso 디스꼬르소	(남) 연설
discoteca 디스꼬떼까	(여) 디스코텍, 음반 도서관
discriminare 디스끄리미나레	(타동) 차별하다
discussione 디스꾸시오네	(여) 토론
discuttere 디스꿋떼레	(자동) 토론하다. (타동) 테마를 발전시키다
disinfettante 디신페딴데	(남) 소독약
disoccupazione 디소꾸빠찌오네	(여) 실업
disperato 디스뻬라또	(형) 낙담한
dispiacere 디스삐아체레	(자) 유감스러워하다, 싫어하다
- Mi dispiace! 미 디스삐아체!	- 유감이다!
dispiaciuto 디스삐아츄또	(형) 섭섭한
disponibile 디스뽀니빌레	(형) 사용할 수 있는, 준비된
disputa 디스뿌따	(여) 말다툼

distanza 디스딴자	(여) 간격, 거리
distinguere 디스띵구에레	(타동) 구별하다
distretto 디스뜨렛또	(남) 구역, 지역
distributore 디스뜨리부또레	(남) 공급자, 공급 장치
- **distributore automatico** 디스뜨리부또레 아우또마띠꼬	– 자동 판매기
- **distributore di benzina** 디스뜨리부또레 디 벤지나	– 주유소
distruggere 디스뜨룻제레	(타동) 파괴하다
disturbare 디스뚜르바레	(타동) 방해하다
dito 디또	(남) 손가락
- **dito del piede** 디또 델 삐에데	– 발가락
ditta 딧따	(여) 회사
divano 디바노	(남) 소파
divenire 디베니레	(자동) 되다
diventare 디벤따레	(자동) 되다

diverso 디베르소	(형) 다양한, 어느 정도의
divertente 디베르뗀떼	(형) 재미있는, 즐거운
divertimento 디베르띠멘또	(남) 재미, 즐거움
dividere 디비데레	(타동) 나누다
divieto 디비에또	(형) 금지된
- **Divieto di accesso** 디비에또 디 아쳇소	- 진입금지
- **Divieto di parcheggio** 디비에또 디 빠르껫죠	- 주차금지
- **Divieto di sorpasso** 디비에또 디 소르빳소	- 추월금지
- **Divieto di sosta** 디비에또 디 소스따	- 정차금지
divorzio 디보르찌오	(남) 이혼
dizionario 디찌오나리오	(남) 사전
doccia 돗촤	(여) 샤워
- **fare la doccia** 파레 라 돗촤	- 샤워를 하다
documentario 도꾸멘따리오	(형) 다큐멘타리의. (남) 다큐멘타리

documento ufficiale 도꾸멘또 우피치알레	(남) 공문서
documento 도꾸멘또	(남) 문서, 서류
dogana 도가나	(여) 세관
doganiere 도가녜레	(여) 세관원
dolce 돌체	(형) 달콤한. (남) 돌체, 단과자
dolcificante 돌치피깐떼	(남) 감미료
dolciume 돌츄메	(남) 과자
dollaro 돌라로	(남) 달러($)
dolore 돌로레	(남) 통증, 고통
- dolore mestruale 돌로레 메스뜨루알레	- 생리통
doloroso 돌로로조	(형) 고통스런
domanda 도만다	(여) 질문, 신청, 신청서
domandare 도만다레	(타동) 질문하다. 신청하다. (자동) ~에 대해 안부를 묻다
domani 도마니	(부) (남) 내일

domenica 도메니까   (여) 일요일

dominare 도미나레   (타동) 지배하다. (자동) 지배권을 지니다

donare 도나레   (타동) 기부하다

donazione 도나찌오네   (여) 기부

donna 돈나   (여) 여자

donnaiolo 돈나이올로   (남) 바람둥이 남자

dopo 도뽀   (부) 나중에, 후에

- dopo pasto 도뽀 빠스또   - 식후

dopodomani 도뽀도마니   (부) 모레

doppio 도삐오   (형) 이중의

- doppia palpebra 도삐아 빨뻬브라   - 쌍꺼풀

dormire 도르미레   (자동) 자다

dormitorio 도르미또리오   (남) 기숙사

dorso 도르소   (남) 등(신체), 배영(수영)

- dorso del piede 도르소 델 삐에데	- 발등
dottore 도또레	(남) 의사, 박사
dove 도베	(부) 어디
dovere 도베레	(조동사) 해야만 한다. (타동) 빚을 지다 (남) 의무
dovunque 도붕꿰	(부) 어디든지
dozzina 도찌나	(여) 다스, 12개
drago 드라고	(남) 용(龍)
dramma 드람마	(남) 드라마
droga 드로가	(여) 마약
dubbio 둡비오	(남) 의심
dubitare 두비따레	(자동) 의심하다. (타동) ~을/를 의심하다
due 두에	(형) 둘의. (남) 둘
duomo 두오모	(남) 대성당
durare 두라레	(자동) 지속되다

duro
두로
(형) 단단한

duty free
듀티프리
면세

e 에	(접) 그리고
ebrea 에브레아	(여) 유태인 여자
ebreo 에브레오	(남) 유태인 남자 (형) 유태인의
eccedere 에체데에	(자동) 초과하다. (타동) 한계를 넘다
eccellente 에첼렌떼	(형) 뛰어난
eccesso 에첫소	(남) 초과
- eccesso di velocità 에체쏘 디 벨로치따	- 과속
eccetto 에첫또	(전) 제외하고
ecologico 에꼴로지꼬	(형) 친환경의
economia 에꼬노미아	(여) 경제 경제학
economista 에꼬노미스따	(남), (여) 경제학자
ecosistema 에꼬시스떼마	(남) 생태계

ecoturismo 에꼬뚜리즈모	(남) 생태 관광
edicola 에디꼴라	(여) 신문 판매소
edificio 에디피쵸	(남) 건물
editore 에디또레	(남) 출판사
editoria 에디또리아	(여) 출판
editrice 에디뜨리체	(여) 출판사
educare 에두까레	교육하다
educatore 에두까또레	(남) 교육자
effetto 에펫또	(남) 효과
- effetto collaterale 에페또 꼴라떼랄레	- 부작용
efficace 에피까체	(형) 유효한, 효과적인
egoismo 에고이즈모	(남) 이기주의
egoista 에고이스따	(남) 이기주의자
elastico 엘라스띠꼬	(남) 고무줄

elefante 엘레판떼	(남) 코끼리
elegante 엘레간떼	(형) 우아한
eleggere 엘렛제레	(타동) 선출하다
elementare 엘레멘따레	(형) 초급의
elenco 엘렌꼬	(남) 목록, 리스트
eletricità 엘레뜨리치따	(여) 전기
elettricista 엘레뜨리치스따	(남) 전기 기술자
elettrodomestico 엘레뜨로도메스띠꼬	(남) 가전제품
elezione 엘레찌오네	(여) 선거
elicottero 엘리꼬떼로	(남) 헬리콥터
eliminare 엘리미나레	(타동) 제거하다
e-mail 이메일	(남) 이메일
emergenza 에메르젠자	(여) 비상사태
emigrare 에미그라레	(자동) 이민가다.

emigrazione 에미그라찌오네	(여) 이민
emorragia 에모라지아	(여) 출혈
emozione 에모찌오네	(여) 감동
encefalite 엔체팔리떼	(여) 뇌염
enciclopedia 엔치끌로뻬디아	(여) 백과사전
enorme 에노르메	(형) 거대한
enoteca 에노떼까	(여) 와인바
entrambi 엔뜨람비	(대) 둘 다 모두
entrare 엔뜨라레	(자동) 들어가다(오다)
entrata 엔뜨라따	(여) 입구, 입국
entro 엔뜨로	(전) ~시간 내에
epatite 에빠띠떼	(여) 간염(의학)
epidemia 에삐데미아	(여) 전염병
Epifania 에삐파니아	(여) 공현축일

epoca 에뽀까	(여) 시기
equatore 에꽈또레	(남) 적도
equilibrato 에뀔리브라또	(형) 균형잡힌
equillibrio 에뀔리브리오	(남) 균형
equipaggio 에뀌빠죠	(남) 승무원
equitazione 에뀌따찌오네	(여) 승마
eredità 에레디따	(여) 유산(재산)
ergastolo 에르가스똘로	(남) 종신형
eroe 에로에	(남) 영웅
errore 에로레	(남) 잘못, 실수
esagerare 에사제라레	(타동) 과장하다. (자동) 초과하다
esame 에자메	(남) 시험, 검사
- **esame d'ammissione** 에자메 담미시오네	- 입학 시험
esaminare 에자미나레	(자동) 검사하다

esatto 에샷또	(형) 정확한
esaurito 에사우리또	(형) 다 팔린, 매진된
esclusivamente 에스끌루시바멘떼	(부) 독점적으로
escrementi 에스끄레멘띠	(남.복) 대변(大便)
esempio 에젬뽀	(남) 보기, 실례, 예
esente 에센떼	(형) 자유로운, 의무가 없는
- esente da dazio doganale 에센떼 다 다찌오 도가날레	– 면세
esercito 에세르치또	(남) 군대, 국군
esercizio 에세르치찌오	(남) 연습
esistere 에지스떼레	(자동) 존재하다
esitare 에지따레	(자동) 주저하다
esperienza 에스뻬리엔자	(여) 경험, 경력
esperto 에스뻬르또	(남) 전문가
esplorare 에스쁠로라레	(타동) 탐험하다

esporre 에스뽀레	(타동) 전시하다, 보여주다
esportare 에스뽀르따레	(타동) 수출하다
esportatore 에스뽀르따또레	(남) 수출업자
esportazione 에스뽀르따찌오네	(여) 수출
espositore 에스뽀지또레	(남) 전시자
espressione 에스쁘레시오네	(여) 표현
esprimere 에스쁘리메레	(타동) 표현하다
espulsione 에스뿔시오네	(여) 퇴장(축구)
essenziale 에센지알레	(형) 필수적인
essere 엣세레	(자) ~이다, ~있다
- essere abile 엣세레 아빌레	- 능숙하다
- essere amici 엣세레 아미치	- 친하다
- essere bello 엣세레 벨로	- 곱다, 예쁘다
- essere buono 엣세레 부오노	- 좋다, 맛있다

- **essere contaminato** — 감염되다
  엣세레 꼰따미나또

- **essere contento** — 만족하다
  엣세레 꼰뗀또

- **essere d'accordo** — 동의하다
  엣세레 다꼬르도

- **essere dimesso** — 퇴원하다
  엣세레 디멧소

- **essere gentile** — 친절하다
  엣세레 젠띨레

- **essere grande** — 크다(사이즈)
  엣세레 그란데

- **essere in anticipo** — 일찍 도착하다
  엣세레 인 안띠치뽀

- **essere in difficoltà** — 쪼들리다
  엣세레 인 디피꼴따

- **essere necessario** — 필요하다
  엣세레 네체사리오

- **essere perfetto** — 완전하다
  엣세레 뻬르펫또

- **essere pieno** — 가득 차 있다
  에쎄레 삐에노

- **essere poco** — 적다(양이)
  엣세레 뽀꼬

- **essere povero** — 가난하다
  에쎄레 뽀베로

- **essere simile** — 닮다
  엣세레 씨밀레

est 에스뜨	(남) 동쪽
estate 에스따떼	(여) 여름
esterno 에스떼르노	(남) 밖, 외부 (형) 외부의
- esterno del Paese 에스떼르노 델 빠에제	- 국외
estero 에스떼로	(남) 외국
estranea 에스뜨라네아	(여) 여자 이방인
estraneo 에스뜨라네오	(남) 남자 이방인
estrarre 에스뜨라레	(타동) 빼다
età 에따	(여) 나이
eterno 에떼르노	(형) 영원한
etto 엣또	(남) 100 그램
Euro 에우로	(남) 유로(화폐)
Europa 에우로빠	(여) 유럽
- Europa orientale 에우로빠 오리엔딸레	- 동유럽

evadere
에바데레

(자동) 탈출하다

evaporare
에바뽀라레

(자동) 증발하다.
(타동) 증기로 변화하다

evento
에벤또

(남) 행사, 사건

evitare
에비따레

(타동) 피하다

extracomunitario
엑스뜨라꼬무니따리오

(남) EU 국가외 사람

f

fa caldo
파 깔도
덥다(날씨가)

fa freddo
파 프레도
춥다(날씨가)

fabbrica
파브리까
(여) 공장

fabbricante
파브리깐떼
(남), (여) 생산자

fabbricare
파브리까레
(타동) 제조하다

facchino
파끼노
(남) 짐꾼, 포터

faccia
파촤
(여) 얼굴, 정면

facile
파칠레
(형) 쉬운

facilmente
파칠멘떼
(부) 쉽게

facoltà
파꼴따
(여) 단과대학

- facoltà di medicina
파꼴따 디 메디치나
– 의과대학

fagiano
파쟈노
(남) 꿩

fagiolino 파졸리노 — (남) 강낭콩

fagiolo 파졸로 — (남) 콩

- **fagiolo acerbo** 파죠올로 아체르보 — 풋콩

- **fagiolo azuki** 파졸로 아주끼 — (남) 팥(곡식)

- **fagiolo bianco** 파졸로 비앙꼬 — 강낭콩

- **fagiolo mungo** 파졸로 뭉고 — 녹두

falegname 팔레냐메 — (남) 목수

fallimento 팔리멘또 — (남) 파산

fallire 팔리레 — (자동) 망하다.

fallo a mano 팔로 아 마노 — 핸들링 반칙(축구)

fallo 팔로 — (남) 반칙, 파울

falsificare 팔시피까레 — (타동) 위조하다

falso 팔소 — (남) 가짜 (형) 가짜의

fama 파마 — (여) 명성, 유명세

fame 파메	(여) 배고픔, 허기
famiglia 파밀리아	(여) 가정(家庭), 가족
- famiglia di marito 파밀리아 디 마리또	- 시집(媤집)
famoso 파모조	(형) 유명한
fango 팡고	(남) 진흙
fare 파레	(타동) 만들다, 하다
farfalla 파르팔라	(여) 나비
farfallino(= papillon) 파르팔리노	(남) 나비 넥타이
farina 파리나	(여) 밀가루
farmacia 파르마치아	(여) 약국
farmacista 파르마치스따	(남) 약사(藥師)
faro 파로	(남) 헤드라이트(자동차), 등대
fascia 파샤	(여) 밴드, 리본, 구역
- fascia per capelli 파샤 뻬르 까뻴리	- 헤어밴드

fascino 파쉬노	(남) 매력
fase 파제	(여) 단계
fastidio 파스띠디오	(형) 귀찮은
fatale 파딸레	(형) 숙명적인
fatica 파띠까	(여) 노력
fatto 파또	(남) 사실 (형) 만들어진
fattoria 파또리아	(여) 목장
fattorino 파또리노	(남) 심부름꾼, 종업원
- fattorino d'albergo 파또리노 달베르고	- 벨보이
fattura 파뚜라	(여) 인보이스
favore 파보레	(남) 부탁, 호의
- dare il favore 다레 일 파보레	- 호의를 베풀다
fax 팍스	(남) 팩스기
fazzoletto 파쫄렛또	(남) 손수건

- fazzoletto di carta 파졸렛또 디 까르따	- 종이 티슈
febbraio 페브라이오	(남) 2월
febbre 페브레	(여) 열(熱), 열병
feci 페치	(여.복) 대변(大便)
fede 페데	(여) 신앙
fegato 페가또	(남) 간(신체)
felice 펠리체	(형) 행복한
felicità 펠리치따	(여) 행복
femmina 펨미나	(여) 여성
femminile 페미닐레	(형) 여성의
feriale 페리알레	(형) 주중의, 평일의
ferire 페리레	(타동) 다치다
ferita 페리따	(여) 상처
ferito 페리또	(형) 부상당한

fermacravatta 페르마끄라밧따	(여) 넥타이핀
fermarsi 페르마르시	(재귀동사) 멈추다
fermata 페르마따	(여) 정류소
- fermata del taxi 페르마따 델 땃시	– 택시 정류소
- fermata dell'autobus 페르마따 델라우또부스	– 버스 정류소
fermentazione 페르멘따찌오네	(여) 발효
feroce 페로체	(형) 사나운
ferro 페로	(남) 철(금속)
- ferro da stiro 페로 다 스띠로	– 다리미
ferrovia 페로비아	(여) 철도
ferroviere 페로비에레	(남) 철도원
festa 페스따	(여) 파티, 잔치
- festa di compleanno 페스따 디 꼼쁠레안노	– 생일 잔치
- festa di fine anno 페스따 디 피네 안노	– 송년회

festeggiare 페스떼쬬레	(타동) ~을/를 기념하다. (자동) 파티를 하다
fetta 페따	(여) 얇게 썬 조각
fiaba 피아바	(여) 우화
fiammifero 피암미페로	(남) 성냥
fiato 피아또	(남) 호흡, 숨
fico 피꼬	(남) 무화과 열매, 무화과 나무
fidanzamento 피단자멘또	(남) 약혼식
fidanzata 피단자따	(여) 약혼녀
fidanzato 피단자또	(남) 약혼자
fiducia 피두치아	(여) 믿음, 신의
fiera 피에라	(여) 무역 전시회
figlia 필리아	(여) 딸
- **figlia maggiore** 필리아 마죠레	– 큰딸
- **figlia minore** 필리아 미노레	– 막내딸

- figlia unica 필리아 우니까	- 외동딸
figlio 필리오	(남) 아들
- figlio maggiore 필리오 마죠레	- 큰아들
- figlio minore 필리오 미노레	- 막내아들
- figlio unico 필리오 우니꼬	- 외아들, 독자
fila 필라	(여) 줄
filandese 필란데제	(남) 필란드 남자, 필란드어 (여) 필란드 여자
- la lingua filandese 라 링구아 필란데제	- 필란드어
Filandia 필란디아	(여) 필란드
filetto 필레또	(남) 등심
filiale 필리알레	(여) 지점
film 필므	(남) 영화
filo 필로	(남) 실
finalmente 피날멘떼	(부) 마침내

fine 피네	(남) 목적. (여) 끝, 마지막 (형) 가는, 가느다란
- fine anno 피네 안노	- 연말
- fine mese 피네 메제	- 월말
- fine settimana 피네 세띠마나	- 주말
finestra 피네스뜨라	(여) 창문
fingere 핀제레	(자동) 가장하다
finire 피니레	(타동) 끝나다, 끝내다
- finire il lavoro 피니레 일 라보로	- 일을 끝내다
finora 피노라	(부사) 아직까지, 지끔까지
finto 핀또	(형) 가짜의, 모조의
fiore 피오레	(남) 꽃
- fiore artificiale 피오레 아르띠피치알레	- 조화(종이꽃)
fiorire 피오리레	(자동) 꽃이 피다 (타동) 꽃으로 장식하다
firma 피르마	(여) 서명(사인)

firmare 피르마레	(타동) 서명하다
fisica 피지까	(여) 물리학
fissare 피사레	(타동) 고정하다, 예약하다
fisso 피쏘	(형) 고정된
fitto 피또	(형) 진한, 빽빽한
fiume 퓨메	(남) 강(江)
focolare 포꼴라레	(남) 벽난로, 집, 가정
fodera 포데라	(여) 라이닝(lining)
foglia 폴리아	(여) 나뭇잎
foglio 폴리오	(남) 종이
fon 폰	(남) 헤어드라이어
fondamentale 폰다멘딸레	(형) 기초적인, 근본적인
fontana 폰따나	(여) 분수, 샘
fonte 폰떼	(남) 샘, 원천

foratura 포라뚜라	(여) 펑크
forbici 포르비치	(여.복) 가위
forbicine 포르비치네	(여.복) 손톱깎이
forcella 포르첼라	(여) 머리핀
forchetta 포르껫따	(여) 포크
forcina 포르치나	(여) 머리핀
forfora 포르포라	(여) 비듬
forma 포르마	(여) 형식, 모양
formaggio 포르맛죠	(남) 치즈
- formaggio di soia 포르맛죠 디 소이아	– 두부
formale 포르말레	(형) 격식적인
formazione 포르마찌오네	(여) 교육, 훈련
formica 포르미까	(여) 개미
formula 포르물라	(여) 공식

fornaio 포르나이오	(남) 빵집, 빵굽는 사람, 제빵업 종사자
fornimento 포르니멘또	(남) 공급
fornire 포르니레	(타동) 공급하다, 보급하다
forno 포르노	(남) 오븐, 빵가게
- forno a microonde 포르노 아 미끄론데	- 전자레인지
foro 포로	(남) 구멍
forse 포르세	(부) 아마
forte 포르떼	(형) 강한
fortezza 포르뗏짜	(여) 요새
fortuna 포르뚜나	(여) 행운
fortunato 포르뚜나또	(형) 행운의
foruncolo 포룬꼴로	(남) 종기, 부스럼
forza 포르짜	(여) 힘, 세기
fossetta 포셋따	(여) 보조개

foto 포또	(여) 사진
- fare la foto 파레 라 포또	- 사진을 찍다
fotocopia 포또꼬삐아	(여) 복사
fotocopiare 포또꼬삐아레	(타동) 복사하다
fotocopiatrice 포또꼬삐아뜨리체	(여) 복사기
fotografare 포또그라파레	(타동) 사진을 찍다
fotografia 포또그라피아	(여) 사진
fotografo 포또그라포	(남) 사진가
fra 프라 (= tra 뜨라)	(전) 사이에, 후에
fragile 프라질레	(형) 깨지기 쉬운
fragola 프라골라	(여) 딸기
fraintendere 프라인뗀데레	(타동) 오해하다
francese 프란체제	(남) 프랑스 남자, 프랑스어 (여) 프랑스 여자 (형) 프랑스의
la lingua francese 라 링구아 프란체제	- 프랑스어

Francia 프란챠	(여) 프랑스
francobollo 프랑꼬볼로	(남) 우표
frase 프라제	(여) 문장
fratello 프라뗄로	(남) 남동생, 형, 오빠
- fratello maggiore 프라뗄로 마죠레	- 큰형
frattura 프라뚜라	(여) 골절
freccia 프레챠	(여) 화살, 방향 지시등
freddo 프레도	(형) 차가운, 추운 (남) 추위
fregare 프레가레	(타동) 속이다, 문지르다
frenare 프레나레	(타동) 브레이크를 잡다
freno 프레노	(남) 브레이크
- freno a mano 프레노 아 마노	- 핸드브레이크
frequentare 프레꿴따레	(타동) 만나다 (자동) 어떤 장소에 다니다
- frequentare qulcuno 프레꿴따레 꽐꾸노	- 교제하다

frequentazione 프레꿴따찌오네	(여) 교제
fresco 프레스꼬	(형) 서늘한, 시원한
fretta 프렛따	(여) 서두름
friggere 프릿제레	(자동) 튀기다. (타동) ~을/를 기름으로 요리하다
frigorifero 프리고리페로	(남) 냉장고
frittata 프리따따	(여) 팬케이크(pancakes)
frizione 프리찌오네	(여) 클러치(자동차)
fronte 프론떼	(여) 이마
frontiera 프론띠에라	(여) 경계선, 국경
frullatore 프룰라또레	(남) 믹서기
frutta 프룻따	(여) 과일
- frutta acerba 프룻따 아체르바	- 풋과일
- il negozio di frutta 네고찌오 디 프룻따	- 과일 가게
-frutti di mare 프룻띠 디 마레	해산물

fulmine 풀미네	(남) 번개
fumare 푸마레	(자동) 담배를 피우다
fumetto 푸멧또	(남) 코믹한 책
fumo 푸모	(남) 연기
fungo 풍고	(남) 버섯
funzionare 푼찌오나레	(자동) 작동하다
funzione 푼찌오네	(여) 작동, 기능
fuoco 푸오꼬	(남) 불(火), 초점
fuori 푸오리	(부) 밖에 (명) 밖
- fuori moda 푸오리 모다	- 유행에 뒤진
fuorigioco 푸오리죠꼬	(남) 오프사이드(축구)
furbo 푸르보	(형) 교활한
fusibile 푸지빌레	(남) 퓨즈(fuse)
futuro 푸뚜로	(남) 미래, 장래

g

gabbia (여) 새장
갑비아

gabinetto (남) 화장실(외부에 있는)
가비넷또

galateo (남) 매너
칼라떼오

galleria (여) 터널, 굴
칼레리아

gallina (여) 암탉
칼리나

gallo (남) 수탉
칼로

galoche (여.복) 오버슈즈
칼로쉐

gamba (여) 다리(사람의)
감바

gambero (남) 새우
감베로

- **gamberetto** – 작은 새우
  감베렛또

- **gamberone** – 왕새우
  감베로네

gara (여) 경기(競技)
가라

garage 가라제	(남) 차고
garantire 가란띠레	(타동) 보장하다, 보증하다
garanzia 가란찌아	(여) 보증
garofano 가로파노	(남) 카네이션
gas 가스	(남) 가스
- fornello a gas 포르넬로 아 가스	- 가스레인지
gatto 갓또	(남) 고양이
gelare 젤라레	(타) 얼리다 (자) 얼다
gelateria 젤라떼리아	(여) 아이스크림 가게
gelato 젤라또	(남) 아이스크림
geloso 젤로조	(형) 질투심이 있는
gemello 제멜로	(남) 쌍둥이. (형) 쌍둥이의
generalmente 제네랄멘떼	(부) 대개
generazione 제네라찌오네	(여) 세대

genere 제네레	(남) 종류, 성별
genero 제네로	(남) 사위
gengiva 젠지바	(여) 잇몸
genio 제니오	(남) 천재
genitale 제니딸레	(남) 생식기
genitori 제니또리	(남,복) 부모
gennaio 젠나이오	(남) 1월
gente 젠떼	(여) 사람들
gentile 젠띨레	(형) 친절한
gentilezza 젠띨렛짜	(여) 호의, 친절
Germania 제르마니아	(여) 독일
germoglio 제르몰료	(남) 어린 싹, 기원
- germoglio di soia 제르몰료 디 소이아	- 콩나물
gesso 젯소	(남) 분필

gestione
제스띠오네
(여) 경영

gestire
제스띠레
(자동) 제스쳐를 하다. (타동) 경영하다

gesto
제스또
(남) 제스쳐

ghiaccio
기앗쵸
(남) 얼음

già
좌
(부) 벌써, 이미

giacca
쟈까
(여) 재킷

giada
좌다
(여) 옥(광물)

giallo
좔로
(형) 노란색의 (남) 노란 색

Giappone
쟈뽀네
(남) 일본

giapponese
쟈뽀네제
(남) 일본 남자, 일본어
(여) 일본 여자 (형) 일본의

- la lingua giapponese
라 링구아 쟈뽀네제
- 일본어

giardino
좌르디노
(남) 정원

gigante
지간떼
(남) 거인 (형) 매우 큰

giglio
질리오
(남) 백합

gilet 질레	(남) 조끼
ginecologo 지네꼴로고	(남) 산부인과 의사
ginnastica 진나스띠까	(여) 운동, 체육
ginocchio 지노끼오	(남) 무릎
giocare 죠까레	(자동) 놀다
- giocare a golf 죠까레 아 골프	– 골프를 치다
giocatore 죠까또레	(남) 남자 선수(選手)
giocatrice 죠까뜨리체	(여) 여자 선수
giocattolo 죠까똘로	(남) 장난감
gioco 죠꼬	(남) 게임
- giochi olimpici 죠끼 올림삐치	– 올림픽 게임
- gioco d'azzardo 죠꼬 다짜르도	– 놀음
gioia 죠이아	(여) 기쁨, 즐거움
gioielleria 죠이엘레리아	(여) 보석상, 보석가게, 시계포

gioiello 죠이엘로	(남) 보석
giornale 죠르날레	(남) 신문
giornalista 죠르날리스따	(남) 신문 기자
giorno 죠르노	(남) 낮, 날(日), 하루
- al giorno 알 죠르노	- 하루에
- giorno della settimana 죠르노 델라 셋띠마나	- 요일
- giorno feriale 죠르노 페리알레	- 평일
- giorno festivo 죠르노 페스띠보	- 명절, 공휴일, 축제일
giovane 죠바네	(남) 젊은이
giovedi 죠베디	(남) 목요일
giradischi 지라디스끼	(남.복) 레코드플레이어
girandola 지란돌라	(여) 바람개비
girare 지라레	(자동) 돌다(방향)
girasole 지라솔레	(남) 해바라기

giubbotto 쥬보또	(남) 캐킷, 조끼
- **giubbotto di salvataggio** 쥬보또 디 살바땃죠	– 구명 재킷
giudice 쥬디체	(남) 판사
giudizio 쥬디찌오	(남) 판결
giugno 쥬뇨	(남) 유월
giungere 쥰제레	(자동) 도착하다
giuntura 쥰뚜라	(여) 관절
giusto 쥬스또	(형) 옳은, 공정한
gloria 글로리아	(여) 영광
gol 골	(남) 골인
gola 골라	(여) 목구멍
golf 골프	(남) 골프, 스웨터
gomito 고미또	(남) 팔꿈치
gomma 곰마	(여) 고무, 지우개

- **gomma da masticare** 곰마 다 마스띠까레 — 껌(gum)

gonfio 곤피오 (형) 부어오른

gonna 곤나 — 미니 스커트

- **minigonna** 미니곤나 (여) 스커트, 치마

gorgonzola 고르곤졸라 (여) 고르곤졸라 치즈

gotico 고띠꼬 (형) 고딕양식의

governante 고베르난떼 (여) 가사 도우미

governare 고베르나레 (타동) 다스리다

gradazione 그라다찌오네 (여) 도수

gradino 그라디노 (남) 계단

gradito 그라디또 (형) 기쁜, 고마운, 환영받는

grado 그라도 (남) 도수, 등급

graffetta 그라펫따 (여) 클립

grammatica 그람마띠까 (여) 문법

grammo 그람모	(남) 그램(g)
grancassa 그란깟사	(여) 큰북(악기)
granchio 그란끼오	(남) 게
- polpa di granchio 뽈빠 디 그란끼오	– (여) 게살
grande 그란데	(형) 커다란, 위대한
- grande magazzino 그란데 마가지노	– 백화점
grandinare 그란디나레	(비인칭 동사) 우박이 내리다
grandine 그란디네	(여) 우박
grano 그라노	(남) 밀(곡식)
granoturco 그라노뚜르꼬	(남) 옥수수
grappolo 그랍뽈로	(남) 포도 송이
grasso 그랏소	(형) 기름진, 살찐. (남) 비계
gratis 그라띠스	(부) 무료로
grattacielo 그라따치엘로	(남) 고층 빌딩, 마천루

grave 그라베	(형) 중대한
gravidanza 그라비단짜	(여) 임신
grazia 그라찌아	(여) 은총
Grazie! 그라찌에	(감탄사) 감사합니다
Grecia 그레치아	(여) 그리스
grembiule 그램뷸레	(남) 앞치마
gridare 그리다레	(자동) 소리치다
grido 그리도	(남) 고함, 외침
grigliare 그릴랴레	(타동) 굽다
grossista 그로씨스따	(남) 도매상
grosso 그롯소	(형) 굵은
grotta 그롯따	(여) 동굴
gru 그루	(여) 학(조류), 크레인
gruppo 그룹뽀	(남) 그룹, 단체

- gruppo di turisti
그룹뽀 디 뚜리스띠
— 단체 여행객

guadagnare
과다냐레
(타동) 돈을 벌다

guadagno
과다뇨
(남) 수입(벌이)

guancia
관챠
(여) 뺨

guanti
관띠
(남.복) 장갑

guardare
관르다레
(타동) 바라보다

guardaroba
과아르다로바
(남) 옷장

guardia
과르디아
(여) 경비원

guarire
구아리레
(타동) 치료하다
(자동) 회복되다

guarnizione
과르니찌오네
(여) 라이닝

- guarnizione del freno
과르니찌오네 델 프레노
— 브레이크라이닝

guastarsi
과스따르시
(재귀동사) 고장나다

guasto
과스또
(형) 고장난, (남) 고장

guerra
구에라
(여) 전쟁

gufo
구포
(남) 올빼미

guida
구이다
(여) 안내, 가이드, 안내 책자, 운전

- guida in stato di ebbrezza
구이다 인 스따또 디 에브렛짜
- 음주 운전

- guida turistica
구이다 뚜리스띠까
- 여행 가이드

guidare la macchina
구이다레 라 마끼나
차를 운전하다

guidare
구이다레
(타동) 운전하다

guscio
구쇼
(남) 껍질

gustare
구스따레
(타동) 맛보다

gusto
구스또
(남) 맛, 미각, 기호

gustoso
구스또조
(형) 맛있는

handicappato
안디까빠또
(남) 장애자 (형) 장애자의

hobby
옵비
(남) 취미

hostess
호스떼스
(여) 스튜어디스

hotel
호뗄
(남) 호텔

- **hotel di lusso**
  호뗄 디 룻소
  - 고급 호텔

i

idea 이데아 — (여) 아이디어

ideale 이데알레 — (형) 이상적인

identico 이덴띠꼬 — (형) 동일한

identità 이덴띠따 — (여) 정체성

idiota 이디오따 — (남), (여) 바보, 멍청이

idraulico 이드라울리꼬 — (남) 수도 수리공

ieri 예리 — (부) 어제

- **l'altroieri** 랄뜨로예리 — (부) 그저께

igienico 이줴니꼬 — (형) 위생적인

illegale 일레갈레 — (형) 불법의

imballaggio 임발랏죠 — (남) 포장

imbarco 임바르꼬 — (남) 탑승

- imbarco immediato 임바르꼬 임메디아또	- 즉시 탑승
imbottigliamento 임보띨랴멘또	(남) 병입
imbuto 임부또	(남) 깔때기
imitare 이미따레	(타동) 모조하다
imitazione 이미따찌오네	(여) 모조품
immaginare 임마지나레	(타동) 상상하다
immigrare 임미그라레	(자동) 이민오다
immobile 임모빌레	(형) 움직이이 않는 (남) 부동산
immondizia 임몬디찌아	(여) 쓰레기
imparare 임빠라레	(타동) 배우다
impazzire 임빠찌레	(자동) 미치다
impedire 임뻬디레	(타동) 막다, 방해하다
impegnato 임뻬냐또	(형) 바쁜
impegno 임뻬뇨	(남) 업무

imperfetto 임뻬르펫또	(형) 불완전한
impermeabile 임뻬르메아빌레	(남) 레인코트, 비옷. (형) 방수의
impianto 임삐안또	(남) 시스템, 설비
impiegare 임삐에가레	(타동) 고용하다
impiegata 임삐에가따	(여) 여자 회원, 여자 종업원, 여자 사무원
impiegato 임삐에가또	(남) 남자 회원, 남자 종업원, 남자 사무원
- impiegato statale 임삐에가또 스따딸레	- 공무원
impiego 임삐에고	(남) 고용
importante 임뽀르딴떼	(형) 중요한
importare 일뽀르따레	(타동) 수입하다
importatore 임뽀르따또레	(남) 수입업자
importazione 임뽀르따찌오네	(여) 수입(제품의)
importunare 임뽀르뚜나레	(타동) 괴롭히다
impressione 임쁘레시오네	(여) 인상(느낌), 감명

imprevedibile 임쁘레베디빌레	(형) 예상할 수 없는
improvvisamente 임쁘로비자멘떼	(부) 갑자기
inaspettatamente 인아스뻬따따멘떼	(부) 뜻밖에
inaugurazione 인아우구라찌오네	(여) 개업, 오쁜닝
incartare 인까르따레	(타동) 싸다(종이 등으로)
incendio 인첸디오	(남) 화재
incertezza 인체르뗏짜	(여) 불확실
incerto 인체르또	(형) 불확실한
inchiostro 잉끼오스뜨로	(남) 잉크
incidente 인치덴떼	(남) 사고
- incidente stradale 인치덴떼 스뜨라달레	– 교통 사고
incinta 인친따	(형) 임신한
inclinato 인끌리나또	(형) 경사진
includere 인끌루데레	(타동) 포함하다

incluso 인끌루조	(형) 포함된
incontrare 인꼰뜨라레	(타동) 만나다
incosciente 인꼬쉔떼	(형) 의식을 잃은, 무책임한
incredibile 인끄레디빌레	(형) 믿을 수 없는
incrocio 잉끄로쵸	(남) 교차로
incubo 인꾸보	(남) 악몽
indagine 인다지네	(여) 조사
indicare 인디까레	(타동) 지시하다, 가리키다
indicazione 인디까찌오네	(여) 지시
indice 인디체	(남) 색인, 집게 손가락
indietro 인디에뜨로	(부) 뒤로
indifferente 인디페렌떼	(형) 무관심한 (명) 무관심한 사람
indifferenza 인디페렌자	(여) 무관심
indigestione 인디제스띠오네	(여) 소화 불량

indipendente 인디뻰덴떼	(형) 독립적인
indipendenza 인디뻰덴짜	(여) 독립
indirettamente 인디레따멘떼	(부) 간접적으로
indiretto 인디렛또	(형) 간접의
indirizzo 인디릿쪼	(남) 주소
- **indirizzo e-mail** 인디릿쪼 이메일	- 이메일 주소
- **indirizzo permanente** 인디릿쪼 뻬르마넨떼	- 본적
indispensabile 인디스뻰사빌레	(형) 필수적인
individuo 인디비두오	(남) 개인
indovinare 인도비나레	(타동) 알아 맞추다
industria 인두스뜨리아	(여) 공업, 산업
- **industria pesante** 인두스뜨라아 뻬산떼	- 중공업
- **indutria leggera** 인두뜨리아 레제라	(여) 경공업
industrializzazione 인두스뜨리알리자찌오네	(여) 공업화, 산업화

inevitabile 인에비따빌레	(형) 피할 수 없는
infarto 인파르또	(남) 심장마비
infelice 인펠리체	(형) 불행한
infermiere 인페르미에레	(남) 남자 간호원
infermiera 인페르미에라	(여) 여자 간호원
inferno 인페르노	(남) 지옥
infiammazione 인피암마찌오네	(여) 염증
infine 인피네	(부) 결국
infinito 인피니또	(남) 동사원형
inflazione 인플라찌오네	(여) 인플레이션
influenza 인플루엔자	(여) 유향성 감기, 독감, 영향
informazione 인포르마찌오네	(여) 안내소, 안내, 정보
- informazione turistica 인포르마찌오네 뚜리스띠까	- 관광 안내소
ingannare 인간나레	(타동) 속이다

inganno 인간노	(남) 속임
ingegnere 인제녜레	(남) 엔지니어
ingenuo 인제누오	(형) 순진한
Inghilterra 잉길떼라	(여) 영국
inglese 잉글레제	(남) 영국 사람, 영어
- la lingua inglese 라 링구아 잉글레제	- 영어
ingrandimento 인그란디멘또	(남) 확대
ingrandire 인그란디레	(타동) 확대하다 (자동) 커지다
ingrediente 인그레디엔떼	(남) 재료, 원료
ingresso 인그렛소	(남) 입구
iniezione 이니에찌오네	(여) 주사
- fare un'iniezione 파레 운이니에찌오네	- 주사를 놓다
iniziare 이니찌아레	(타동) 시작하다 (자동) 시작되다
inizio 이니지오	(남) 초기, 시작

innamorato 인나모라또	(형) 사랑에 빠진
inno 인노	(남) 찬가, 송가
- inno nazionale 인노 나찌오날레	- 국가(노래)
innocente 이노첸떼	(형) 무죄의
inquinamento 인뀌나멘또	(남) 오염
insalata 인살라따	(여) 샐러드
insegna 인세냐	(여) 간판, 광고판
insegnante 인세냔떼	(남), (여) 교사, 선생님
insegnare 인세냐레	(타동) 가르치다
insetticida 인세띠치다	(여) 구충제
insieme 인시에메	(부) 함께
insistenza 인시스뗀짜	(여) 고집
insistere 인시스떼레	(자동) 고집하다
insonnia 인손니아	(여) 불면증

instabile 인스따빌레	(형) 불안한
intelligente 인뗄리젠떼	(형) 똑똑한, 지적인
intenso 인뗀소	(형) 진한
intenzionalmente 인뗀찌오날멘떼	(부) 고의적으로
intenzione 인뗀찌오네	(여) 의도
interesse 인떼레쎄	(남) 관심, 흥미, 이자
interiezione 인떼리에찌오네	(여) 감탄사(문법)
internazionale 인떼르나찌오날레	(형) 국제적인
internet 인떼르넷뜨	(남) 인터넷
- **internet café'** 인떼르넷뜨 까페	– 인터넷카페
- **internet senza filo** 인떼르넷뜨 센자 필로	– 무선 인터넷
internista 인떼르니스따	(남), (여) 내과 의사
interno 인떼르노	(남) 내부
- **interno del Paese** 인떼르노 델 빠에제	– 국내

interpretare 인떼르쁘레따레	(타동) 통역하다
interpretazione 인떼르쁘레따찌오네	(남) 통역
interprete 인떼르쁘레떼	(남) 통역가
intervallo 인떼르발로	(남) 휴식 시간, 하프타임(운동 경기)
intervenire 인떼르베니레	(자동) 간섭하다
intervista 인떼르비스따	(여) 면접
intimo 인띠모	(형) 내부의, 깊숙한 (명) 내부
intorno 인또르노	(부) 주위에
intossicazione 인또시까찌오네	(여) 중독
- intossicazione alimentare 인또시까찌오네 알리멘따레	– 식중독
inutile 이누띨레	(형) 쓸모없는
invecchiamento 인베끼아멘또	(남) 숙성
invece 인베체	(부) 반대로
inventare 인벤따레	(타동) 발명하다

inverno 인베르노	(남) 겨울
investimento 인베스띠멘또	(남) 투자
investire 인베스띠레	(타동) 투자하다
invitare 인비따레	(타동) 초대하다
invito 인비또	(남) 초대, 초대장
invoice 인보이스	(남) 송장(送狀), 발송장
io 이오	(대) 나
ipertensione 이뻬르뗀시오네	(여) 고혈압
ipotesi 이뽀떼지	(여) 가정(假定)
ipotizzare 이뽀띠자레	(자동) 가정하다
ira 이라	(여) 화(노여움)
irregolare 이레골라레	(형) 불규칙의
iscriversi 이스끄리베르시	(재귀동사) 가입하다
isola 이솔라	(여) 섬

istituto 이스띠뚜또	(남) 기관, 교육 기관, 연구소
- istituto di cultura 이스띠뚜또 디 꿀뚜라	- 문화원
istruzione 이스뜨루찌오네	(여) 교육
-istruzione obbligatoria 이스뜨루찌오네 오블리가또리아	- 의무교육
Italia 이딸리아	(여) 이탈리아
italiano 이딸리아노	(남) 이탈리아 남자, 이탈리아어
italiana 이딸리아나	(여) 이탈리아 여자
- la lingua italiana 라 링구아 이딸리아나	- 이탈리아어
itinerario 이띠네라리오	(남) 여정, 여행 일정
IVA(imposta sul valore aggiunto) 이바	(여) 부가세

jazz
재즈
(남) 재즈(음악)

jeans
진스
(남.복) 청바지

Jogging
조깅
(남) 조깅

judo
유도
(남) 유도

kiwi
끼위
(남) 키위

koala
꼬알라
(남) 코알라

là
라
(부) 거기, 저기

labbro
라브로
(남) 입술

lacca
락까
(여) 헤어스프레이

lacrima
라끄리마
(여) 슬픔, 울음

ladro
라드로
(남) 도둑

lago
라고
(남) 호수

lampada
람빠다
(여) 등(불), 램프

lampadario
람빠다리오
(남) 샹들리에

lampone
람뽀네
(남) 라즈베리(raspberries)

lana
라나
(여) 울(wool)

lancetta
란쳇따
(여) 작은 지시기, 지시도구

- lancetta di un orologio
  란쳇따 디 운 오롤로죠
– 시침(혹은 분침)

lancia 란챠	(여) 창(무기)
lardo 라르도	(남) 비계, 기름 조각
largo 라르고	(형) 넓은
latino 라띠노	(남) 라틴어
- la lingua latina 라 링구아 라띠나	- 라틴어
lato 라또	(남) 측면
latte 랏떼	(남) 우유
lattina 라띠나	(여) 캔(깡통)
lattuga 라뚜가	(여) 상추
laurea 라우레아	(여) 대학 졸업, 대학 졸업장
lava 라바	(여) 용암
lavagna 라바냐	(여) 칠판
lavanderia 라반데리아	(여) 세탁소
lavandino 라반디노	(남) 세면대

lavapiatti 라바삐앗띠	(여) 식기세척기
lavare 라바레	(타동) 목욕시키다, 씻다
lavarsi 라바르시	(재귀동사) 목욕하다
lavastoviglie 라바스또빌리에	(여) 식기세척기
lavatrice 라바뜨리체	(여) 세탁기
lavorare 라보라레	(자동) 일을 하다
lavoro 라보로	(남) 노동, 일, 직장
- lavoro di cucito 라보로 디 꾸치또	- 바느질
- lavoro eccessivo 라보로 에체시보	- 과로
legare 레가레	(타동) 묶다
legge 렛제	(여) 법(法)
leggere 렛제레	(형) 가벼운 (자동) 읽다. (타동) ~을/를 읽다, ~을/를 해석하다
legna 레냐	(여) 장작
legname 레냐메	(남) 목재

lei 레이	(대) 그녀
Lei(이 경우 L자는 대문자) 레이	(대) 당신
lentamente 렌따멘떼	(부) 천천히
lente 렌떼	(남) 렌즈
- **lente a contatto** 렌떼 아 꼰땃또	- 콘텍트렌즈
- **lente di ingrandimento** 렌떼 디 인그란디멘또	- 돋보기
lentiggini 렌띠지니	(여.복) 주근깨
lento 렌또	(형) 느린
lenzuolo 렌쭈올로	(남) 침대 시트
leone 레오네	(남) 사자
lettera 레떼라	(여) 편지, 문자
- **lettera di credito** 레떼라 디 끄레디또	- 신용장
- **lettera raccomandata** 레떼라 라꼬만다따	- 등기 우편
letteratura 레떼라뚜라	(여) 문학

letto doppio 렛또 돕뻬오	트윈베드
letto singolo 렛또 싱골로	싱글베드
letto 렛또	(남) 침대
lettore 레또레	(남) 독자(讀者)
- lettore DVD 레또레 디브디	- 디브디플레이어(DVD player)
leva del cambio 레바 델 깜비오	(여) 변속기어(자동차)
lezione 레찌오네	(여) 수업
lì 리	(부) 거기, 저기
libbra(0,454 kg) 립브라	(여) 파운드(무게)
libellula 리벨룰라	(여) 잠자리(곤충)
libero 리베로	(형) 한가한, 빈, 자유로운
libertà 리베르따	(여) 자유
libreria 리브레리아	(여) 서점, 책방
libretto 리브렛또	(남) 수첩, 작은 책자

- libretto di assegno 리브렛또 디 아세뇨	- 수표책
libro 리브로	(남) 책
licenziamento 리첸찌아멘또	(남) 해고
liceo 리체오	(남) 고등학교
lievito 리에비또	(남) 효모
limitare 리미따레	(타동) 제한하다
limite 리미떼	(남) 한계
- limite di velocità 리미떼 디 벨로치따	- 속도 제한
limone 리모네	(남) 레몬
linea 리네아	(여) 선, 라인
- linee internazionali 리네 인떼르나찌오날리	- 국제선
- linee nazionali 리네 나찌오날리	- 국내선
lingua 링구아	(여) 언어, 혀
- lingua parlata 링구아 빠를라따	- 구어

- **lingua scritta**
  링구아 스끄릿따
  – 문어

- **lingua straniera**
  링구아 스뜨라니에라
  – 외국어

linguistica
링귀스띠까
(여) 언어학

lino
리노
(남) 린넨(linen)

liquore
리꾸오레
(남) 술

lista
리스따
(여) 리스트, 목록

listino
리스띠노
(남) 목록

- **listino del prezzo**
  리스띠노 델 쁘렛쪼
  – 가격표

litigare
리띠가레
(자동) 다투다, 말다툼을 하다

litigio
리띠지오
(남) 말다툼

litro
리뜨로
(남) 리터(liter)

liturgia
리뚜르좌
(여) 전례

livello
리벨로
(남) 레벨, 수준

lobby
로비
(남) 로비(호텔)

località 로깔리따	(여) 지역, 구역
lodare 로다레	(타동) 칭찬하다
lombaggine 롬바지네	(남) 요통
lontano 론따노	(형) 먼 (부) 멀리
loro 로로	(대) 그들 (형) 그들의
lottare 로따레	(자동) 싸우다
lotteria 로떼리아	(여) 복권방
lotto 롯또	(남) 복권
lucchetto 루껫또	(남) 자물쇠
luce 루체	(여) 빛
- luce retromarcia 루체 레뜨로마르챠	– 미등
luglio 룰리오	(남) 칠월
luna 루나	(여) 달(月, 천문)
- luna di miele 루나 디 미엘레	– 밀월, 신혼

- luna piena 루나 삐에나	– 보름달
lunedì 루네디	(남) 월요일
lunga distanza 룽가 디스딴짜	장거리
lunghezza 룽겟자	(여) 길이
lungo 룽고	(형) 긴
luogo 루오고	(남) 장소
- luogo di lavoro 루오고 디 라보로	– 일터, 직장
- luogo di nascita 루오고 디 나쉬따	– 출생지
- luogo di partenza 루오고 디 빠르뗀자	– 출발지
- luogo famoso 루오고 파모조	– 명승지
- luogo turistico 루오고 뚜리스띠꼬	– 관광지
lupo 루뽀	(남) 늑대
lusso 룻소	(남) 고급, 사치품
lussoso 루소조	(형) 화려한, 사치스런

ma 마	(접) 그러나
maccheroni 마께로니	(남.복) 마카로니
macchiato 마끼아또	(형) 자국이 난
macchina 마끼나	(여) 자동차, 기계
- in macchina 인 마끼나	- 자동차로, 자동차를 타고
- macchina bancario automatico 마끼나 방까리오 아우또마띠꼬	- 현금자동지급기
- macchina Bancomat 마끼나 방꼬맛	- 현금자동지급기
- macchina da fotografia digitale 마끼나 다 포토그라피아 디지딸레	- 디지털 카메라
- macchina da fotografia 마끼나 다 포또그라피아	- 카메라
macelleria 마첼레리아	(여) 정육점
macerazione 마체라찌오네	(여) 침용(와인)
macinino del caffè 마치니노 델 까페	커피그라인더

madre 마드레	(여) 어머니
maestro 마에스뜨로	(남) 명인, 초등학교 선생님
magazzino 마가지노	(남) 창고
maggio 맛죠	(남) 오월
maggiore 마죠레	(형) 더 큰, 상급의 (남) 연장자
magia 마지아	(여) 마술
magistero 마지스떼로	(남) 교육 대학
maglietta 말리엣따	(여) 운동복(상의)
maglione 말리오네	(남) 스웨터
magnete 마녜떼	(남) 자석
magro 마그로	(형) 마른(몸이)
maiale 마이알레	(남) 돼지
maionese 마요네제	(여) 마요네즈
mais 마이스	(남) 옥수수

mal d'aereo 말 다에레오	비행기 멀미
mal di mare 말 디 마레	배 멀미
mal di testa 말 디 떼스따	두통
malato 말라또	(형) 아픈 (남) 환자
malattia 말라띠아	(여) 병
- malattia virale 말라띠아 비랄레	– 바이러스성 병
maleducato 말에두까또	(형) 예의가 없는
malinconico 말린꼬니꼬	(형) 우울한
mamma 맘마	(여) 엄마
mancante 망깐떼	(형) 부족한
mancanza 망깐자	(여) 그리움, 부족함
mancare 망까레	(자동) 그리워하다, 부족하다
mancia 만촤	(여) 팁(tip)
mandare 만다레	(타동) 보내다

- mandare la lettera　　　－ 편지를 보내다
  만다레 라 렛떼라

- mandare un'e-mail　　　－ 이메일을 보내다
  만다레 운 이메일

mandarino　　　(남) 귤
만다리노

mandorla　　　(여) 아몬드
만도를라

mangiare　　　(타동) 먹다
만쟈레

- mangiare al ristorante　　　－ 외식하다
  만쟈레 알 리스또란떼

mango　　　(남) 망고(과일)
망고

manica　　　(여) 옷소매
마니까

manicure　　　(여) 매니큐어
마니꾸레

maniglia　　　(여) 손잡이
마닐리아

mano　　　(여) 손(手)
마노

mansarda　　　(여) 다락방
만사르다

mantello　　　(남) 망토
만뗄로

mantenere　　　(타동) 지키다
만떼네레

- mantenere la promessa — 약속을 지키다
  만떼네레 라 쁘로멧사

manuale (남) 설명서 (형) 수동의
마누알레

manubrio (남) 아령(dumbbel)
마누브리오

manzo (남) 식용 숫소
만조

mappa (여) 지도
마빠

marchio (남) 브랜드, 상표
마르끼오

marciapiede (남) 보도(步道), 보행로
마르챠삐에데

mare (남) 바다
마레

margarina (여) 마가린
마르가리나

marinaio (남) 항해사, 선원
마리나이오

marito (남) 남편
마리또

- marito e moglie — 부부, 남편과 아내
  마리또 에 몰리에

- Suo marito — 당신의 남편
  수오 마리또

marmellata (여) 잼(jam)
마르멜라따

marmo 마르모	(남) 대리석
marrone 마로네	(형) 밤색의, 갈색의 (남) 밤색, 갈색
martedì 마르떼디	(남) 화요일
martello 마르뗄로	(남) 망치
marzo 마르쪼	(남) 삼월
maschera 마스께라	(여) 가면, 마스크
- maschera a ossigeno 마스께라 아 오시제노	- (여) 산소 마스크
maschile 마스낄레	(형) 남성의 (남) 남성
massaggio 마사쬬	(남) 마사지
massimo 맛시모	(형) 최대한의
masterizzatore 마스떼리자또레	(남) 시디버너(CD burner)
masticare 마스띠까레	(타동) 씹다
matematica 마떼마띠까	(여) 수학
materasso 마떼랏소	(남) 메트리스

materia 마떼리아	(여) 물질
- materia prima 마떼리아 쁘리마	- 원료
- materia scolastica 마떼리아 스꼴라스띠까	- 과목
matita 마띠따	(여) 연필
- matita colorata 마띠따 꼴로라따	- 색연필
matrimonio 마뜨리모뇨	(남) 결혼
mattina 마띠나	(여) 아침
mattinata 마띠나따	(여) 오전
matto 맛또	(형) 미친, 정신나간 (남) 미친 남자
mattone 마또네	(남) 벽돌
maturazione 마뚜라찌오네	(여) 성숙
meccanico 메까니꼬	(남) 기계 기술자
medaglia 메달리아	(여) 메달, 훈장
- medaglia d'argento 메달리아 다르젠또	- 은메달

- **medaglia di bronzo** — 동메달
  메달리아 디 브론조

- **medaglia d'oro** — 금메달
  메달리아 도로

medaglione di manzo 쇠고기 안심
메달리오네 디 만조

media (여) 평균, 중학교
메디아

mediante (전치사) ~통해서
메디안떼

medicina (여) 의약품, 의학
메디치나

medico (남) 의사
메디꼬

medio (남) 가운뎃손가락
메디오 (형) 보통의, 중간의

medioevo (남) 중세
메디오에보

meditazione (여) 명상
메디따찌오네

mela (여) 사과
멜라

melagrana (여) 석류
멜라그라나

melanzana (여) 가지(야채)
멜란자나

melo (남) 사과 나무
멜로

melodia 멜로디아	(여) 멜로디
melone 멜로네	(남) 메론
membro 멤브로	(남) 멤버, 구성원
- membro di Assemblea Nazionale – 국회 의원 　멤브로 디 아셈블레아 나찌오날레	
memoria 메모리아	(여) 메모리
mendicante 멘디깐떼	(남) 거지
meno 메노	(부) 덜 (형) 더 적은 (대) 더 적은 양 (남) 최소 (전) 제외하고
mensa 멘사	(여) 구내 식당
menta 멘따	(여) 민트, 박하
mente 멘떼	(여) 마음, 정신
mentire 멘띠레	(자동) 거짓말하다
mento 멘또	(남) 턱(인체)
menu 메누	(남) 메뉴
mercato 메르까또	(남) 장(場), 시장(市場)

merce 메르체   (여) 상품

- **merce da dichiarare** 메르체 다 디끼아라레   − 신고할 물건

- **merce in giacenza** 메르체 인 쟈첸자   − 재고품

mercoledì 메르꼴레디   (남) 수요일

merenda 메렌다   (여) 간식

- **fare la merenda** 파레 라 메렌다   − 간식을 먹다

merluzzo 메를룻조   (남) 대구(생선)

mese 메제   (남) 달(月)

- **mese prossimo** 메제 쁘로시모   − 다음 달

- **mese scorso** 메제 스꼬르소   − 지난 달

messa 멧사   (여) 예배(미사)

Messico 멧시꼬   (남) 멕시코

mestruazione 메스뜨루아찌오네   (여) 생리(여성)

metodo 메또도   (남) 방법

metro 메뜨로	(남) 줄자
metropolitana 메뜨로뽈리따나	(여) 지하철
mettere 멧떼레	(타동) 두다, 놓다
- **mettere a letto** 멧떼레 아 렛또	– 눕히다(침대에)
- **mettere in onda** 메떼레 인 온다	– 방송하다, 보도하다
mezzanotte 메자놋떼	(여) 자정
mezzo 멧조	(남) 반(절반)
- **mezza pensione** 멧짜 뻰시오네	– 하프보드(half board)
mezzogiorno 메조죠르노	(남) 정오
miele 미엘레	(남) 꿀
mignolo 미뇰로	(남) 새끼손가락
mille 밀레	(형) 일천(千)의 (남) 일천
milione 밀리오네	(남) 백만
minaccia 미나치아	(여) 위협

minacciare 미나치아레	(타동) 위협하다
minestra 미네스뜨라	(여) 수프
minimo 미니모	(형) 최소한의
Ministero 미니스떼로	(남) 내각, 국가 부서
- Ministero degli Affari Esteri 미니스떼로 델리 아파리 에스떼리	– 외무부
- Ministero d'Istruzione 미니스떼로 디스뜨루치오네	– 교육부
ministro 미니스뜨로	(남) 장관(長官)
- vice ministro 비체 미니스뜨로	– 차관
minore 미노레	(형) 더 작은, 덜 중요한 (남) 어린이, 청소년
minuto 미누또	(남) 분(시간)
mio(a) 미오(아)	(형) 나의 (대) 내것
miope 미오뻬	(형) 근시의(눈). (남)(여) 근시
miracolo 미라꼴로	(남) 기적
mirtillo 미르띨로	(남) 불루베리

miscelare 미쉘라레	(타동) 섞다
misterioso 미스테리오조	(형) 신비한
misurare 미주라레	(자동) 측정하다
- **misurare la temperatura** 미주라레 라 뗌뻬라뚜라	– 온도를 재다
mittente 미뗀떼	(남) 발신인
mobile 모빌레	(형) 움직이는 (남) 가구
moda 모다	(여) 패션(fashion)
modella 모델라	(여) 여자 모델
- **alla moda** 알라 모다	유행하는
modello 모델로	(남) 남자 모델
- **modello nuovo** 모델로 누오보	– 신형 모델
modem 모뎀	(남) 모뎀(modem)
modernizzazione 모데르니자찌오네	(여) 현대화
modesto 모데스또	(형) 겸손한

modo 모도	(남) 방식, 수단
modulo 모둘로	(남) 서식, 양식(樣式)
moglie 몰리에	(여) 아내
- Sua moglie 수아 몰리에	- 당신의 아내
molla 몰라	(여) 스프링
molletta 몰렛따	(여) 빨래집게
molo 몰로	(남) 부두
molto 몰또	(형) 많은. (대) 많은 양, (부) 많이, 매우
- molto poco 몰또 뽀꼬	- 매우 조금
- molto tempo 몰또 뗌뽀	- 많은 시간
momento 모멘또	(남) 순간, 잠깐
mondo 몬도	(남) 세계
moneta 모네따	(여) 동전
monitor 모니또르	(남) 모니터

monopetto 모노뻿또	(남) 원피스
montaggio 몬땃죠	(남) 편집, 조립
montagna 몬따냐	(여) 산(山)
montare 몬따레	(타동) 조립하다
montatura 몬따뚜라	(여) 안경테
monte 몬떼	(남) 산(山), 많은 양
monumento 모누멘또	(남) 유적
- monumento culturale 모누멘또 꿀뚜랄레	- 문화유산
mora 모라	(여) 블랙베리
morbido 모르비도	(형) 부드러운
morbillo 모르빌로	(남) 홍역
morire 모리레	(자동) 사망하다, 죽다
mormorare 모르모라레	(자동) 중얼거리다. (타동) 무엇인가를 아주 작은 소리로 말하다
morte 모르떼	(여) 사망, 죽음

mosto 모스또	(남) 포도즙
mostra 모스뜨라	(여) 전시회
mostrare 모스뜨라레	(타동) 보여주다
motivo 모띠보	(남) 동기, 이유
moto 모또	(여) 오토바이
motore 모또레	(남) 모터, 엔진
mouse 마우스	(남) 마우스(컴퓨터)
moxibustione 모시부스띠오네	(여) 뜸(한방)
mozzicone 모찌꼬네	(여) 담배 꽁초
mucca 무까	(여) 젖소
multa 물따	(여) 벌금
muratore 무라또레	(남) 벽돌공
muro 무로	(남) 벽(집)
muscolo 무스꼴로	(남) 근육

museo 무제오	(남) 박물관
- **Museo nazionale** 무제오 나찌오날레	- 국립 박물관
- **museo privato** 무제오 쁘리바또	- 사립 박물관
musica 무지까	(여) 음악
- **musica classica** 무지까 끌라시까	- 고전 음악
- **musica leggera** 무지까 레제라	- 경음악
musical 무지깔	(남) 뮤지컬
musicista 무지치스따	(남), (여) 음악가
mutande 무딴데	(여.복) 팬티
moderno 모데르노	(형) 현대적인

narice
나리체
(여) 콧구멍

narrare
나라레
(타동) 서술하다 (자동) ~에 대해 이야기하다

nascere
나쉐레
(자동) 탄생하다, 태어나다

nascita
나쉬따
(여) 탄생

nascondere
나스꼰데레
(타동) 가리다, 숨기다

naso
나조
(남) 코

nastro
나스뜨로
(남) 리본

Natale
나딸레
(남) 성탄절

natura
나뚜라
(여) 자연

naturale
나뚜랄레
(형) 자연의, 천연의

naturalmente
나뚜랄멘떼
(부) 자연히

nausea
나우제아
(여) 멀미, 메스꺼움

nave 나베	(여) 큰 배(교통 수단)
navigare 나비가레	(자동) 항해하다
navigazione 나비가찌오네	(여) 항해
nazionalità 나찌오날리따	(여) 국적
nazione 나찌오네	(여) 나라, 국가
nebbia 넵비아	(여) 안개
necessità 네체시따	(여) 필요
negare 네가레	(타동) 부정하다
negativo 네가띠보	(형) 부정적인
negoziato 네고찌아또	(남) 교섭
negozio 네고찌오	(남) 가게, 상점
- negozio dei mobili 네고찌오 데이 모빌리	- 가구점
- negozio d'abbigliamento 네고찌오 다빌리아멘또	- 옷가게
- negozio delle scarpe 네고찌오 델레 스까르뻬	- 구두 가게

- negozio di alimentari — 식료품점
  네고찌오 디 알리멘따리

- negozio di antiquariato — 골동품 가게
  네고찌오 디 안띠꽈리아또

- negozio di ferramenta — 철물점
  네고찌오 디 페라멘따

- negozio di fiori — 꽃가게
  네고찌오 디 피오리

- negozio di verdura — 채소 가게, 야채 가게
  네고찌오 디 베르두라

- negozio esentasse — 면세점
  네고찌오 에센따세

- negozio fotocamere — 카메라점
  네고찌오 포또까메레

nero (형) 검은 색의 (남) 검은 색
네로

- nero di seppia — 오징어 먹물
  네로 디 세삐아

nervo (남) 신경
네르보

nessuno (형) 아무도 아닌
네수노

neve (여) 눈(기후)
네베

nevicare (비인칭 동사) 눈이 내리다
네비까레

nicotina (여) 니코틴
니꼬띠나

niente 니엔떼	(대) 아무것도 아닌 것 (형) 아무것도 아닌
- Di niente! 디 니엔떼!	- 천만에요!
nipote 니뽀떼	(남) 손자, 남자 조카. (여) 손녀, 여조카
no 노	(부) 아니다
nobile 노빌레	(형) 고상한
nocciola 노촐라	(여) 호두(열매)
nocciolo 노촐로	(남) 호두 나무
noce 노체	(여) 호두
noioso 노이오조	(형) 지루한
noleggiare 놀레지아레	(타동) 렌트하다
noleggio 놀렛죠	(남) 렌트, 빌림
- noleggio della macchina 놀렛죠 델라 마끼나	- 렌터카
nome 노메	(남) 이름, 명사(문법)
non ~ mai 논~마이	결코 ~이 아니다

non 논	(부) 아니다
- non c'entrare 논 첸뜨라레	상관없다
- non è buono 논 에부오노	좋지 않다, 맛없다
nonna 논나	(여) 할머니
nord 노르드	(남) 북쪽
normale 노르말레	(형) 보통의
nostalgia 노스딸좌	(여) 향수(鄕愁)
nostro(a) 노스뜨로(라)	(형) 우리들의
nota 노따	(여) 음표
notaio 노따요	(남) 공증인
notizia 노띠찌아	(여) 뉴스, 소식
noto 노또	(형) 알려진
notte 놋떼	(여) 밤(夜), 야간
nove 노베	(남) 아홉 (형) 아홉의

novembre 노벰브레	(남) 십일월
nozze di miele 노쩨 디 미엘레	(여.복) 신혼 여행
nuca 누까	(여) 목덜미
numero 누메로	(남) 번호, 수(數), 숫자
- numero del posto 누메로 델 뽀스또	- 좌석 번호
- numero del volo 누메로 델 볼로	- 비행기 번호
- numero della camera 누메로 델라 까메라	- 방 번호
- numero di conto corrente 누메로 디 꼰또 꼬렌떼	- 구좌 번호
- numero segreto(= PIN) 누메로 세그레또(삔)	-비밀번호
- numero telefonico 누메로 뗄리포니꼬	- 전화번호
nuora 누오라	(여) 며느리
nuotare 누오따레	(자동) 수영하다
nuoto 누오또	(남) 수영
- nuoto a rana 누오또 아 라나	- 평영(수영)

nuovo (형) 새로운
누오보

- **di nuovo** − 다시
  디 누오보

- **nuovo record** − 신기록
  누오보 레꼬드

nuvola (여) 구름
누볼라

nonno (남) 할아버지
논노

o 오	(접) 혹은, 그러나
obiettivo 오비에띠보	(남) 렌즈(카메라), 목적
oca 오까	(여) 거위
occasione 오까지오네	(여) 기회
occhiali 오끼알리	(남.복) 안경
- occhiali da sole 오끼알리 다 솔레	- 선글라스
- occhiali da sub 오끼알리 다 숩	- 물안경
occhio 오끼오	(남) 눈(신체)
occidentale 오치덴딸레	(형) 서양의
occupare 오꾸빠레	(타) 점령하다, 일을 주다
occupato 오꾸빠또	(형) 바쁜
occupazione 오꾸빠찌오네	(여) 직업, 고용, 점령

odiare 오디아레	(타동) 저주하다
odio 오디오	(남) 증오, 저주
odore 오도레	(남) 냄새
offrire 오프리레	(타동) 제공하다
oggettivo 오젯띠보	(형) 개관적인
oggetto 오젯또	(남) 사물
- oggetto d'antiquariato 오젯또 단띠꽈리아또	- 골동품
- oggetto importato 오젯또 임뽀르따또	- 수입품
- oggetto ornamentale 오젯또 오르나멘딸레	- 장식물
- oggetto prestigioso 오젯또 쁘레스띠죠소	- 귀중품
- oggetti smarriti 오젯띠 즈마릿띠	- 유실물
oggi 옷지	(부) 오늘
- oggi come oggi 옷지 꼬메 옷지	- 요즘
ogni 온니	(형) 각각의, 모든

- ogni anno　　　　　　　　　– 매년
  온니 안노

- ogni giorno　　　　　　　 – 매일
  온니 죠르노

- ogni mese　　　　　　　　– 매달
  온니 메제

- ogni sera　　　　　　　　　– 매일 저녁
  온니 세라

- ogni settimana　　　　　 – 매주
  온니 세띠마나

- ogni tanto　　　　　　　　– 가끔, 때때로
  온니 딴또

ognuno　　　　　　　　　　 (대) 각자
오뉴노

Olanda　　　　　　　　　　 (여) 네덜란드
올란다

olandese　　　　　　　　　 (남), (여) 네덜란드 사람
올란데제

olio　　　　　　　　　　　　 (남) 기름, 오일
올리오

- olio di oliva　　　　　　　– 올리브유
  롤리오 디 올리바

oliva　　　　　　　　　　　　(여) 올리브 열매
올리바

ombellico　　　　　　　　　(남) 배꼽
옴벨리꼬

ombra　　　　　　　　　　　(여) 그림자
옴브라

ombrello 옴브렐로	(남) 우산
ombrellone 옴브렐로네	(남) 파라솔
omeletta 오멜렛따	(여) 오믈렛
onda 온다	(여) 파도
onestà 오네스따	(여) 정직함
onesto 오네스또	(형) 정직한
onomastico 오노마스띠꼬	(형) 성인 축일의
onore 오노레	남) 명예
opale 오빨레	(남) 오팔(광물)
opera 오뻬라	(여) 작품, 오페라(음악)
- opera d'arte 오뻬라 다르떼	- 예술품
operaio 오뻬라이오	(남) 공장 노동자
operazione 오뻬라찌오네	(여) 작업, 수술
- operazione chiurgica 오뻬라찌오네 끼루르지까	- 수술

opinione 오삐니오네	(여) 의견
opporsi 오뽀르씨	(재귀동사) 반대하다
opzione 옵찌오네	(여) 옵션
ora 오라	(여) 시간
- a che ora 아 께 오라	- 몇시에
- all'ora 알로라	- 시간당
- ora di pranzo 오라 디 쁘란조	- 점심 시간
- ora di punta 오라 디 뿐따	- 러시아워
- ora esatta 오라 에삿따	- 정각
orario 오라리오	(남) 시간표
- in anticipo 인 안띠치뽀	- 미리
- in orario 인 오라리오	- 정시에
- in ritardo 인 리따르도	- 늦게
- orario dei voli 오라리오 데이 볼리	- 비행 스케줄

orata 오라따	(여) 조기(생선)
orchestra 오르께스뜨라	(여) 오케스트라
ordinare 오르디나레	(타동) 주문하다, 명령하다
ordine 오르디네	(남) 명령, 순서, 주문, 수도회
orecchini 오레끼니	(남.복) 귀걸이
orfana 오르파나	(여) 여자 고아
orfano 오르파노	(남) 남자 고아
organizzare 오르가니짜레	(타동) 개최하다, 조직하다
organizzazione 오르가니자찌오네	(여) 조직
origano 오리가노	(남) 오레가노(oregano 향료)
originale 오리지날레	(형) 원형의
origine 오리지네	(여) 기원
orizzonte 오리존떼	(남) 수평선
ornamento 오르나멘또	(남) 장식

ornare 오르나레	(타동) 장식하다
oro 오로	(남) 금(광물)
orologio 오롤로죠	(남) 시계
- orologio a muro 오롤로죠 아 무로	- 벽시계
- orologio da tavola 오롤로죠 다 따볼라	- 탁상 시계
orrecchio 오렉끼오	(남) 귀
orrecchioni 오레끼오니	(남.복) 이하선염
orso 오르소	(남) 곰(동물)
orzo 오르조	(남) 보리
oscuro 오스꾸로	(형) 어두운
ospedale 오스뻬달레	(남) 병원
ospite 오스삐떼	(남) 손님, 초대 손님
ospite vip 오스삐떼 빕	(남) 귀빈
osservatore 오세르바또레	(남) 관찰자, 옵저버

osservazione 오세르바찌오네	(여) 검사(檢査), 조사
ossigeno 오시제노	(남) 산소
ostello 오스뗄로	(남) 저렴한 가격의 숙소, 집, 조국
- ostello della gioventù 오스뗄로 델라 죠벤뚜	- 유스호텔
ostrica 오스뜨리까	(여) 굴(해산물)
otorinolaringoiatra 오또리노라링고이아뜨라	(남), (여) 이비인후과 의사
ottimista 오띠미스따	(남), (여) 낙관주의자
ottimo 오띠모	(형) 최고로 좋은, 매우 훌륭한
otto 옷또	(형) 여덟의 (남) 여덟(8)
ottobre 오또브레	(남) 시월

pacchetto 빠껫또	(남) 꾸러미, 작은 크기의 소포, 짐
- fare un pacchetto regalo 파레 운 빠껫또 레갈로	- 선물 포장을 하다
pacco 빡꼬	(남) 소포
pace 빠체	(여) 평화
padadiso 빠라디조	(남) 천국
padella 빠델라	(여) 프라이팬, 요강
padiglione 빠딜리오네	(남) 홀(hall)
padre 빠드레	(남) 아버지, 신부(성당)
padrona 빠드로나	(여) 여주인
padrone 빠드로네	(남) 주인
paese natale 빠에제 나딸레	고향
paese 빠에제	(남) 마을

Paese 빠에제(이 경우 P자는 대문자)	(남) 국가, 나라
pagamento 빠가멘또	(남) 지불
pagare 빠가레	(타동) 지불하다
- pagare alla romana 빠가레 알라 로마나	- 각자 부담하다
pagina 빠지나	(여) 페이지, 쪽
palazzo 빨랏쪼	(남) 저택, 건물
- palazzo reale 빨랏쪼 레알레	- 궁(왕궁)
palla 빨라	(여) 공
- palla da tennis 빨라 다 뗀니스	- 테니스 공
pallacanestro 빨라까네스뜨로	(남) 농구
pallavolo 빨라볼로	(남) 배구
pallido 빨리도	(형) 창백한
pallina da golf 빨리나 다 골프	(여) 골프공
palloncino 빨론치노	(남) 풍선

palmo 빨모	(남) 손바닥
palpebra 빨뻬브라	(여) 속눈썹
pancetta 빤쳇따	(여) 삼겹살
- pancetta affumicata 　빤쳇따 아푸미까따	- 베이컨
panchina 빵끼나	(여) 벤치
pancia 빤챠	(여) 배(신체의)
pane 빠네	(남) 빵
- pane integrale 　빠네 인떼그랄레	- 통밀빵
panettiere 빠넷띠에레	(남) 제빵업자
panino 빠니노	(남) 이탈리아식 샌드위치
panna 빤나	(여) 크림(cream 우유에서 나온)
pannolino 빤놀리노	(남) 기저귀
panorama 빠노라마	(남) 경치, 풍경
pantalloncini 빤딸론치니	(남.복) 운동복(하의)

pantaloni 빤딸로니	(남.복) 바지
pantofole 빤또폴레	(여.복) 슬립퍼
papa di avena 빠빠 디 아베나	오트밀
papà 빠빠	(남) 아빠
papagallo 빠빠갈로	(남) 앵무새
paralisi 빠랄리지	(여) 마비
paraurto 빠라우르또	(남) 범퍼(자동차)
parcheggiare 빠르께좌레	(타동) 주차하다
parcheggio 빠르겟죠	(남) 주차장
parco 빠르꼬	(남) 공원
- Parco nazionale 빠르꼬 나찌오날레	- 국립 공원
pareggiare 빠레좌레	(타동) 비기다
parente 빠렌떼	(남) 친척
parlamento 빠를라멘또	(남) 국회

parlare
빠를라레
(자동) 말하다

- **parlare ad alta voce**
  빠를라레 아달따 보체
  – 크게 말하다

- **parlare a bassa voce**
  빠를라레 아 밧사 보체
  – 작게 말하다

parola
빠를로라
(여) 말(언어)

parrucca
빠루까
(여) 가발

parrucchiere
빠루끼에레
(남) 미장원

parte
빠르떼
(여) 부분, 몫

- **parte anteriore**
  빠르떼 안떼리오레
  – 앞쪽

- **parte posteriore**
  빠르떼 뽀스떼리오레
  – 뒤쪽

partecipante
빠르떼치빤떼
(형) 참가한 (남) 참가자

partecipare
빠르떼치빠레
(자동) 참가하다

partenza
빠르뗀자
(여) 출발, 출국

partire
빠르띠레
(자동) 출발하다, 떠나다

partita
빠르띠따
(여) 경기(競技)

- **partita di calcio** — 축구 경기
  빠르띠따 디 깔쵸

- **partita finale** — 결승전
  빠르띠따 피날레

partito (남) 정당
빠르띠또

partorire (타동) 출산하다
빠르또리레

Pasqua (여) 부활절
빠스꽈

passaggio (남) 통과, 통로
빠삿죠

passante (남) 행인
빠산떼

passaporto (남) 여권
빠사뽀르또

passare (자동) 시간이 흐르다
빠사레 (타동) ~을/를 통과하다

passato (남) 과거 (형) 과거의, 지난
빠사또

passeggero (남) 승객
빠세제로

- **passeggero in transito** — 통과 승객
  빠세제로 인 뜨란지또

passeggiare (자동) 산책하다
빠세좌레

passeggiata (여) 산책
빠세좌따

passione 빳시오네	(여) 열정
passivo 빳시보	(형) 수동적인
passo 빳소	(남) 고개(지형), 발걸음
passato 빠사또	(형) 지난 (남) 과거
pasticceria 빠스띠체리아	(여) 다과점, 제과기술
pastiglia 빠스띨랴	(여) 정제(錠劑), 알약
pasto 빠스또	(남) 식사
- pasto completo 빠스또 꼼쁠레또	- 풀코스 식사
patata dolce 빠따따 돌체	(여) 고구마
patata 빠따따	(여) 감자
- patatina fritta 빠따띠나 프릿따	- 감자튀김
patente 빠뗀떼	(여) 면허증
- patente di guida 빠뗀떼 디 구이다	- 운전 면허증
patto 빳또	(남) 계약, 협정

pattumiera 빠뚜미에라	(여) 쓰레받기
paura 빠우라	(여) 두려움
pauroso 빠우로조	(형) 두려운
pavimento 빠비멘또	(남) 바닥
pavone 빠보네	(남) 공작(새)
paziente 빠찌엔떼	(남) 환자
pazienza 빠찌엔짜	(여) 인내심
pazzo 빳조	(형) 미친, 정신나간 (남) 미친 남자
peccato 뻬까또	(여) 죄
pecora 뻬꼬라	(여) 암양
pediatra 뻬디아뜨라	(남) 소아과 의사
pedone 뻬도네	(남) 보행자
pelare 뻴라레	(타동) 껍질을 벗기다
pelle 뻴레	(여) 가죽, 피부

- pelle morta — 때(몸의)
  뻴레 모르따

pellegrino (남) 순례자
뻴레그리노

pellicola (여) 필름
뻴리꼴라

- pellicola a colori — 컬러 필름
  뻴리꼴라 아 꼴로리

- pellicola in bianco e nero — 흑백 필름
  뻴리꼴라 인 비앙꼬 에 네로

penisola (여) 반도
뻬니솔라

penna (여) 펜
뻰나

- penna stilografica — 만년필
  뻰나 스띨로그라피까

pennello (남) 붓
뻰넬로

pensare (자동) 생각하다
뻰사레 (타동) ~을/를 상상하다

pensiero (남) 생각
뻰시에로

pensione (여) 펜션
뻰시오네

- pensione completa — 풀보드(full board)
  뻰시오네 꼼쁠레따

pentirsi (재귀동사) 후회하다
뻰띠르시

pentola 뻰똘라	(여) 냄비
pepe 뻬뻬	(남) 후추
peperoncino 뻬뻬론치노	(남) 고추
- la polvere di peperoncino 라 뽈베레 디 뻬뻬론치노	- 고춧가루
- la salsa di peperoncino 라 살사 디 뻬뻬론치노	- 고추장
peperone 뻬뻬로네	(남) 피망
pera 뻬라	(여) 배(과일)
perché 뻬르께	(접) 왜, 왜냐하면 (명) 이유
perciò 뻬르쵸	(접) 그래서
perdere 뻬르데레	(타동) 놓치다, 잃다
- perdere il volo 뻬르데레 일 볼로	- 비행기를 놓치다
- perdere la strada 뻬르데레 라 스뜨라다	- 길을 잃다
perdonare 뻬르도나레	(타동) 용서하다
perdono 뻬르도노	(남) 용서

perfettamente 뻬르펫따멘떼	(부) 완전히
perfetto 뻬르펫또	(형) 완전한
perfezione 뻬르페찌오네	(여) 완전함, 완벽함
pericolosità 뻬리꼴로시따	(여) 위험
pericoloso 뻬리꼴로조	(형) 위험한
periferia 뻬리페리아	(여) 교외
periodo 뻬리오도	(남) 기간
- periodo di granzia 뻬리오도 디 가란찌아	- 보증 기간
perla 뻬를라	(남) 진주
permanente 뻬르마넨떼	(여) 파마 (형) 영구적인, 지속적인
- fare la permanente 파레 라 뻬르마넨떼	- 파마를 하다
permesso 뻬르멧소	(남) 허가, 허가장
permettere 뻬르멧떼레	(타동) 허가하다
pero 뻬로	(남) 배나무

però
뻬로
(접) 하지만

persona
뻬르소나
(여) 사람, 개인

personale
뻬르소날레
(형) 사람과 관련된

- **personale dell'accettazione**
  뻬르소날레 델라체따찌오네
  − 프런트 직원

Perù
뻬루
(남) 페루

peruviana
뻬루비아나
(여) 페루 여자

peruviano
뻬루비아노
(남) 페루 남자

pesante
뻬잔떼
(형) 무거운

pesca
뻬스까
(여) 낚시, 어업, 복숭아

pesce
뻬쉐
(남) 물고기, 생선

- **pesce dorato**
  뻬쉐 도라또
  − 금붕어

- **pesce spada**
  뻬쉐 스빠다
  − 황새치

pescheria
뻬스께리아
(여) 생선 가게

pescivendolo
뻬쉬벤돌로
(남) 생선 장수

peso 뻬조	(남) 중량, 무게
pessimista 뻬시미스따	(남) 비관주의자
pettinarsi 뻬띠나르시	(재귀동사) 빗다
pettine 뻬띠네	(남) 빗
petto 뻿또	(남) 가슴
pezzo 뻿쪼	(남) 부품, 조각
- pezzi di ricambi 뻿찌 디 리깜비	- 스페어 파트
piacere 삐아체레	(남) 기쁨, 쾌락 (자동) 좋아하다
- Molto piacere! 몰또 삐아체레!	- 만나서 매우 반갑습니다!
pianeta 삐아네따	(여) 행성
piangere 삐안제레	(자동) 울다
- Non piangere! 논 삐안제레!	- 울지 마라!
pianista 삐아니스따	(남), (여) 피아니스트
piano 삐아노	(남) 층 (부) 천천히, 작은 소리로

- piano inferiore
  삐아노 인페리오레
  – 아래층

- piano superiore
  삐아노 수뻬리오레
  – 위층

pianoforte
삐아노포르떼
(남) 피아노

- pianoforte a coda
  삐아노포르떼 아 꼬다
  – 그랜드 피아노

pianta
삐안따
(여) 지도, 식물

- pianta della metro
  삐안따 델라 메뜨로
  – 지하철 노선도

piantare
삐안따레
(타동) 심다, 박다

pianto
삐안또
(남) 울음

pianura
삐아누라
(여) 평야

piatto
삐앗또
(남) 접시, 음식

piazza
삐앗자
(여) 광장

piccante
삐깐떼
(형) 매운

piccione
삐쵸네
(남) 비둘기

piccolo
삐꼴로
(형) 작은

- piccola media impresa 삐꼴라 메디아 임쁘레자	- 중소기업
pidocchio 삐독끼오	(남) 이(곤충)
piede 삐에데	(남) 발
pigiatura 삐좌뚜라	(여) 포도 으깨기
pigro 삐그로	(형) 게으른 (남) 게으름뱅이
pila 삘라	(여) 건전지
pilota 삘로따	(남) 조종사
pinacoteca 삐나꼬떼까	(여) 미술관
ping-pong 삥뽕	(남) 탁구
pinguino 삥귀노	(남) 펭귄
pinne 삔네	(여.복) 물갈퀴(잠수용)
pino 삐노	(남) 소나무
pinolo 삐놀로	(남) 잣
pinze 삔쩨	(여.복) 펜치(pliers)

pinzatrice 삔짜뜨리체	(여) 스탬플러
pioggia 삐오좌	(여) 비(雨)
piombo 삐옴보	(남) 납
- senza piombo 센자 삐옴보	- 무연의
piovere 삐오베레	(비인칭 동사) 비가 오다
piovosità 삐오보시따	(여) 강수량
pipì 삐삐	(여) 소변
piscina 삐쉬나	(여) 수영장
pisello 삐젤로	(남) 완두콩
pisolino 삐졸리노	(남) 낮잠
pista 삐스따	(여) 활주로
pittore 삐또레	(남) 화가(畫家)
più 쀼	(부) 더 (형) 더 많은 (대) 더 첨부한 것. (남) 더 중요한 것
piumone 쀼모네	(남) 이불

pizza 삣짜	(여) 피자
pizzeria 삣쩨리아	(여) 피자 가게
plurale 쁠루랄레	(남) 복수(複數) (형) 복수(複數)의
pneumatico 쁘네우마띠꼬	(남) 타이어
poco 뽀꼬	(형) 적은 (대) 적은 수량 (부) 적게
- poco fa 뽀꼬 파	– 조금 전, 방금 전
podere 뽀데레	(남) 농장
poesia 뽀에지아	(여) 시(詩)
poeta 뽀에따	(남), (여) 시인
poi 뽀이	(부) 그러고 나서 (남) 미래
- d'ora in poi 도라 인 뽀이	– 지금부터
polio 뽈리오	(여) 소아마비
Politecnico 뽈리떼끄니꼬	(남) 공과대학
politica 뽈리띠까	(여) 정치, 정책

politico 뽈리띠꼬	(남) 정치인
polizia 뽈리찌아	(여) 경찰
pollice 뽈리체	(남) 엄지손가락
polline 뽈리네	(남) 꽃가루
pollo 뽈로	(남) 닭고기, 치킨
polmone 뽈모네	(남) 폐(의학)
polmonite 뽈모니떼	(여) 폐렴
polo nord 뽈로 노르드	북극
polo sud 뽈로 수드	남극
polpaccio 뽈빠쵸	(남) 종아리
polpo 뽈뽀	(남) 문어(생선)
polso 뽈소	(남) 손목
poltrona 뽈뜨로나	(여) 소파, 안락의자
polvere 뽈베레	(여) 가루, 먼지

pomata 뽀마따	(여) 연고
pomeriggio 뽀메릿죠	(남) 오후
pomodoro 뽀모도로	(남) 토마토
pompa 뽐빠	(여) 펌프
pompelmo 뽐뻴모	(남) 자몽, 자몽 나무
ponte 뽄떼	(남) 교량, 다리
popolazione 뽀뽈라찌오네	(여) 인구
popolo 뽀뽈로	(남) 국민
porre 뽀레	(타동) 놓다, 두다
porro 뽀로	(남) 부추, 대파
porta 뽀르따	(여) 문
portabagagli 뽀르따바갈리	(남) 짐꾼, 포터
portacenere 뽀르따체네레	(남) 재털이
portafoglio 뽀르따폴리오	(남) 지갑

portamoneta 뽀르따모네따	(여) 동전 지갑
portare 뽀르따레	(타동) 가져오다, 가져가다, 신다(신발을), 입다(옷을)
portasciugamano 뽀르따슈가마노	(남) 타월걸이
portata 뽀르따따	(여) 용량, 범위
portiere 뽀르띠에레	(남) 골키퍼, 문지기
porto 뽀르또	(남) 항구
posacenere 뽀자체네레	(남) 재털이
positivo 뽀지띠보	(형) 긍정적인
possessivo 뽀세시보	(남) 소유격
possibilità 뽀씨빌리따	(여) 가능성
posta 뽀스따	(여) 우편
- **posta aerea** 뽀스따 아에레아	- 항공 우편
- **posta elettronica** 뽀스따 엘레뜨로니까	- 이메일
- **posta prioritaria** 뽀스따 쁘리오리따리아	- 빠른 우편

posteriore 뽀스떼리오레	(형) 후위의
posteriorità 뽀스떼리오리따	(여) 후행성
postino 뽀스띠노	(남) 우체부
posto 뽀스또	(남) 자리, 좌석
potatura 뽀따뚜라	(여) 가지치기
potente 뽀뗀떼	(형) 강력한
potenza 뽀뗀짜	(여) 세기(힘)
potenzialità 뽀뗀찌알리따	(여) 잠재력
potere 뽀떼레	(조동사) 할 수 있다 (남) 권력, 힘
povero 뽀베로	(형) 가난한, 불쌍한
povertà 뽀베르따	(여) 가난
pranzo 쁘란조	(남) 점심(식사)
- pranzo di nozze 쁘란조 디 노쩨	결혼 피로연
- fare pranzo 파레 쁘란조	- 점심 식사를 하다

pratica 쁘라띠까	(여) 실습
praticare 쁘라띠까레	(타동) 실습하다, 연습하다
pratico 쁘라띠꼬	(형) 실용적인
prato 쁘라또	(남) 잔디밭
precedente 쁘레체덴떼	(형) 이전의
preciso 쁘레치조	(형) 정확한
precoce 쁘레꼬체	(형) 조숙한
predicato 쁘레디까또	(남) 술어(서술어)
preferire 쁘레페리레	(타동) 선호하다
prefisso 쁘레핏소	(남) 지역 번호(전화), 국번
pregare 쁘레가레	(타동) 기원하다, 기도하다, 간청하다
preghiera 쁘레기에라	(여) 기도
Prego! 쁘레고!	천만에요!
premere 쁘레메레	(타동) 누르다

premio 쁘레미오	(남) 상(賞)
prendere 쁘렌데레	(타동) 갖다, 먹다, 마시다, 타다(버스 등)
- prendere il sole 쁘렌데레 일 솔레	- 일광욕을 하다
- prendere il taxi 쁘렌데레 일 딱시	- 택시를 타다
- prendere il volo 쁘렌데레 일 볼로	- 비행기를 타다
- prendere in affitto una camera 쁘렌데레 인 아핏또 우나 까메라	- 방을 빌리다
- prendere la coincidenza 쁘렌데레 라 꼬인치덴자	- 바꿔타다(교통 수단)
- prendere la macchina 쁘렌데레 라 마끼나	- 차(자동차)를 타다
- prendere un tè 쁘렌데레 운 떼	- 차를 마시다
prenotare 쁘레노따레	(타동) 예약하다
prenotazione 쁘레노따찌오네	(여) 예약
preoccuparsi 쁘레오꾸빠르시	(재귀동사) 걱정하다
preoccupato 쁘레오꾸빠또	(형) 걱정스런
preoccupazione 쁘레오꾸빠지오네	(여) 걱정, 근심

이탈리아어	발음	뜻
preparare	쁘레빠라레	(타동) 준비하다
preparazione	쁘레빠라찌오네	(여) 준비
preposizione	쁘레뽀지찌오네	(여) 전치사(문법)
presbite	쁘레스비떼	(형) 원시의(눈)
presentare	쁘레젠따레	(타동) 소개하다
presentarsi	쁘레젠따르시	(재귀동사) 출석하다, 참석하다
presentazione	쁘레젠따찌오네	(여) 소개
presente	쁘레젠떼	(형) 출석한, 참석한 (남) 현재
preservativo	쁘레세르바띠보	(남) 콘돔
presidente	쁘레지덴떼	(남) 대통령, 사장
pressione	쁘레시오네	(여) 압력
- pressione sanguigna	쁘레시오네 상귀냐	– 혈압
prestare	쁘레스따레	(타동) 빌리다
prestigioso	쁘레스띠죠조	(형) 고귀한, 고급스런

prestito 쁘레스띠또	(남) 대여
presto 쁘레스또	(부) 빨리, 일찍
prete 쁘레떼	(남) 사제, 신부
prevenire 쁘레베니레	(타동) 예방하다
preventivo 쁘레벤띠보	(남) 견적
prevvedere 쁘레베데레	(타동) 예측하다
prezzo 쁘렛쪼	(남) 가격
- prezzo alto 쁘렛쪼 알또	- 높은 가격
- prezzo attuale 쁘렛쪼 아뚜알레	- 시세
prigione 쁘리죠네	(여) 감옥
prima 쁘리마	(부) 먼저
- prima del pasto 쁘라마 델 빠스또	- 식전, 식사 이전
primavera 쁘리마베라	(여) 봄
primitivo 쁘리미띠보	(형) 원시적인

primo 쁘리모 — (형) 첫번째의. (남) 첫 날

- **prima classe** 쁘리마 끌랏세 — 일등석

- **primo amore** 쁘리모 아모레 — 첫사랑

- **primo piatto** 쁘리모 삐앗또 — 일차 요리

principe 쁘린치뻬 — (남) 왕자

principiante 쁘린치삐안떼 — (남) 초보자, 견습공

principio 쁘린치삐오 — (남) 처음

privato 쁘리바또 — (형) 사적인

probabile 쁘로바빌레 — (형) 가능한

probabilmente 쁘로바빌멘테 — (부) 아마도

problema 쁘로블레마 — (남) 문제

processo 쁘로쳇소 — (남) 소송

procuratore 쁘로꾸라또레 — (남) 검사(檢事)

prodotto 쁘로돗또 — (남) 생산, 제품, 상품

- prodotto biologico 쁘로돗또 비올로지꼬	- 유기농 제품
- prodotto locale 쁘로돗또 로깔레	- 토산품, 지역 제품
- prodotto speciale 쁘로돗또 스뻬치알레	- 특제품
produrre 쁘로두레	(타동) 생산하다
produttività 쁘로두띠비따	(여) 생산성
produttore 쁘로두또레	(남) 생산자
professionale 쁘로페시오날레	(형) 전문적인
professionista 쁘로페시오날리스따	(남), (여) 전문가
professione 쁘로페시오네	(여) 직업
professore 쁘로페소레	(남) 교수, 선생님
- professoressa 쁘로페소레사	- (여) 여교수, 여선생님
profondità 쁘로폰디따	(여) 깊이
profondo 쁘로폰도	(형) 깊은, 심오한
profumato 쁘로푸마또	(형) 향기로운

profumo 쁘로푸모	(남) 향기, 향수(화장품)
progetto 쁘로젯또	(남) 계획, 프로젝트
proggettare 쁘로제따레	(타동) 계획하다
programma 쁘로그람마	(남) 스케줄, 프로그램
programmatore 쁘로그람마또레	(남) 프로그래머
programmatrice 쁘로그람마뜨리체	(여) 여자 프로그래머
programmazione 쁘로그람마찌오네	(여) 프로그래밍
progressista 쁘로그레시스따	(남) 진보주의자
progresso 쁘로그렛소	(남) 진보
proibire 쁘로이비레	(타동) 금지하다
proiettore 쁘로옛또레	(남) 영사기
prolunga 쁘로룽가	(여) 익스텐션코드
promessa 쁘로멧사	(여) 약속
promettere 쁘로멧떼레	(타동) 약속하다

pronome 쁘로노메	(남) 대명사(문법)
pronto 쁘론또	(형) 준비된
- pronto soccorso 쁘론또 소꼬르소	- 응급실
- Pronto! 쁘론또!	- 여보세요!(전화)
pronuncia 쁘로눈치아	(여) 발음
proprietà 쁘로쁘리에따	(여) 재산
proprio 쁘로쁘리오	(형) 자신의. (부) 정말로
prosciutto 쁘로슛또	(남) 햄(Ham 고기)
prossimo 쁘로씨모	(형) 가까운, 다음의 (남) 이웃
- prossima settimana 쁘로씨마 세띠마나	- 다음 주
- prossima volta 쁘로씨마 볼따	- 다음 번
- prossimo anno 쁘로씨모 안노	- 다음 해
- prossimo mese 쁘로씨모 메제	- 다음 달
proteina 쁘로떼이나	(여) 단백질

protestare 쁘로떼스따레	(타동) 저항하다
prova 쁘로바	(여) 증거, 테스트, 시도
provare 쁘로바레	(타동) 시도하다
proverbio 쁘로베르비오	(남) 격언, 속담
provigione 쁘로비지오네	(여) 수수료
provincia 쁘로빈촤	(여) 지방, 지역
prurito 쁘루리또	(남) 가려움
psicologia 프시꼴로지아	(여) 심리학
psicologo 프시꼴로고	(남) 심리학자
possibile 뽀시빌레	(형) 가능한
- essere possibile 에쎄레 뽀씨빌레	- 가능하다
- se possibile 세 뽀씨빌레	- 가능하다면
- al più presto possibile 알 쀼 쁘레스또 뽀씨빌레	- 가능한한 빨리
pubblicare 뿌블리까레	(타동) 출판하다

pubblicazione 뿌블리까찌오네	(여) 출판물
pubblicazione 뿌블리까찌오네	(여) 출판
pubblicità 뿌블리치따	(여) 광고
- fare pubblicità 파레 뿌블리치따	- 광고를 하다
pubblico 뿌블리꼬	(형) 공공의. (남) 관객
pugilato 뿌질라또	(남) 권투
pugile 뿌질레	(남) 권투 선수
pugno 뿌뇨	(남) 주먹
pulcino 뿔치노	(남) 병아리
pulire 뿔리레	(타동) 닦다, 청소하다
pulito 뿔리또	(형) 깨끗한
pullman 뿔망	(남) 버스, 시외버스
pulpito 뿔삐또	(남) 강단, 연단
pulsante 뿔산떼	(남) 스위치, 보턴

- pulsante di scatto 뿔산떼 디 스깟또	- 셔터(사진기)
pungere 뿐제레	(타동) 찌르다
punizione 뿌니찌오네	(여) 벌(형벌)
punto 뿐또	(남) 마침표
- punto di incontro 뿐또 디 인꼰뜨로	- 만남의 장소
- punto di vista 뿐또 디 비스따	- 관점
- punto interrogativo 뿐또 인떼로가띠보	- 물음표
puntuale 뿐뚜알레	(형) 정시의
pupazzo 뿌빠쪼	(남) 인체 모형, 인형
- pupazzo di neve 뿌빠쪼 디 네베	- 눈사람
purificazione 뿌리피까찌오네	(여) 정제(精製)
puro 뿌로	(형) 순수한
purtroppo 뿌르뜨롭뽀	(부) 불행히도

q

qua 꽈	(부) 여기
quaderno 꽈데르노	(남) 노트, 공책
quadrato 꽈드라또	(형) 네모난
quadro 꽈드로	(남) 그림
qualche 꽐께	(형) 몇몇의
- qualche anno 꽐께 안노	- 몇 년
- qualche giorno 꽐께 죠르노	- 며칠
- qualche mese 꽐께 메제	- 몇 달
- qualche settimana 꽐께 세띠마나	- 몇 주
quale 꽐레	(형) 어느 것의 (대) 어느 것
qualità 꽐리따	(여) 품질
quando 꽌도	(접) (부) 언제, 때

quantità 꽌띠따   (여) 수량, 양

- **quantità minima** 꽌띠따 미니마   – 최소 수량

quanto 꽌또   (형) 얼마의 (대) 얼마 만큼

quaranta 꽈란따   (남) 사십(40) (형) 사십의

Quaresima 꽈레지마   (여) 사순절

quarto 꽈르뜨   (형) 네 번째의

quasi 꽈지   (부) 거의

quattro 꽈뜨로   (남) 사(4) (형) 네개의

quattrocento 꽈뜨로첸또   (남) 사백(400) (형) 사백의

quello 꿸로   (형) 저것의(지시형용사) (대) 저것(지시대명사)

questione 꿰스띠오네   (여) 의문

questo 꿰스또   (형) 이 (대) 이것

- **questo libro** 꿰스또 리브로   – 이 책

- **questa mattina** 꿰스따 마띠나   – 오늘 아침

- questa notte
  꿰스따 놋떼
  – 오늘 밤

- questa sera
  꿰스따 세라
  – 지난 밤, 오늘 밤

- quest'anno
  꿰스딴노
  – 올해

qui
뀌
(부) 여기

quinto
뀐또
(형) 다섯째의 (남) 다섯번째

quotazione
꿔따찌오네
(여) 상장(주식)

quotidiano
꿔띠디아노
(남) 일간지

r

racchetta (여) 라켓
라껫따

- **racchetta da tennis** – 테니스라켓
  라껫따 다 뗀니스

raccogliere (타동) 모으다, 줍다, 수확하다
라꼴례레

raccolto (남) 모음
라꼴또

- **raccolto di poesie** – 시집(詩集)
  라꼴또 디 뽀에지에

raccomandare (타동) 권하다
라꼬만다레

raccontare (타동) 이야기를 하다
라꼰따레

racconto (남) 이야기, 단편 소설
라꼰또

radice (여) 뿌리
라디체

- **radice del dente** – 이뿌리
  라디체 델 덴떼

radio (여) 라디오
라디오

raffreddore 라프레도레	(남) 감기
- la medicina per raffreddore 라 메디치나 뻬르 라프레도레	- 감기약
ragazza 라가짜	(여) 소녀, 여자 친구(애인 관계)
ragazzo 라가쪼	(남) 소년, 남자 친구(애인 관계)
raggio 랏죠	(남) 광선
ragionevole 라죠네볼레	(형) 정당한, 합리적인, 값이 적당한
rallentare 란렌따레	(타) 줄이다, 늦추다 (자) 천천히 가다
- rallentare la velocità 란렌따레 라 벨로치따	- 속도를 줄이다
ramo 라모	(나) 나뭇가지
rana 라나	(여) 개구리
rapa 라빠	(여) 무우
rapido 라삐도	(형) 빠른
rapinatore 라삐나또레	(남) 강도
rappresentante 라쁘레젠딴떼	(여) 대표자

raramente 라라멘떼	(부) 드물게
rasoio 라조이오	(남) 면도기
raviolo 라비올로	(남) 만두
razza 라짜	(여) 민족(인종)
re 레	(남) 왕, 임금
realizzabile 레알리자빌레	(형) 실현가능한
realizzare 레알리자레	(타동) 실현하다
realizzazione 레알리자찌오네	(여) 실현
realtà 레알따	(여) 현실
recentemente 레첸떼멘떼	(부) 최근에
reception 리셉션	(남) 프런트, 리셉션
reciproco 레치쁘로꼬	(형) 상호적인
recuperare 레꾸뻬라레	(타동) 복구하다
regalare 레갈라레	(타동) 선물하다

regalo 레갈로	(남) 선물
reggiseno 레지세노	(남) 브래지어
regia 레지아	(여) 영화 감독
regina 레지나	(여) 왕비
regione 레지오네	(남) 지방
registrare 레지스뜨라레	(타동) 녹음하다
registratore 레지스뜨라또레	(남) 녹음기
registrazione 레지스뜨라찌오네	(여) 녹음
registro 레지스뜨로	(남) 숙박부
regola 레골라	(여) 규칙
regolare 레골라레	(형) 규칙적인, 규칙의
relativamente 렐라띠바멘떼	(부) 상대적으로
relativo 렐라띠보	(형) 상대적인
relazione 렐라찌오네	(여) 관계, 보고서, 연관

religione 렐리죠네	(여) 종교
rendere 렌데레	(타동) 주다
resistente 레지스뗀떼	(형) 견고한
resistere 레지스떼레	(자동) 견디다
respiro 레스삐로	(남) 호흡
responsabilità 레스뽄사빌리따	(여) 책임감
restare 레스따레	(자동) 머물다
resto 레스또	(남) 나머지
rete 레떼	(여) 그물
rettile 레띨레	(남) 파충류
riccio 릿쵸	(남) 성게
ricco 리꼬	(형) 부유한
ricerca 리체르까	(여) 연구
ricercare 리체르까레	(타동) 연구하다

ricetta 라 리쳇따	(여) 처방전, 레시피
ricevere 리체베레	(타동) 받다
- ricevere la lettera 리체베레 라 레떼라	– 편지를 받다
ricevuta 리체부따	(여) 영수증
riconoscere 리꼬노쉐레	(타동) 알아보다
ricordare 리꼬르다레	(타동) 기억하다
ricordo 리꼬르도	(남) 기억, 추억
ricostituente 리꼬스띠뚜엔떼	(남) 강장제
ricoverare 리꼬베라레	(타동) 입원하다
ricovero 리꼬베로	(남) 입원
ridere 리데레	(자동) 웃다
riempimento 리엠삐멘또	(남) 보충
riempire 리엠삐레	(타동) 보충하다
rifiutare 리퓨따레	(타동) 거절하다, 거부하다

riflessione 리플레시오네	(여) 반응
rifornimento 리포르니멘또	(남) 보충
rifornire 리포르니레	(타동) 보충하다
riga 리가	(여) 가르마
righello 리젤로	(남) 자(길이를 재는)
rigido 리지도	(형) 엄한
rimandare 리만다레	(타동) 연기하다, 미루다
rimanere 리마네레	(자동) 남다
rimborsare 림보르사레	(타동) 환불하다
rimborso 림보르소	(남) 환불
rimorchiare 리모르끼아레	(타동) 견인하다
rimorchio 리모르끼오	(남) 견인
ring 링	(남) 링(권투)
ringhiera 링기에라	(여) 난간

ringraziamento 링그라찌아멘또	(남) 감사
ringraziare 링그라찌아레	(타동) 고마워하다
ripagare 리빠가레	(타동) 갚다
riparare 리빠라레	(타동) 수리하다, 손질하다
riparazione 리빠라찌오네	(여) 수리
ripensare 리뻰사레	(자동) 다시 생각하다 (타동) ~을/를 재고하다
ripetere 리뻬떼레	(타동) 반복하다
riposarsi 리뽀자르시	(재귀동사) 휴식을 취하다
riposo 리뽀조	(남) 휴식
ripostiglio 리뽀스띨료	(남) 창고
risaia 라자이아	(여) 논
riscaldamento 리스깔다멘또	(남) 난방, 히터
riso 리조	(남) 쌀, 웃음
- riso bianco 리조 비앙꼬	- 쌀밥

risolvere 리졸베레	(타동) 해결하다
risorsa 리소르사	(여) 자원
- risorse naturali 리소르세 나뚜랄리	- 천연자원
risparmiare 리스빠르미아레	(타동) 저금하다, 절약하다
risparmio 리스빠르미오	(남) 저금, 절약
rispettare 리스뻬따레	(타동) 존경하다
rispondere 리스뽄데레	(자동) 답장하다, 대답하다
- rispondere alla lettera 리스뽄데레 알라 렛떼라	- 편지에 답장을 하다
risposta 리스뽀스따	(여) 대답, 답변
ristorante 리스또란떼	(남) 식당
- ristorante coreano 리스또란떼 꼬레아노	- 한국 식당
- ristorante italiano 리스또란떼 이딸리아노	- 이태리 식당
risultato 리줄따또	(남) 결과
- risultato della partita 리줄따또 델라 빠르띠따	- 경기 결과

ritardo 리따르도	(남) 지각, 늦음
ritirare 리띠라레	(타동) 인출하다, 후퇴하다
ritmo 리뜨모	(남) 리듬
ritratto 리뜨랏또	(남) 초상화
riunificazione 리우니피까찌오네	(여) 통일
riunione 리우니오네	(여) 회의, 모임
rivelare 리벨라레	(타동) 밝혀내다
rivenditore 리벤디또레	(남) 소매상
rivista 리비스따	(여) 잡지
- rivista mensile 리비스따 멘실레	- 월간지
- rivista settimanale 리비스따 세띠마날레	- 주간지
rivoluzione 리볼루찌오네	(여) 혁명
roba 로바	(여) 물건
robot 로보뜨	(남) 로봇

Romania 로마니아	(여) 루마니아
romantico 로만띠꼬	(형) 낭만적인
romanziere 로만지에레	(남) 소설가
romanzo 로만조	(남) 소설
rombare 롬바레	(자동) 털털거리다
romena 로메나	(여) 루마니아 여자
- la lingua romena 라 링구아 로메나	– 루마니아어
romeno 로메노	(남) 루마니아 남자, 루마니아어
rompere 롬뻬레	(타동) 부수다
rosa 로자	(여) 장미 (형) 분홍색의 (남) 분홍색, 장미색
rosario 로자리오	(남) 묵주
rossetto 로셋또	(남) 립스틱
rosso 롯소	(형) 붉은 색의 (명) 붉은 색
rotondo 로똔도	(형) 둥근

rubare 루바레	(타동) 훔치다
rubino 루비노	(남) 루비(광물)
ruga 루가	(여) 주름
rullino 룰리노	(남) 롤필림
rum 룸	(남) 럼주
rumore 루모레	(남) 소음, 잡음
rumoroso 루모로조	(형) 시끄러운
ruolo 루올로	(남) 역할
ruota 루오따	(여) 바퀴
- ruota di scorta 루오따 디 스꼬르따	- 스페어타이어, 예비 바퀴
ruscello 루쉘로	(남) 냇물
Russia 룻시아	(여) 러시아
russo 룻소	(남) 러시아 남자, 러시아어
russa 룻사	(여) 러시아 여자

- **la lingua russa** — 러시아어
  라 링구아 룻사

sabato 사바또	(남) 토요일
sabbia 삽비아	(여) 모래
sacchetto dell'immondizia 사껫또 델림몬디찌아	쓰레기 봉투
sacco 사꼬	(남) 보따리
- sacco a pelo 사꼬 아 뻴로	- 침낭
S'accomodi! 사꼬모디!	앉으세요!
sacrificare 사끄리피까레	(타동) 희생하다
sacrificio 사끄리피치오	(남) 희생
sala 살라	(여) 응접실
- sala da billiardo 살라 다 빌리아르도	- 당구장
- sala da cucina 살라 다 꾸치나	- 주방
- sala da karaoke 살라 다 까라오께	- 노래방

- sala d'attesa 살라 다떼자	– 대합실
salame 살라메	(남) 숙성된 소시지
salario 살라리오	(남) 월급
salato 살라또	(형) 짠(맛)
saldo 살도	(남) 계좌 잔액, 차액
sale 살레	(남) 소금
salina 살리나	(여) 염전
salire 살리레	(타동) 올라가다, (자동) 오르다
saliva 살리바	(여) 침, 타액
salmone 살모네	(남) 연어(생선)
- salmone affumicato 살모네 아푸미까또	– 훈제 연어
salotto 살로또	(남) 라운지, 거실
salsa 살사	(여) 소스(sauce)
- salsa di soia 살사 디 소이아	– 간장

salsiccia 살시치아	(여) 익히지 않은 소시지
saltare 살따레	(자동) 점프하다 (타동) ~을/를 뛰어 넘다
salutare 살루따레	(타동) 인사를 하다
salute 살루떼	(여) 건강
Salute! 살루떼!	건배!
saluto 살루또	(남) 인사
salvagente 살바젠떼	(여) 구명대
salvare 살바레	(타동) 구조하다, 구출하다
salvezza 살베짜	(여) 구조(救助)
salvia 살비아	(여) 샐비어(sage 향료)
sangue 상구에	(남) 피(혈액)
sano 사노	(형) 건강한
santo 산또	(남) 남자 성인(종교). (형) 신성한
santa 산따	(여) 여자 성인 (형) 신성한

sapere 사뻬레	(타동) 알다
sapone 사뽀네	(남) 비누
- sapone di polvere 사뽀네 디 뽈베레	– 가루비누
sapore 사뽀레	(남) 풍미
sassofono 사소포노	(남) 색소폰(혼)
sbagliare 즈발리아레	(타동) 잘못하다 (자동) 실수를 하다
sbaglio 즈발리오	(남) 실수
sbarcare 즈바르까레	(자동) 배에서 내리다
sbollentare 즈볼렌따레	(타동) 데치다
sbrigarsi 즈브리가르시	(재귀동사) 서두르다
Sbrigati! 즈브리가띠!	서둘러라!
scacchi 스까끼	(남.복) 장기(체스)
scacchiera 스까끼에라	(여) 장기판
scadenza 스까덴짜	(여) 유효기간

scaffale 스까팔레	(남) 선반, 책장
scala 스깔라	(여) 사다리, 계단
- scala mobile 스깔라 모빌레	- 에스칼레이터
scambio 스깜비오	(남) 교환
- scambio commerciale 스깜비오 꼬메르치알레	- 무역
scandalo 스깐달로	(남) 스캔들
scarafaggio 스까라팟죠	(남) 바퀴벌레
scaricare 스까리까레	(타동) 내리다(물건을)
scarpe 스까르뻬	(여.복) 구두, 신발
- scarpe da calcio 스까르뻬 다 깔쵸	- 축구화
- scarpe da ginnastica 스까르뻬 다 진나스띠까	- 운동화
scarponi da montagna 스까르뽀니 다 몬따냐	등산화
scatola 스까똘라	(여) 상자
scavare 스까바레	(타동) 캐다(묻힌 것을)

scegliere 쉘리에레	(타동) 고르다, 선택하다
scelta 쉘따	(여) 선택
scena 쉐나	(여) 무대, 장면
scendere 쉔데레	(타동) 내려가다. (자동) 내리다(탈것에서)
- **scendere dalla macchina** 쉔데레 달라 마끼나	- 차에서 내리다
scheda telefonica 스께다 뗄레포니까	전화 카드
schermo 스께르모	(남) 모니터, 화면
scherzare 스께르짜레	(자동) 농담을 하다
scherzo 스께르쪼	(남) 농담
schiuma 스끼우마	(여) 거품
sci 쉬	(남.복) 스키
scialuppa 샬루빠	(여) 소형 선박, 보트
- **scialuppa di salvataggio** 샬루빠 디 살바땃쬬	- 구명 보트
sciampo 샴뽀(= shampoo 샴뽀)	(남) 샴푸

sciaquare 솨콰레	(타동) 헹구다
sciare 쉬아레	(자동) 스키를 타다
sciarpa 솨르빠	(여) 목도리, 스카프
scientifico 쉔디피꼬	(남) 과학자 (형) 과학의
scienza 쉔자	(여) 과학
scimmia 쉼미아	(여) 원숭이
scioperare 쇼뻬라레	(자동) 파업하다
sciopero 쇼뻬로	(남) 파업
sciroppo 쉬롭뽀	(남) 시럽
scivolare 쉬볼라레	(자동) 미끄러지다
scivolo 쉬볼로	(남) 미끄럼틀
scommettere 스꼼메떼레	(타동) 내기를 하다
scomodo 스꼬모도	(형) 불편한
scompartimento 스꼼빠르띠멘또	(남) 칸(기차의)

sconfitta 스꼰핏따	(여) 패배
sconosciuto 스꼬노슈또	(형) 낯설은
scontare 스꼰따레	(타동) 할인하다
scontento 스꼰뗀또	(형) 불만족한
sconto 스꼰또	(남) 세일, 할인판매
scontrino 스꼰뜨리노	(남) 영수증
- scontrino bagagli 스꼰뜨리노 바갈리	- 수하물 영수증
scopa 스꼬빠	(여) 비(빗자루)
scopo 스꼬뽀	(남) 목적
- scopo della visita 스꼬뽀 델라 비지따	- 방문 목적
scoppiare 스꼬삐아레	(자동) 발생하다, 폭발하다
- scoppiare incendio 스꼬삐아레 인첸디오	- 불이 나다
scoprire 스꼬쁘리레	(타동) 발견하다
scorciatoia 스꼬르차또이아	(여) 지름길

scorfano 스꼬르파노	(남) 우럭(생선)
scorso 스꼬르소	(형) 지난
scottare 스꼿따레	(타동) 태우다 (자동) 뜨거운 열을 발산하다
scrittoio 스끄리또이오	(남) 책상
scrivania 스끄리바니아	(여) 탁자
scrivere 스끄리베레	(자동) 쓰다 (타동) 글을 쓰다
- scrivere la lettera 스끄리베레 라 렛떼라	- 편지를 쓰다
scultura 스꿀뚜라	(여) 조각(彫刻)
scuola 스꾸올라	(여) 학교
- scuola elementare 스꾸올라 엘레멘따레	- 초등학교
- scuola materna 스꾸올라 마떼르나	- 유치원
- scuola media 스꾸올라 메디아	- 중학교
- scuola privata 스꾸올라 쁘리바따	- 사립학교
- scuola statale 스꾸올라 스따딸레	- 공립학교

scusa 스꾸자	(여) 구실, 변명
scusare 스꾸자레	(타동) 변명하다, 용서하다
- Mi scusi! 미 스꾸지!	- 미안합니다, 실례합니다
Scusi! 스꾸지	미안합니다, 실례합니다
sdraiarsi 즈드라이아르시	(재귀동사) 눕다
se 세	(접) 만약 ~라면
- se è necessario 세 에 네체싸리오	- 필요하다면
secco 세꼬	(형) 마른, 건조한
secolo 세꼴로	(남) 세기(기간)
secondo 세꼰도	(형) 두번째의 남) 초(시간)
- secondo piatto 세꼰도 삐앗또	- 메인 요리
secrezione nasale 세끄레찌오네 나잘레	콧물
sedano 세다노	(남) 셀러리(celery)
sede centrale 세데 첸뜨랄레	(여) 본사, 본점

sedere 세데레	(남) 엉덩이
sedersi 세데르시	(재귀동사) 앉다
sedia 세디아	(여) 의자
- sedia pieghevole 세디아 삐에게볼레	- 접이 의자
Sediamoci! 세디아모치!	앉읍시다!
sedurre 세두레	(타동) 유혹하다
segala 세갈라	(여) 호밀
segnalare 세냘라레	(타동) 드러나게 하다, 알리다
segnare 세냐레	(타동) 표시하다
segno 세뇨	(남) 신호
segretaria 세그레따리아	(여) 여자 비서
segretario 세그레따리오	(남) 남자 비서
segreteria 세그레떼리아	(여) 비서실
segreto 세그레또	(남) 비밀

seguente 세구엔떼	(형) 다음의 (남), (여) 다음 사람
seguire 세귀레	(타동) 따라가다, 쫓다
self-service 셀프 서비스	(남) 셀프서비스
selvatico 셀바띠꼬	(형) 야생의
semaforo 세마포로	(남) 교통 신호등
sembrare 셈브라레	(비인칭 동사) 처럼 보이다 (연계동사) 나타나다
seme 세메	(남) 씨, 종자
semestre 세메스뜨레	(남) 학기
semifinale 세미피날레	(남) 준결승전
seminario 세미나리오	(남) 세미나
semiterrato 세미떼라또	(남) 지하실
semplice 셈쁠리체	(형) 단순한, 간단한
semplicemente 셈쁠리체멘떼	(부) 단순하게
sempre 셈쁘레	(부) 항상, 언제나

senape 세나뻬	(여) 겨자
sensazione 센사지오네	(여) 감정, 느낌
senso 센소	(남) 감각, 감정, 방향
- Senso unico 센소 우니꼬	- 일방통행
Senta! 센따!	여보세요!(행인에게)
sentenza 센뗀짜	(여) 판결
sentiero 센띠에로	(남) 비탈길
sentimento 센띠멘또	(남) 느낌, 감정
sentire 센띠레	(타동) 냄새를 맡다, 듣다, 느끼다
senza 센자	(전) ~없이
separarsi 세빠라르시	(재귀동사) 헤어지다
separato 세빠라또	(형) 분리된
seppia 세삐아	(여) 오징어
sera 세라	(여) 저녁

-l'altra sera 랄뜨라 세라	- 지난 저녁
serbatoio 세르바또이오	(남) 탱크(저장고)
- serbatoio dell'acqua 세르바또이오 델라꾸아	- 물탱크
sereno 세레노	(형) 고요한, 조용한
serio 세리오	(형) 신중한
serpente 세르뻰떼	(남) 뱀
servire 세르비레	(타동) 봉사하다, 서비스하다
servitore 세르비또레	(남) 하인
servitrice 세르비뜨리체	(여) 하녀
servizio 세르비찌오	(남) 봉사, 서비스
- servizio camere 세르비찌오 까메레	- 룸서비스
sesso 셋소	(남) 성(性), 섹스
seta 세따	(여) 실크
sete 세떼	(여) 갈증

settimana 세띠마나	(여) 주(週)
- **settimana prossima** 세띠마나 쁘로시마	- 다음 주
- **settimana scorsa** 세띠마나 스꼬르사	- 지난 주
settore 세또레	(남) 분야
severo 세베로	(형) 엄한, 진지한
sfortunato 스포르뚜나또	(형) 불운한
sforzo 스포르쪼	(남) 노력
sfumatura 스푸마뚜라	(여) 뉘앙스
sgombro 즈곰브로	(남) 고등어
Si sieda! 시 시에다!	앉으세요!
Sì 시	(부) 예(yes)
siccità 시치따	(여) 가뭄
sicurezza 시꾸레짜	(여) 안전
- **sicurezza pubblica** 시꾸레짜 뿌블리까	- 치안

Siediti! 시에디띠	앉아!
sigaretta 시가렛따	(여) 담배
sigaro 시가로	(남) 시가(담배)
significare 시니피까레	(타동) 의미하다
significato 시니피까또	(남) 의미
signora 시뇨라	(여) 부인(Mrs.)
signore e signori 스뇨레 에 시뇨리	신사 숙녀 여러분
signore 시뇨레	(남) 미스터(Mr.). 주님(S 대문자)
signorina 시뇨리나	(여) 아가씨
Silenzio! 실렌찌오!	조용히 하세요!
silenzioso 실렌찌오조	(형) 조용한, 고요한
sillaba 실라바	(여) 음절
simile 시밀레	(형) 비슷한, 유사한
simpatico 심빠띠꼬	(형) 마음씨가 좋은

sincero 신체로	(형) 솔직한
sindacato 신다까또	(남) 노조
sindaco 신다꼬	(남) 시장(市長)
singhiozzo 싱기옷죠	(남) 딸꾹질
single 싱글	(남) 미혼자
singolare 싱골라레	(형) 단수의 (남) 단수
sinistra 시니스뜨라	(여) 왼쪽
- a sinistra 아 시니스뜨라	- 왼쪽으로, 왼쪽에
sinonimo 시노니모	(남) 동의어
sintomo 신또모	(남) 증상, 징후
sistema 시스떼마	(남) 시스템, 체계
situazione 시뚜아찌오네	(여) 상황
- situazione economica 시뚜아찌오네 에꼬노미까	- 경기(景氣), 경제상황
slegare 즐레가레	(타동) 풀다(끈을)

slip 즐립	(남) 속옷
slogarsi 즐로가르시	(재귀동사) 접질리다, 삐다
slogatura 즐로가뚜라	(여) 뻠
smettere 즈멧떼레	(타동) 그만두다
- smettere di fumare 스메떼레 디 푸마레	− 담배를 끊다
smontare 즈몬따레	(타동) 해체하다
snello 즈넬로	(형) 날씬한
sociale 소치알레	(형) 사회적인
società 소치에따	(여) 사회
soda 소다	(여) 소다
soddisfacente 소디스파첸떼	(형) 만족스런
soddisfazione 소디스파찌오네	(여) 만족
sofferente 소페렌떼	(형) 괴로운
soggettivo 소젯띠보	(형) 주관적인

soggetto 소젯또	(남) 주어
soggiornare 소조르나레	(자동) 묵다
soggiorno 소죠르노	(남) 거실, 체류
sogliola 솔리올라	(여) 서대기(어류)
sognare 소냐레	(자동) 꿈을 꾸다 (타동) ~을/를 꿈꾸다
sogno 소뇨	(남) 꿈
soldato 솔다또	(남) 군인
soldo 솔도	(남) 돈(錢)
sole 솔레	(남) 해(태양)
solo 솔로	(형) 혼자인 (부) 단지, 오로지
soltanto 솔딴또	(부) 단지, 오로지
soluzione 솔루찌오네	(여) 해결책
somma 솜마	(여) 합계
sommare 솜마레	(타동) 종합하다, 더하다

sommario 솜마리오	(남) 요약
sopportare 소뽀르따레	(타동) 견디다
sopra 소쁘라	(전) 위쪽 (부) 위로
sopracciglia 소쁘라칠리아	(여.복) 눈썹
soprano 소쁘라노	(남) 소프라노
soprattutto 소쁘라뚯또	(부) 특히, 무엇보다
sopravvivere 소쁘라비베레	(자동) 생존하다
sorbetto 소르벳또	(남) 샤베트
sorda 소르다	(여) 여자 귀머거리
sordo 소르도	(남) 남자 귀머거리 (형) 귀가 들리지 않는
sorella 소렐라	(여) 누나, 자매, 여동생, 언니
- sorella maggiore 소렐라 마죠레	- 언니, 누나
- sorella minore 소렐라 미노레	- 여동생
sorgere 소르제레	(자동) 솟아오르다

- sorgere della luna 소르제레 델라 루나	- 달이 뜨다
sorridere 소리데레	(자동) 미소를 짓다
sorriso 소리조	(남) 미소
sostituire 소스띠뚜이레	(타동) 대체하다
sostituzione 소스띠뚜찌오네	(여) 대체
sotterrare 소떼라레	(타동) 묻다(땅에)
sottile 소띨레	(형) 얇은
sotto 솟또	(부) 아래에, 밑에 (전) 아래의
sottogonna 소또곤나	(여) 슬립(slip)
sottolineare 소또리네아레	(타동) 강조하다
sottoterra 소또떼라	(남) 지하
sottotitolo 소또띠똘로	(남) 자막
spada 스빠다	(여) 검(무기)
spaghetti 스빠겟띠	(남.복) 스파게티

- **spaghetti ai frutti di mare** — 해물 스파게티
  스빠겟띠 아이 프룻띠 디 마레

- **spaghetti al nero di seppia** — 오징어 먹물 스파게티
  스빠겟띠 알 네로 디 세삐아

- **spaghetti al pomodoro** — 토마토 스파게티
  스빠겟띠 알 뽀모도로

- **spaghetti alle vongole** — 바지락 스파게티
  스빠겟띠 알레 봉골레

Spagna (여) 스페인
스빠냐

spagnola (여) 스페인 여자
스빠놀라

- **la lingua spagnola** — 스페인어
  라 링구아 스빠놀라

spagnolo (남) 스페인 남자
스빠놀로

spalla (여) 어깨
스빨라

sparire (자동) 사라지다
스빠리레

spazio (남) 공간
스빠찌오

spazzola (여) 솔, 브러쉬
스빠쫄라

- **spazzola per capelli** — 머릿솔
  스빠쫄라 뻬르 까뻴리

- **spazzolino da denti** — 칫솔
  스빠쫄리노 다 덴띠

specchietto 스뻬끼에또	(남) 작은 거울
- specchietto esterno 스뻬끼에또 에스떼르노	- 사이드미러(자동차)
- specchietto retrovisore 스뻬끼에또 레뜨로비조레	- 백미러(자동차)
specchio 스뻬끼오	(남) 거울
speciale 스뻬치알레	(형) 특별한
specialità 스뻬찰리따	(여) 별미, 특제품
specializzato 스뻬찰리자또	(형) 전문화된
specialmente 스뻬찰멘떼	(부) 특별히
spedire 스뻬디레	(타동) 보내다, 우송하다
spegnere 스뻬녜레	(타동) 불을 끄다
speranza 스뻬란짜	(여) 희망
spesa 스뻬자	(여) 쇼핑
- fare la spesa 파레 라 스뻬자	- 쇼핑을 하다, 시장을 보다
- spese di trasporto 스뻬제 디 뜨라스뽀르또	- 운송비, 교통비

spesso 스뻿소	(형) 두꺼운
spettacolo 스뻬따꼴로	(남) 공연
spettatore 스뻬따또레	(남) 관람객
spezie 스뻬찌에	(여.복) 향료
spiaggia 스삐앗쨔	(여) 해안, 해변
spicciolo 스삐쵤로	(남) 잔돈 (형) 잔돈의
spiegare 스삐에가레	(타동) 설명하다
spigola 스삐골라	(여) 다금바리(생선)
spilla 스삘라	(여) 브로치
- spilla di sicurezza 스삘라 디 시꾸렛짜	- 옷핀
spillatrice 스삘라뜨리체	(여) 스탬플러
spillo 스삘로	(남) 핀(pin)
spina 스삐나	(여) 플러그(plug), 가시
spinaci 스삐나치	(남.복) 시금치

spingere 스삔제레	(타동) 밀다
spirito 스삐리또	(남) 정신
splendere 스쁠렌데레	(자동) 빛을 발하다
splendido 스쁠렌디도	(형) 화려한, 멋있는
sporco 스뽀르꼬	(남) 더러운
sport 스뽀르뜨	(남) 스포츠
sportello 스뽀르뗄로	(남) 창구, 카운터
sposa 스뽀자	(여) 신부
sposarsi 스뽀자르시	(재귀동사) 결혼하다
sposo 스뽀조	(남) 신랑
sprecare 스쁘레까레	(타동) 낭비하다
spugna 스뿌냐	(여) 스폰지
spumante 스뿌만떼	(남) 샴페인
spuntino 스뿐띠노	(남) 스넥

squadra
스꽈드라
(여) 삼각자, 팀(team)

- **squadra avversaria**
  스꽈드라 아베르사리아
  - 상대팀

- **squadra di calcio**
  스꽈드라 디 깔쵸
  - 축구팀

squalo
스꽐로
(남) 상어

staccare il telefono
스따까레 일 뗄레포노
전화를 끊다

stadio
스따디오
(남) 운동장, 경기장

stagione
스따죠네
(여) 계절

- **alta stagione**
  알따 스따죠네
  - 하이시즌(high season)

- **bassa stagione**
  밧사 스따죠네
  - 로우시즌(low season)

- **stagione delle piogge**
  스따죠네 델레 삐옷제
  - 우기(雨期)

- **stagione secca**
  스따죠네 세까
  - 건기

stagno
스따뇨
(남) 연못, 웅덩이

stalla
스딸라
(여) 외양간

stamattina
스따마띠나
(부) 오늘 아침

stampante 스땀빤떼	(남) 프린터
stanco 스땅꼬	(형) 피곤한
stanotte 스따놋떼	(부) 오늘 밤, 지난 밤
stanza 스딴자	(여) 객실, 방
stare 스따레	(자동) 지내다
stasera 스따세라	(부) 오늘 저녁
statale 스따딸레	(형) 국영의
stato 스따또	(나) 상태, 상황
Stato 스따또	(남) 국가(S 대문자)
- Stati Uniti 스따띠 우니띠	- (남.복) 미국
statua 스따뚜아	(여) 조각상
stazione 스따찌오네	(여) 역(驛)
- stazione di cambio 스따찌오네 디 깜비오	- 환승역
- stazione di polizia 스따찌오네 디 뽈리찌아	- 경찰서

- stazione di quarantena — 검역소
  스따찌오네 디 꽈란떼나

- stazione metropolitana — 지하철 역
  스따찌오네 메뜨로뽈리따나

- stazione radiotelevisiva — 방송국
  스따찌오네 라디오뗄레비지바

stella (여) 별
스뗄라

stendere il bucato 빨래를 널다
스뗀데레 일 부까또

sterlina (여) 파운드(화폐)
스떼를리나

stile (남) 스타일
스띨레

- stile libero — 자유형(수영)
  스띨레 리베로

stilista (남) 스타일리스트, 디자이너
스띨리스따

stipendio (남) 월급, 급여
스띠뻰디오

stirare (타동) 다리다(다리미로)
스띠라레

stivali (남.복) 부츠(boots)
스띠발리

stock (남) 재고품
스똑

stomaco (남) 위장(신체)
스또마꼬

storia 스또리아	(여) 역사(歷史)
storico 스또리꼬	(남) 역사가
straccio 스뜨라쵸	(남) 걸레
strada 스뜨라다	(여) 길, 거리
- **strada a pagamento** 스뜨라다 아 빠가멘또	– 유료 도로
- **strada commerciale** 스뜨라다 꼼메르치알레	– 쇼핑가
- **strada statale** 스뜨라다 쓰따딸레	– 국도
straniero 스뜨라니에로	(남) 외국인
strano 스뜨라노	(형) 이상한
straordinario 스뜨라오르디나리오	(형) 특별한, 굉장한
stretto 스뜨렛또	(형) 좁은, 조이는
- **stretta di mano** 스트렛따 디 마노	– 악수
stringere 스뜨린제레	(타동) 조이다
strisce pedonali 스뜨리쉐 뻬도날리	횡단보도

striscione 스뜨리쑈네	(남) 현수막
strumento 스뜨루멘또	(남) 도구
- strumento musicale 스뜨루멘또 무지깔레	– 악기
struttura 스뜨루뚜라	(여) 구조(構造)
strutturato 스뜨루뚜라또	(형) 구조가 있는
struzzo 스뜨룻쪼	(남) 타조
studente 스뚜덴떼	(남) 학생
- studente universitario 스뚜덴떼 우리베르시따리오	– 대학생
studentessa 스뚜덴뗏사	(여) 여학생
studiare 스뚜디아레	(타동) 공부를 하다
studio 스뚜디오	(남) 공부, 스튜디오
- studio dentistico 스뚜디오 덴띠스띠꼬	– 치과
- studio ginecologico 스뚜디오 지네꼴로지꼬	– 산부인과
- studio oculistico 스뚜디오 오꿀리스띠꼬	– 안과

stuoia 스뚜오야	(여) 돗자리
stupido 스뚜삐도	(형) 멍청한
stuzzicadenti 스뚜찌까덴띠	(남) 이쑤시개
su 수	(전) 위에 (부) 위에
subito 수비또	(부) 즉시, 곧바로
succedere 수체데레	(자동) 생기다, 발생하다
succo 수꼬	(남) 주스, 즙
- succo d'arancia 수꼬 다란챠	- 오렌지 주스
- succo di limone 수꼬 디 리모네	- 레몬즙
sud 수드	(남) 남쪽
sudare 수다레	(자동) 땀을 흘리다
Sud-Asia 수드 아시아	(남) 동남아
sudore 수도레	(남) 땀
sufficiente 수피첸떼	(형) 충분한

suocera 수오체라	(여) 시어머니, 장모
suocero 수오체로	(남) 시아버지, 장인
suonare 수오나레	(타동) 악기를 연주하다 (자동) 소리를 내다
suora 수오라	(여) 수녀
supermercato 수뻬르메르까또	(남) 슈퍼마켓
superstizione 수뻬르스띠찌오네	(여) 미신
superstizioso 수뻬르스띠찌오조	(형) 미신적인
supplemento 수쁠레멘또	(남) 추가요금
supposta 수뽀스따	(여) 좌약
susina 수지나	(여) 자두
sveglia 즈벨리아	(여) 자명종
- sveglia telefonica 즈벨리아 뗄레포니까	- 모닝콜
svegliarsi 즈벨리아르시	(재귀동사) 깨어나다(잠에서)
sviluppare 즈빌루빠레	(타동) 발전하다, 현상하다(사진)

Svizzera
즈빗제라

(여) 스위스

svizzera
즈빗제라

(여) 스위스 여자

svizzero
즈빗제로

(남) 스위스 남자

t

tabacchi (남.복) 담배 가게
따바끼

tabacco (남) 담배
따바꼬

tabella (여) 도표
따벨라

- tabella della tariffa – 요금표
따벨라 델라 따릿파

tacchino (남) 칠면조
따끼노

tacco (남) 굽(구두)
따꼬

taccuino (남) 수첩
따꾸이노

taglia (여) 사이즈
딸리아

tagliare (타동) 자르다
딸리아레

tagliaunghie (남) 손톱깎이
딸리아웅기에

taglio (남) 절단, 자르기
딸리오

- taglio di capelli – 이발
딸리오 디 까뻴리

talento 딸렌또	(남) 재능
tallone 딸로네	(남) 뒤꿈치
talvolta 딸볼따	(부) 가끔
tamburro 땀부로	(남) 작은북(악기)
tanto 딴또	(형) 많은 (대) 많은, 많이, 매우
tappetto 따뻬또	(남) 양탄자
tappo 땁뽀	(남) 뚜껑, 마개
tardare 따르다레	(자동) 늦다
tardi 따르디	(부) 늦게
tardivo 따르디바	(형) 늦은
tariffa 따리파	(여) 요금, 운임
- tariffa base 따리파 바제	- 기본 요금
- tariffa postale 따리파 뽀스딸레	- 우편 요금
tartaruga 따르따루가	(여) 거북이

tasca 따스까	(여) 주머니, 호주머니
tassa 땃사	(여) 세금
- tassa d'ingresso 땃싸 딩그레쏘	– 관람료
- tassa doganale 땃싸 도가날레	– 관세
- tassa per il servizio 땃사 뻬르 일 세르비찌오	– 봉사료
tassi(= taxi) 땃시	(남) 택시
tastiera 따스띠에라	(여) 키보드(컴퓨터)
tavola 따볼라	(여) 식탁, 테이블
tavolozza 따볼롯짜	(여) 팔레트(그림용)
tazza 땃짜	(여) 잔
- tazza da tè 땃짜 다 떼	– 찻잔
tè 떼	(남) 차(음료)
- tè al limone 떼 알 리모네	– 레몬티
- tè d'orzo 떼 도르조	– 보리차

- **tè verde** — 녹차
  떼 베르데

teatro (남) 극, 연극, 극장
떼아뜨로

tecnico (남) 기술자
떼끄니꼬

tecnologia (여) 기술
떼끄놀로쟈

tedesca (여) 독일 여자
떼데스까

tedesco (남) 독일 남자, 독일어
떼데스꼬

- **la lingua tedesca** — 독일어
  라 링구아 떼세스까

tegame (남) 프라이팬, 냄비
떼가메

telecomando (남) 리모트콘트롤
뗄레꼬만도

telefonare (자동) 전화를 하다
뗄레포나레 (타동) 전화로 ~을/를 통보하다

telefonino (남) 휴대폰
뗄레포니노

telefono (남) 전화, 전화기
뗄레포노

- **telefono pubblico** — 공중 전화
  뗄레포노 뿌블리꼬

televisore (남) 텔레비전
뗄레비죠레

telo da spiaggia 뗄로 다 스삐아좌	비치타월(beach towel)
tema 떼마	(남) 주제 (여) 걱정, 근심
temere 떼메레	(타동) 두려워하다 (자동) 걱정되다
temperatura 뗌뻬라뚜라	(여) 기온, 온도
temperino 뗌뻬리노	(남) 연필깎이
tempio 뗌삐오	(남) 사원, 사찰, 신전
tempo 뗌뽀	(남) 날씨, 때, 시간
- bel tempo 벨 뗌뽀	- 좋은 날씨
temporale 뗌뽀랄레	(남) 폭풍우
tenda 뗀다	(여) 커튼, 텐트
tendenza 뗀덴짜	(여) 추세, 경향
tenere 떼네레	(타동) 붙들다
tennis 뗀니스	(남) 테니스
- tennis da tavolo 뗀니스 다 따볼로	- 탁구

tenore 떼노레	(남) 테너
tentare 뗀따레	(타동) 시도하다
tentativo 뗀따띠보	(남) 시도
teologia 떼올로지아	(여) 신학
teoria 떼오리아	(여) 이론
tergicristallo 떼르지끄리스딸로	(남) 와이퍼(자동차)
terme 떼르메	(여) 온천
terminale 떼르미날레	(남) 터미널
- terminale dell'autobus 떼르미날레 델라우또부스	– 버스터미널
termine 떼르미네	(남) 기한, 용어
termometro 떼르모메뜨로	(남) 온도계
terra 떼라	(여) 땅, 지구
terrazza 떼랏짜	(여) 테라스
terremoto 떼레모또	(남) 지진

terreno 떼레노	(남) 토양
terrorismo 떼로리즈모	(남) 테러
terzo 떼르쪼	(형) 세 번째의
tesi 떼지	(여) 논문
tesoro 떼조로	(남) 보물
- **tesoro nazionale** 떼조로 나찌오날레	- 국보
tessere 뗏세레	(자동) 옷감을 짜다 (타동) 원단을 생산하다
tessuto 떼수또	(남) 옷감, 천
testa 떼스따	(여) 머리
testamento 떼스따멘또	(남) 유언
testata 떼스따따	(여) 헤딩
testimone 떼스띠모네	(남) 증인
testimoniare 떼스띠모니아레	(타동) 증명하다
testo 떼스또	(남) 교과서

tetano 떼따노	(남) 파상풍
tetto 뗏또	(남) 지붕
thailandese 따일란데제	(남) 태국 남자, 태국어 (여) 태국여자
- la lingua thailandese 라 링구아 따일란데제	- 태국어
Thailandia 따일란디아	(여) 태국
tiepido 띠에삐도	(형) 미지근한
tifone 띠포네	(남) 태풍
tifoso 띠포조	(남) 팬(fan), 애호가
tigre 띠그레	(여) 호랑이
timido 띠미도	(형) 부끄러운
timpano 띰빠노	(남) 고막(신체)
tingere 띤제레	(타동) 물들이다, 염색하다
tinta 띤따	(여) 염색
- farsi la tinta 파르시 라 띤따	- 염색을 하다

tintura 띤뚜라	(여) 염색
tipo 띠뽀	(남) 종류, 타입
tiramisù 띠라미수	(남) 티라미수
tirare 띠라레	(타동) 잡아당기다
- tirare vento 띠라레 벤또	- 바람이 불다
tiro 띠로	(남) 슛, 잡아 당김
titolo 띠똘로	(남) 제목
- titolo di dottorato 띠똘로 디 도또라또	- 박사학위
- titolo di Stato 띠똘로 디 스따또	- 국채
toccare 또까레	(타동) 만지다, 건드리다
- Non toccare! 논 또까레!	- 만지지 마! 건드리지 마라!
tofu 또푸	(남) 두부
togliere 똘례레	(타동) 뽑다
togliersi 똘례르시	(재귀동사) (옷 등을) 벗다

toiletto 또일레또	(남) 화장실, 변소
toletta 똘렛따(= toilette 또일렛떼)	(여) 화장대
tomba reale 똠바 레알레	(여) 능(왕의 무덤)
tonno 똔노	(남) 참치
topo 또뽀	(남) 쥐(동물)
topografia 또뽀그라피아	(여) 지형
topolino 또뽈리노	(남) 생쥐
torcia (elettrica) 또르치아 (엘레뜨리까)	(여) 손전등
tornare 또르나레	(자동) 돌아오다(가다)
torre 또레	(여) 탑(塔)
torrente 또렌떼	(남) 냇물
torrido 또리도	(형) 무더운
torta 또르따	(여) 케이크
- torta di compleanno 또르따 디 꼼쁠레안노	- 생일 케이크

- torta nuziale 또르따 누찌알레	- 결혼 케이크
tosse 똣세	(여) 기침
totale 또딸레	(형) 전체적인. (남) 합계
tovaglia 또발리아	(여) 식탁보
tovagliolo 또발리올로	(남) 냅킨
tra 뜨라(= fra 프라)	(전) 사이에, ~후에
traccia 뜨랏챠	(여) 흔적
tradimento 뜨라디멘또	(남) 배반
tradire 뜨라디레	(타동) 배반하다
tradizionale 뜨라디찌오날레	(형) 전통적인
tradizione 뜨라디찌오네	(여) 전통
tradurre 뜨라두레	(타동) 번역하다
traduttore 뜨라두또레	(남) 번역가
traduzione 뜨라두찌오네	(여) 번역

traffico 뜨라피꼬	(남) 트래픽, 교통
tragedia 뜨라제디아	(여) 비극
trainare 뜨라이나레	(타동) 견인하다
tramezzino 뜨라멧찌노	(남) 샌드위치
tramm 뜨람	(남) 전차
tramontare 뜨라몬따레	(자동) 해가 지다, 달이 지다
tranquillante 뜨랑뀔란떼	(남) 신경안정제
tranquillo 뜨랑뀔로	(형) 조용한, 고요한
trapano 뜨라빠노	(남) 드릴(drill)
trasferimento 뜨라스페리멘또	(남) 갈아타기
trasferire 뜨라스페리레	(타동) 옮기다
trasfusione 뜨라스푸지오네	(여) 액체의 이동
- trasfusione di sangue 뜨라스푸지오네 디 상구에	- 수혈
traslocare 뜨라스로까레	(타동) ~을/를 옮기다 (자동) 이사하다

trasloco 뜨라스로꼬	(남) 이사
trasmettere 뜨라스메떼레	(타동) 방송하다, 보도하다
trasmissione 뜨라스미시오네	(여) 보도(報道), 방송
- trasmissione in diretta 뜨라스미시오네 인 디렛따	- 생방송
trasportare 뜨라스뽀르따레	(타동) 수송하다, 운송하다
trasporto 뜨라스뽀르또	(남) 수송, 운송
- trasporto via mare 뜨라스뽀르또 비아 마레	- 해상운송
trattare 뜨라따레	(타동) 다루다
trattativa 뜨라따띠바	(여) 교섭, 협상
tratto 뜨랏또	(남) 선, 부분, 거리
- ad un tratto 아 둔 뜨랏또	- 갑자기
trauma cranico 뜨라우마 끄라니꼬	(남) 뇌진탕
travellers' cheque 트레블러스 체크	여행자 수표
tre 뜨레	(남) 삼(3). (형) 셋의

trecento 뜨레첸또	(남) 삼백(300) (형) 삼백의
treno 뜨레노	(남) 기차
- treno alta velocità 뜨레노 알따 벨로치따	- 고속 열차
- treno locale 뜨레노 로깔레	- 완행 열차, 단거리 열차
- treno notturno 뜨레노 노뚜르노	- 야간 열차
trenta 뜨렌따	(남) 삼십(30). (형) 삼십의
treppiede 뜨레삐에데	(남) 삼각대
triglia 뜨릴랴	(여) 숭어
trippa 뜨립빠	(여) 양(소의 위장)
triste 뜨리스떼	(형) 슬픈
tristezza 뜨리스뗏자	(여) 슬픔
tromba 뜨롬바	(여) 나팔
troppo 뜨롭뽀	(형) 너무 많은 (대) 많은 양
trota 뜨로따	(여) 송어

trovare 뜨로바레	(타동) 발견하다, 만나다
truccare 뜨루까레	(타동) 화장을 하다
tu 뚜	(대) 너
tubercolosi 뚜베르꼴로지	(여) 결핵, 폐병(의학)
tubo 뚜보	(남) 파이프
tuffo 뚜포	(남) 다이빙
tumore 뚜모레	(남) 종양
- tumore al cervello 뚜모레 알 체르벨로	- 뇌종양
tunnel 뚠넬	(남) 땅굴
tuo 뚜오	(형) 너의 (대) 네것
tuono 뚜오노	(남) 천둥
turismo 뚜리즈모	(남) 관광
turista 뚜리스따	(남), (여) 관광객
turno 뚜르노	(남) 교대, 차례

- fare il turno
  파레 일 뚜르노
  – 교대하다, 교대작업을 하다

tutti
뚯띠
(형) 모든
(대) 모두, 모든 사람

tutto
뚯또
(형) 모든,
(대) 모든 것, 모두

- tutto il corpo
  뚯또 일 꼬르뽀
  – 온몸, 전신

- tutto il giorno
  뚯또 일 죠르노
  – 하루 종일

- tutto il mondo
  뚯또 일 몬도
  – 전세계(全世界)

u

ubriaco 우브리아꼬 — (형) 술취한

uccello 우첼로 — (남) 새(조류)

uccidere 우치데레 — (타동) 죽이다

udito 우디또 — (남) 청각

ufficiale 우피치알레 — (형) 공식적인

ufficio 우피쵸 — (남) 사무실

- **ufficio cambi** 우피쵸 디 깜삐 — 환전소

- **ufficio governativo** 우피쵸 고베르나띠보 — 관청

- **ufficio d'immigrazione** 우피쵸 딤미그라찌오네 — 출입국관리소

- **ufficio oggetti smarriti** 우피쵸 오젯띠 즈마릿띠 — 유실물 센터

- **ufficio postale centrale** 우피쵸 뽀스딸레 첸뜨랄레 — 중앙 우체국

- **ufficio postale** 우피쵸 뽀스딸레 — 우체국

- ufficio spedizione bagagli 우피쵸 스뻬디찌오네 바갈리	- 수하물 취급소
uguale 우괄레	(형) 동일한
ugualmente 우괄멘떼	(부) 동일하게, 공평하게
ulcera 울체라	(여) 궤양
ulivo 울리보(= olivo 올리보)	(남) 올리브 나무
ultimo 울띠모	(형) 마지막의, 최후의 (남) 마지막
- ultimo giorno 울띠모 죠르노	- 말일, 마지막 날
- ultimo treno 울띠모 뜨레노	- 막차(기차)
umanità 우마니따	(여) 인류
umidificatore 우미디피까또레	(남) 가습기
umidità 우미디따	(여) 습기
umido 우미도	(형) 습한
umore 우모레	(남) 기분
un po' 운 뽀	약간의, 조금

un, uno, una 운, 오노, 우나	(형) 하나의 (남) 하나(1)
una bottiglia di vino 우나 보띨랴 디 비	포도주 한 병
una tazza di caffè 우나 따짜 디 까페	커피 한 잔
unghia 웅기아	(여) 손톱
- unghia del piede 웅기아 델 삐에데	– (여) 발톱
unico 우니꼬	(형) 유일한
unificazione 우니피까찌오네	(여) 결합
unirsi 우니르시	(재귀동사) 모이다
unità sanitaria locale 우니따 사니따리아 로깔레	(여) 보건소
università 우니베르시따	(여) 대학교
- università privata 우니베르시따 쁘리바따	– 사립대학
- università statale 우니베르시따 스따딸레	– 국립대학
universo 우니베르소	(남) 우주
uomo 우오모	(남) 남자, 인간

- uomo d'affare — 사업가
  우오모 다파레

uovo (남) 달걀, 계란
우오보

- uovo a' la coque — 반숙(달걀)
  우오보 알라 꼬끄

- uovo al tegame — 프라이드에그(fried egg)
  우오보 알 떼가메

- uovo boillito — 삶은 계란
  우오보 볼리또

- uovo sodo — 완숙(달걀)
  우오보 소도

- uovo strapazzata — 스크램블에그(scrambled egg)
  우오보 스뜨라빠잣따

uragano (남) 폭풍우
우라가노

urgente (형) 긴급한
우르젠떼

urina (여) 소변
우리나(= orina 오리나)

urna elettorale 투표함
우르나 엘레또랄레

urologo (남) 비뇨기과 의사
우롤로고

usanza (여) 풍습, 관습
우산자

usare (타동) 사용하다
우자레

uscire 우쉬레	(자동) 외출하다
- uscire dall'ospedale 우쉬레 달로스뻬달레	- 퇴원하다
uscita 우쉬따	(여) 출구
- uscita di emergenza 우쉬따 디 에메르젠자	- 비상구
uso 우조	(남) 사용, 용도
ustione 우스띠오네	(여) 화상
utile 우띨레	(형) 유용한
uva 우바	(여) 포도
- uva da tavola 우바 다 따볼라	- 식용 포도
- uva per la vinificazione 우바 뻬르 라 비니피까찌오네	- 양조용 포도

vacanza
바깐짜
(여) 방학, 휴가

- vacanze estive
바깐쩨 에스띠베
- 여름 방학(휴가)

- vacanze invernali
바깐제 인베르날리
- 겨울 방학(휴가)

vacca
바까
(여) 암소

vaccinare
바치나레
(타동) 접종하다

vaccinazione
바치나찌오네
(여) 예방 접종

vagone
바고네
(남) 차량, 기차

- vagone letto
바고네 렛또
- 침대차

- vagone ristorante
바고네 리스또란떼
- 식당차

vaiolo
바이올로
(남) 천연두

valido
발리도
(형) 가치있는

valigia
발리쟈
(여) 여행용 트렁크

valle 발레	(여) 골짜기, 계곡
valore 발로레	(남) 가치
valutare 발루따레	(타동) 평가하다
valutazione 발루따찌오네	(여) 평가
valvola 발볼라	(여) 밸브(valve)
vantaggio 반딱죠	(남) 유리한 점
vapore 바뽀레	(남) 증기
varicella 바리첼라	(남) 수두
vasca da bagno 바스까 다 바뇨	욕조
vaso 바조	(남) 꽃병
vassoio 바소이오	(남) 쟁반
vecchio 베끼오	(형) 늙은, 나이가 많은, 낡은 (남) 노인
- vecchio amico 베끼오 아미꼬	- 오랜 친구
vedere 베데레	(타동) 보다

vedova 베도바	(여) 미망인
vegetale 베제딸레	(형) 식물의 (명) 식물
veicolo 베이꼴로	(남) 차량
veleno 벨레노	(남) 독(毒)
velocità 벨로치따	(여) 속도
vendemmia 벤뎀미아	(여) 포도 수확
vendemmiare 벤뎀미아레	(타동) 수확하다(포도)
vendere 벤데레	(타동) 판매하다
- vendere al minuto 벤데레 알 미누또	- 소매하다
- vendere all'ingrosso 벤데레 알링그롯소	- 도매하다
vendita 벤디따	(여) 판매
venerdi 베네르디	(남) 금요일
Venga qui! 벵가 뀌!	이리 오세요!
Venga! 벵가!	어서 오세요

venire 베니레	(자동) 오다.
venti 벤띠	(남) 스물(20) (형) 이십의
vento 벤또	(남) 바람
verbo 베르보	(남) 동사(문법)
- verbo ausiliare 베르보 아우질리아레	- 보조동사
- verbo intransitivo 베르보 뜨란지띠보	- 자동사
- verbo servile 베르보 세르빌레	- 조동사
- verbo transitivo 베르보 뜨란지띠보	- 타동사
verde 베르데	(형) 초록 색의
verdura 베르두라	(여) 야채, 채소
vergognarsi 베르고냐르시	(재귀동사) 부끄러워하다
verità 베리따	(여) 진실, 사실
vernice 베르니체	(여) 페인트
vero 베로	(형) 진짜의

versare 베르사레	(타동) 따르다, 쏟다
vertice 베르띠체	(남) 정상(각 나라의)
vertigine 베르띠지네	(여) 현기증
vespa 베스빠	(여) 말벌
vestirsi 베스띠르시	(재귀 동사) 옷을 입다
vestito 베스띠또	(남) 옷
- vestito bianco 베스띠또 비앙꼬	- 흰 옷
veterinario 베떼리나리오	(남) 수의사
vetrina 베뜨리나	(여) 진열장
via 비아	(여) 거리, 길
- via aerea 비아 아에레아	- 항공로
viadotto 비아돗또	(남) 구름다리
viaggiare 비아좌레	(자동) 여행하다 (타동) 장소를 방문하다
viaggiatore 비아좌또레	(남) 여행객

viaggio 비앗죠	(남) 여행
vicinato 비치나또	(남) 부근, 이웃 사람
vicino 비치노	(형) 가까운 (부) 가까이 (명) 이웃
- essere vicino 엣세레 비치노	- 가깝다
vicolo 비꼴로	(남) 골목
Vieni qui! 비에니 뀌!	이리 와!
Vieni! 비에니!	와라!
vietato 비에따또	(형) 금지된
- vietato entrare 비에따또 엔뜨라레	- 출입 금지
- vietato fumare 비에따또 푸마레	- 흡연 금지
Vietnam 비에뜨남	(여) 베트남
la lingua vietnamita 라 링구아 비에뜨나미따	베트남어
il vietnamita(남자) / **la vietnamita**(여자) 일 비에뜨나미따 / 라 비에뜨나미따	베트남 사람
vigile 비질레	(남) 교통 경찰

vigna 비냐	(여) 포도밭
vigneto 비녜또	(남) 포도밭
villa 빌라	(여) 빌라, 저택
vincere 빈체레	(타동) 이기다
vincitore 빈치또레	(남) 우승자
vinificazione 비니피까찌오네	(여) 포도주 양조
vino 비노	(남) 와인, 포도주
- **vino bianco** 비노 비앙꼬	- 백포도주
- **vino italiano** 비노 이딸리아노	- 이탈리아 와인
- **vino rosso** 비노 롯소	- 적포도주
viola 비올라	(형) 보라 색의 (남) 보라색 (여) 비올라(악기)
violare 비올라레	(타동) 위반하다
violino 비올리노	(남) 바이올린
violoncello 비올론첼로	(남) 첼로

virus 비루스	(남) 바이러스
visione 비지오네	(여) 비전, 시력, 방영
visita 비지따	(여) 방문
visitare 비지따레	(타동) 방문하다
visitatore 비지따또레	(남) 방문객
viso 비조	(남) 얼굴
vista 비스따	(여) 시야
- vista meravigliosa 비스따 메라빌리오자	- 장관(壯觀)
visto 비스또	(남) 비자
- visto d'entrata 비스또 덴뜨라따	- 입국 비자
- visto di transito 비스또 디 뜨란시또	- 통과 비자
vita 비따	(여) 삶, 인생, 생명, 물가, 허리
- vita difficile 비따 디피칠레	- 어려운 인생
- vita dura 비따 두라	- 고생

- vita matrimoniale 비따 마뜨리모니알레	– 결혼 생활
- vita sessuale 비따 세수알레	– 성생활
vitamina 비따미나	(여) 비타민
vite 비떼	(여) 나사못, 포도나무
vitello 비뗄로	(남) 송아지
vitigno 비띠뇨	(남) 포도 품종
vittima 비띠마	(여) 희생자
vivere 비베레	(자동) 살다
vocabolario 보까볼라리오	(남) 단어집
vocabolo 보까볼로	(남) 단어
vocale 보깔레	(여) 모음
voce 보체	(여) 목소리
voglia 볼리아	(여) 욕구, 의욕
voi 보이	(대) 너희들, 당신들

volante 볼란떼	(남) 핸들(자동차)
volare 볼라레	(자동) 날다, 비행하다
volentieri 볼렌띠에리	(부) 기꺼이
volere 볼레레	(타동) 원하다
- volere dire 볼레레 디레	– 의미하다
volo 볼로	(남) 비행기
- volo supersonico 볼로 수뻬르소니꼬	– 초음속 비행기
volontà 볼론따	(여) 의지, 의욕
volontaria 볼론따리아	(여) 여자 자원봉사자 (형) 자원의
volontario 볼론따리오	(남) 남자 자원봉사자 (형) 자원의
volpe 볼뻬	(여) 여우
vomitare 보미따레	(타동) 토하다
vongola 봉골라	(여) 바지락
vostro(a) 보스뜨로(라)	(형) 너희들의, 당신들의 (대) 너희들 것, 당신들 것

votare 보따레	(타동) 투표하다
votazione 보따찌오네	(여) 투표
voto 보또	(남) 점수, 투표
vulcano 불까노	(남) 화산

wafer
와페르
(남.복) 와플(waffles)

wisky
위스끼
(남) 위스키

xilofono
실로포노
(남) 실로폰

yoga
요가
(남) 요가

yogurt
요구르뜨
(남) 요구르트

zaffiro
자피로
(남) 사파이어

zaino
자이노
(남) 배낭

zanzara
잔자라
(여) 모기

zanzariera
잔자리에라
(여) 모기장

zenzero
젠제로
(남) 생강

zia
찌아
(여) 숙모, 이모, 고모

zio
찌오
(남) 삼촌, 숙부, 이모부, 고모부

Zitto! 짓또!	조용해!
zona 조나	(여) 구역, 지역
- zona industriale 조나 인두스뜨리알레	- 공업 지역
- zona pedonale 조나 뻬도날레	- 보행 지역
zoo 조	(남) 동물원
zucca 쭈까	(여) 호박(식물)
zuccheriera 쭈께리에라	(여) 설탕 그릇
zucchero 쭈께로	(남) 설탕
zuppa 쭙빠	(여) 죽, 국(스프)

wxyz

꿩먹고 알먹는 이탈리아어 첫걸음

이기철 저
46배판 / 242쪽
18,000원(mp3CD)

노래로 배우는 이탈리아어

최보선 저
신국판 / 312쪽
15,000원(CD롬)

독학으로 이탈리아 간다

최보선 저
46배판 / 598쪽
25,000원

**동사를 알면
이탈리아어가 보인다**

최보선 저
46배판 / 616쪽
28,000원(CD롬)

여행필수 이탈리아어회화

허인 편저

B6 / 288쪽

6,500원

영어대조 이탈리아어 회화

허인 편저

46판 / 224쪽

8,000원
(테이프2개포함 15000원)

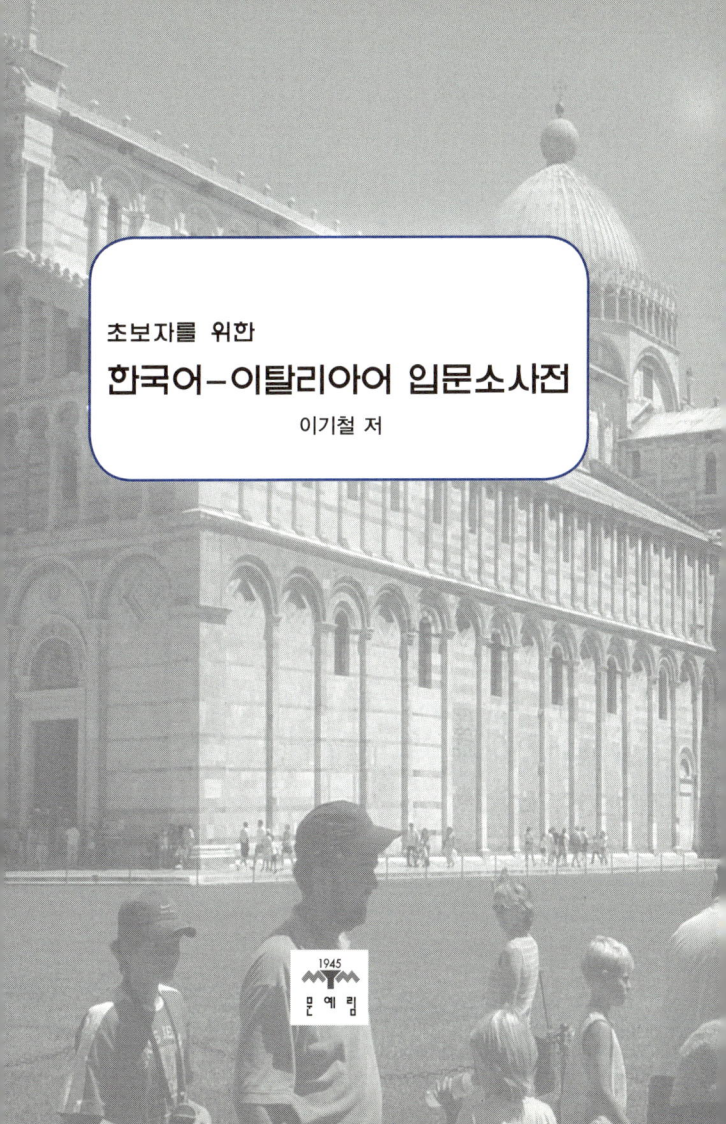

초보자를 위한
한국어-이탈리아어 입문소사전

이기철 저

유럽으로 여행을 떠나는 사람이라면 반드시 들리고 싶고, 들려야 하는 곳이 이탈리아이다. 왜냐하면 이탈리아는 유럽 역사와 문화의 중심이며 인간이 창조해 놓은 수많은 걸작이 오늘 날까지 살아 숨 쉬고 있는 거대한 박물관이기 때문이다.

 우리가 흔히 말하는 '이탈리아'라는 나라의 역사는 그리 길지 않다. 이탈리아가 통일을 이룬 해가 1861년이기 때문이다. 이탈리아 통일이 완성되기 전까지 '이탈리아'가 의미하는 것은 단지 알프스 산맥 이남의 장화 모양으로 생긴 모양의 땅이었으며, 서로마 제국이 멸망한 해인 476년부터 1861년까지 이탈리아 반도에는 수많은 도시국가가 존재했기 때문이다. 이러한 이유로 이탈리아는 다양성과 독창성을 동시에 지니고 있는 나라이다.

 여러 문화 중에서 까푸치노, 스빠게띠 등의 이탈리아 음식 문화는 이미 우리에게 매우 친숙한 존재가 되었고, 패션과 디자인 분야 또한 우리의 삶 속에 스며든 지 오래이다. 이탈리아의 다양한 문화가 우리에게 소개됨에 따라 이탈리아인들이 사용하는 언어 또한 자연스럽게 우리에게 알려졌다.

 이 책 속에 일상생활에서 필수적인 이탈리아어 기본 단어들을 한글 발음과 함께 소개하였다. 이 작은 책이 이탈리아어를 처음 공부하는 분들에게 뿐만 아니라, 이탈리아로 여행을 떠나는 분들에게 유용한 도구가 되길 바란다.

2012년 3월. 이기철

차례

머리말	3
ㄱ	5
ㄴ	35
ㄷ	43
ㄹ	56
ㅁ	59
ㅂ	72
ㅅ	90
ㅇ	117
ㅈ	147
ㅊ	167
ㅋ	176
ㅍ	181
ㅌ	186
ㅎ	194
부록	205

ㄱ

가게	il negozio 일 네고찌오
가격	il prezzo 일 쁘렛쪼
가까운	vicino 비치노
가깝다	essere vicino 엣세레 비치노
가난	la povertà 라 뽀베르따
가격표	il listino del prezzo 일 리스띠노 델 쁘렛쪼
가구	il mobile / l'armadio 일 모빌레 / 라르마디오
가구가 비치된	arredato / ammobiliato 아레다또 / 암모빌리아또
가구점	il negozio dei mobili 일 네고찌오 데이 모빌리
가끔	ogni tanto / talvolta 온니 딴또 / 딸볼따
가능하다면	se possibile 세 뽀씨빌레
가난하다	essere povero 에쎄레 뽀베로
가난한	povero 뽀베로
가는, 가느다란	fine 피네
가능성	la possibilità 라 뽀씨빌리따
가능하다	essere possibile 에쎄레 뽀씨빌레
가능한	possibile 뽀시빌레
가다	andare 안다레

한국어	이탈리아어
가려움	il prurito 일 쁘루리또
가뭄	la siccità 라 시치따
가루	la polvere 일 뽈베레
가발	la parrucca 라 빠루까
가르마	la riga 라 리가
가방	la borsa 라 보르사
가르치다	insegnare 인세냐레
가벼운	leggero 레제로
가르키다	indicare 인디까레
가솔린	la benzina 라 벤지나
가면	la maschera 라 마스께라
가스	il gas 일 가스
가능한한 빨리	al più presto possibile 알 쀼 쁘레스또 뽀씨빌레
가득 차 있다	essere pieno 에쎄레 삐에노
가루비누	il sapone di polvere 일 사뽀네 디 뽈베레
가리다(숨기다)	nascondere 나스꼰데레
가리비(조개류)	la capasanta 라 까빠산따
가사 도우미	la governante 라 고베르난떼
가수	il cantante(남자)/ la cantante(여자) 일 깐딴떼/라 깐딴떼

가슴	il petto 일 뻿또	가정(家庭)	la famiglia 라 파밀리아
가습기	l'umidificatore 루미디피까또레	가정하다	ipotizzare 이뽀띠자레
가시	la spina 라 스피나	가져오다	portare 뽀르따레
가운데에	al centro 알 첸뜨로	가족	la famiglia 라 파밀리아
가운뎃손가락	il medio 일 메디오	가죽	la pelle / il cuoio 라 뻴레/일 꾸오요
가위	le forbici 레 포르비치	가지(나무의)	il ramo 일 라모
가을	l'autunno 라우뚠노	가지(야채)	la melanzana 라 멜란자나
가입하다	iscriversi 이스끄리베르시	가지다	avere 아베레
가정(假定)	l'ipotesi 리뽀떼지	가지치기	la potatura 라 뽀따뚜라

가스레인지	il fornello a gas 일 포르넬로 아 가스
가장(가족)	il capofamiglia(남자)/la capofamiglia(여자) 일 까뽀파밀리아 / 라 까뽀파밀리아
가전제품	l'elettrodomestico 렐레뜨로도메스띠꼬
가져가다	prendere / portare 쁘렌데레/뽀르따레

한국어	이탈리아어
가짜의	falso 팔소
가치	il valore 일 발로레
가치있는	valido 발리도
각자	ognuno 오뉴노
간	il fegato 일 페가또
간격	la distanza 라 디스딴자
간단한	semplice 셈쁠리체
간섭하다	intervenire 인떼르베니레
간식	la merenda 라 메렌다
간염(의학)	l'epatite 레빠띠떼
간장	la salsa di soia 라 살사 디 소이아
간접의	indiretto 인디렛또
간청하다	pregare 쁘레가레
간통	l'adulterio 라둘떼리오
가축	l'animale domestico 라니말레 도메스띠꼬
각자 부담하다	pagare alla romana 빠가레 알라 로마나
간식을 먹다	fare la merenda 파레 라 메렌다
간접목적보어	il complemento oggetto indiretto 일 꼼쁠레멘또 오젯또 인디렛또
간접적으로	indirettamente 인디레따멘떼
간호원	l'infermiere(남자) / l'infermiera(여자) 린페르미에레 / 린페르미에라

한국어	이탈리아어	한국어	이탈리아어
간판	l'insegna 린세냐	감기	il raffreddore 일 라프레도레
갈대	la canna 라 깐나	감독	l'allenatore 랄레나또레
갈색의	marrone 마로네	감동	l'emozione 레모찌오네
갈아타기	il trasferimento 일 뜨라스페리멘또	감미료	il dolcificante 일 돌치피깐떼
갈아타다	cambiare 깜비아레	감사합니다.	Grazie! 그라찌에
갈증	la sete 라 세떼	감소하다	diminuire 디미누이레
감(과일)	il caco 일 까꼬	감옥	la prigione 라 쁘리죠네
감각	il senso 일 센소	감자	la patata 라 빠따따

한국어	이탈리아어
감기약	la medicina per raffreddore 라 메디치나 뻬르 라프레도레
감사	il ringraziamento 일 링그라찌아멘또
감염되다	essere contaminato 엣세레 꼰따미나또
감정	il sentimento / la senzazione 일 센띠멘또 / 라 센사찌오네
감자튀김	la pattatina fritta 라 빠따띠나 프릿따

한국어	이탈리아어	한국어	이탈리아어
갑시다	Andiamo! 안디아모!	강장제	il ricostituente 일 리꼬스띠뚜엔떼
값	il prezzo 쁘렛쪼	강조하다	sottolineare 소또리네아레
값이 비싼	caro 까로	강한	forte 포르떼
값이 싼	basso 바쏘	갚다	ripagare 리빠가레
강(江)	il fiume 일 퓨메	개(동물)	il cane 일 까네
강낭콩	il fagiolo bianco 일 파졸로 비앙꼬	개관적인	oggettivo 오젯띠보
강도	il rapinatore 일 라삐나또레	개구리	la rana 라 라나
강력한	potente 뽀뗀떼	개념	il concetto 일 꼰쳇또
강수량	la piovosità 라 삐오보시따	개미	la formica 라 포르미까

감탄사(문법)   l'interiezione
린떼리에찌오네

갑자기   ad un tratto / improvvisamente
아둔 뜨랏또 / 임쁘로비자멘떼

값이 적당한   ragionevole
라죠네볼레

갓난아이   il bimbo(남자) / la bimba(여자)
일 빔보 / 라 빔바

한국어	이탈리아어	한국어	이탈리아어
개인	l'individuo 린디비두오	거절하다	rifiutare 리퓨따레
개최하다	organizzare 오르가니짜레	거주자	l'abitante 라비딴떼
객실	la stanza 라 스딴자	거주하다	abitare 아비따레
거기	là / lì 라/리	거지	il mendicante 일 멘디깐떼
거리	la strada / la via 라 스뜨라다/ 라 비아	거짓말	la bugia 라 부지아
거부하다	rifiutare 리피우따레	거짓말쟁이	il bugiardo 일 부좌르도
거북이	la tartaruga 라 따르따루가	거짓말하다	mentire 멘띠레
거스름돈	gli spiccioli 리 스피쑐리	거품	la schiuma 라 스끼우마
거실	il soggiorno 일 소죠르노	걱정스런	preoccupato 쁘레오꾸빠또
거울	lo specchio 로 스뻬끼오	걱정하다	preoccuparsi 쁘레오꾸빠르시
거위	l'oca 로까	건강	la salute 라 살루떼
거의	quasi 꽈지	건강한	sano 사노
걱정	la preoccupazione 라 쁘레오꾸빠지오네		

한국어	이탈리아어
건기	la stagione secca 라 스따죠네 세까
건너가다	attraversare 아뜨라베르사레
건드리다	toccare 또까레
건배!	Salute! 살룻떼!
건설	la costruzione 라 꼬스뜨루찌오네
건설하다	costruire 꼬스뜨루이레
건조기	l'asciugatrice 라슈가뜨리체
건널목	il passaggio pedonale 일 빠사죠 뻬도날레
건물	il palazzo / l'edificio 일 빨랏쪼 / 레디피쵸
건전지	la pila / la batteria 라 삘라 / 라 바떼리아
걸어갑시다!	Andiamo a piedi! 안디아모 아 삐에디!
검사(檢查), 조사	l'osservazione / l'esame 로세르바찌오네/레자메
검역소	la stazione di quarantena 라 스따지오네 디 꽈란떼나
건축	l'architettura 라르끼떼뚜라
건축가	l'architetto 라르끼떼또
걷다	camminare 깜미나레
걸레	lo straccio 로 스뜨라쵸
검(무기)	la spada 라 스빠다
검사(檢事)	il procuratore 일 쁘로꾸라또레
검사하다	esaminare 에자미나레

한국어	이탈리아어	한국어	이탈리아어
검은 색의	nero 네로	격언	il proverbio 일 쁘로베르비오
검표원(기차)	il controllore 일 꼰뜨롤로레	격의 없는	confidenziale 꼰피덴지알레
겉표지	la copertina 라 꼬뻬르띠나	견고한	resistente 레지스뗀떼
게	il granchio 일 그란끼오	견디다	resistere 레지스떼레
게으른	pigro 삐그로	견디다	sopportare 소뽀르따레
게으름뱅이	il pigro 일삐그로	견본	il campione 일 깜삐오네
게임	il gioco 일 죠꼬	견인	il rimorchio 일 리모르끼오
겨울	l'inverno 린베르노	견적	il preventivo 일 쁘레벤띠보
겨자	la senape 라 세나뻬	결과	il risultato 일 리줄따또
격식적인	formale 포르말레	결국	infine 인피네

한국어	이탈리아어
겨울 방학	le vacanze invernali 레 바깐제 인베르날리
견인하다	trainare / rimorchiare 뜨라이나레 / 리모르끼아레
게살	la polpa di granchio 라 뽈빠 디 그란끼오

한국어	이탈리아어	한국어	이탈리아어
결근	l'assenza 라쎈자	결점	il difetto 일 디펫또
결론	la conclusione 라 꼰끌루지오네	결정	la decisione 라 데치지오네
결승전	la partita finale 라 빠르띠따 피날레	결정을 하다	decidere 데치데레
결심	la decisione 라 데치지오네	결합	l'unificazione 루니피까찌오네
결심하다	decidere 데치데레	결핵	la tubercolosi 라 뚜베르꼴로지

결코 ~이 아니다	non ~ mai 논~마이
결혼 생활	la vita matrimoniale 라 비따 마뜨리모니알레
결혼 케이크	la torta nuziale 라 또르따 누찌알레
결혼 피로연	il pranzo di nozze 일 쁘란조 디 놋제
결혼식	la cerimonia matrimoniale 라 체리모냐 마뜨리모니알레
경공업	l'industria leggera 린두스뜨리아 레제라
경기 결과	il risultato della partita 일 리줄따또 델라 빠르띠따
경기(景氣)	la situazione economica 라 시뚜아지오네 에꼬노미까

한국어	이탈리아어	한국어	이탈리아어
결혼	il matrimonio 일 마뜨리모니오	경영하다	gestire 제스띠레
결혼하다	sposarsi 스뽀자르시	경우	il caso 일 까조
겸손한	modesto 모데스또	경작	la coltivazione 라 꼴띠바지오네
경계선	la frontiera 라 프론띠에라	경작자	il coltivatore 일 꼴띠바또레
경기장	lo stadio 로 스따디오	경작하다	coltivare 꼴띠바레
경비원	la guardia 라 과르디아	경쟁자	il competitore 일 꼼뻬띠또레
경사진	inclinato 인끌리나또	경쟁하다	competere 꼼뻬떼레
경연대회	il concorso 일 꼰꼬르소	경제	l'economia 레꼬노미아
경영	la gestione 라 제스띠오네	경제학	l'economia 레꼬노미아

경기(競技)	la partita / la gara 라 빠르띠따 / 라 가라
경력	la carriera / l'esperienza 라 까리에라 / 레스뻬리엔자
경쟁	la competizione 라 꼼뻬띠찌오네
경음악	la musica leggera 라 무지까 레제라

한국어	이탈리아어	한국어	이탈리아어
경제학자	l'economista 레꼬노미스따	계산기	la calcolatrice 라 깔꼴라뜨리체
경주	la corsa 라 꼬르사	계산대	la cassa 라 깟사
경찰	la polizia 라 뽈리찌아	계산서	il conto 일 꼰또
경치	il panorama 일 빠노라마	계산하다	calcolare 깔꼴라레
경험	l'esperienza 레스뻬리엔자	계속	la continuità 라 꼰띠누이따
곁에	accanto 아깐또	계약	il contratto 일 꼰뜨랏또
계란	l'uovo 루오보	계약서	il contratto 일 꼰뜨랏또
계산	il calcolo 일 깔꼴로	계약하다	fare il contratto 파레 일 꼰뜨랏또

경찰서	la stazione di polizia 라 스따찌오네 디 뽈리찌아
경호원, 보디가드	il corpo di guardia 일 꼬르뽀 디 과르디아
계단	la scala / il gradino 라 스깔라 / 일 그라디노
계좌	il conto corrente 일 꼰또 꼬렌떼
계좌를 열다	aprire un conto corrente 아쁘리레 운 꼰또 꼬렌떼

한국어	이탈리아어
계절	la stagione 라 스따죠네
계좌 잔액	il saldo 일 살도
계피	la cannella 라 깐넬라
계획	il progetto 일 쁘로젯또
계획하다	proggettare 쁘로제따레
고개(지형)	il passo 일 빠쏘
고고학	l'archeologia 라르께올로좌
고구마	la patata dolce 라 빠따따 돌체
고귀한	prestigioso 쁘레스띠죠조
고급 호텔	l'hotel di lusso 로뗄 디 룻소
고급의	lusso 룻소
고기	la carne 라 까르네
고난	la difficoltà 라 디피꼴따
고대	l'antichità 란띠끼따
고도	l'altezza 랄뗏짜
고등어	lo sgombro 로 즈곰브로
고등학교	il liceo 일 리체오
고려하다	considerare 꼰시데라레
고르다	scegliere 쉘리에레
고마워하다	ringraziare 링그라찌아레
고고학자	l'archeologo(남자)/l'archeologa(여자) 라르께올로고 / 라르께올로가
고급 코스	il corso superiore 일 꼬르소 수뻬리오레
고르곤졸라 치즈	la gorgonzola 라 고르곤졸라

한국어	이탈리아어	한국어	이탈리아어
고막(신체)	il timpano 띰빠노	고백	la confessione 라 꼰페시오네
고맙습니다.	Grazie! 그라찌에!	고백하다	confessare 꼰페사레
고무	la gomma 라 곰마	고상한	nobile 노빌레
고무줄	l'elastico 렐라스띠꼬	고속도로	l'autostrada 라우또스라다
고발하다	denunciare 데눈챠레	고양이	il gatto 일 갓또

고생	la vita dura / la vita difficile 라 비따 두라 / 라 비따 디피칠레
고아	l'orfano(남자) / l'orfana(여자) 로르파노 / 로르파나
고요한	tranquillo / sereno / silenzioso 뜨랑뀔로 / 세레노 / 실렌찌오조
고용	l'impiego / l'occupazione 림삐에고 / 로꾸빠찌오네
고용계약	il contratto di lavoro 일 꼰뜨랏또 디 라보로
고용주	il datore di lavoro 일 다또레 디 라보로
고의적으로	intenzionalmente 인뗀찌오날멘떼
고전 음악	la musica classica 라 무지까 끌라시까

한국어	이탈리아어
고용하다	impiegare 임삐에가레
고장	il guasto 일 과스또
고장나다	guastarsi 과스따르시
고전의	classico 끌라시꼬
고정된	fisso 피쏘
고집	l'insistenza 린시스뗀짜
고집하다	insistere 인시스떼레
고추	il peperoncino 일 뻬뻬론치노
고층 빌딩	il grattacielo 일 그라따치엘로
고치다(수리하다)	riparare 리빠라레
고향	il paese natale 일 빠에제 나딸레
고혈압	l'ipertensione 리뻬르뗀시오네
곤란	la difficoltà 라 디피꼴따
곤란한	difficoltoso 디피꼴또조
곧바로	subito 수비또
골목	il vicolo 일 비꼴로
고추가루	la polvere di peperoncino 라 뽈베레 디 뻬뻬론치노
고추장	la salsa di peperoncino 라 살사 디 뻬뻬론치노
고치다(치료하다)	curare / guarire 꾸라레 / 과리레
골동품	l'oggetto d'antiquariato 로제또 단띠꽈리아또
골동품 가게	il negozio di antiquariato 일 네고찌오 디 안띠꽈리아또

한국어	이탈리아어	한국어	이탈리아어
골인	il gol / 일 골	공격	l'attacco / 라따꼬
골절	la frattura / 라 프라뚜라	공격하다	attaccare / 아따까레
골짜기	la valle / 라 발레	공고(公告)	l'avviso / 라비조
골키퍼	il portiere / 일 뽀르띠에레	공공의	pubblico / 뿌블리꼬
골프	il golf / 일 골프	공과대학	il Politecnico / 일 뽈리떼끄니꼬
곰(동물)	l'orso / 로르소	공군	l'aeronautica / 라에로나우띠까
곱다(예쁘다)	essere bello / 엣세레 벨로	공급	il fornimento / 일 포르니멘또
공	la palla / 라 빨라	공급하다	fornire / 포르니레
공간	lo spazio / 로 스빠찌오	공기	l'aria / 라리아

골프공	la pallina da golf / 라 빨리나 다 골프
골프를 치다	giocare a golf / 죠까레 아 골프
공개적으로	apertamente / 아뻬르따멘떼
공무원	l'impiegato statale / 림삐에가또 스따딸레

한국어	이탈리아어	한국어	이탈리아어
공립학교	la scuola statale 라 스꾸올라 스따딸레	공유하다	condividere 꼰디비데레
공부	lo studio 로 스뚜디오	공작(새)	il pavone 일 빠보네
공부를 하다	studiare 스뚜디아레	공장	la fabbrica 라 파브리까
공식	la formula 라 포르물라	공장 노동자	l'operaio 로뻬라이오
공식적인	ufficiale 우피치알레	공증인	il notaio 일 노따이오
공업	l'industria 린두스뜨리아	공책	il quaderno 일 꽈데르노
공연	lo spettacolo 로 스뻬따꼴로	공평하게	ugualmente 우괄멘떼
공원	il parco 일 빠르꼬	공항	l'aeroporto 라에로뽀르또

공문서   il documento ufficiale
         일 도꾸멘또 우피치알레

공업 지역   la zona industriale
           라 조나 인두스뜨리알레

공업화   l'industrializzazione
         인두스뜨리알리자찌오네

공중 목욕탕   il bagno pubblico
             일 바뇨 뿌블리꼬

공중 전화   il telefono pubblico
           일 뗄레포노 뿌블리꼬

한국어	이탈리아어	한국어	이탈리아어
공현축일	l'Epifania 레삐파니아	과일	la frutta 라 프룻따
공휴일	il giorno festivo 일 조르노 페스띠보	과자	il dolciume 일 돌츄메
과거	il passato 일 빠사또	과장하다	esagerare 에사제라레
과수	l'albero di frutta 랄베로 디 프룻따	과정	il corso 일 꼬르소
과실(잘못)	l'errore 레로레	과학	la scienza 라 쉔자
과로			il lavoro eccessivo 일 라보로 에체시보
과목			la materia scolastica 라 마떼리아 스꼴라스띠까
과속			l'eccesso di velocità 레체쏘 디 벨로치따
과일 가게			il negozio di frutta 일 네고찌오 디 프룻따
관광 버스			l'autobus turistico 라우또부스 뚜리스띠꼬
관광 안내소			l'informazione turistica 린포르마찌오네 뚜리스띠까
관광 지도			la cartina turistica 라 까르띠나 뚜리스띠까
관광객			il turista / la turista 일 뚜리스따(남자) / 라 뚜리스따(여자)

과학자	il scientifico 일 쉔띠피꼬	관세	la tassa doganale 라 땃싸 도가날레
관객	il pubblico 일 뿌블리꼬	관심, 흥미	l'interesse 린떼레쎄
관계	a relazione 라 렐라찌오네	관절	la giuntura 라 쥰뚜라
관광	il turismo 일 뚜리즈모	관절염	l'artrite 라르뜨리떼
관람객	lo spettatore 로 스페따또레	관절통	l'artralgia 라르뜨랄쟈
관리	l'amministrazione 람미니스뜨라찌오네	관점	il punto di vista 일 뿐또 디 비스따
관리인	l'amministratore 람미니스뜨라또레	관중	il pubblico 일 뿌블리꼬
관리하다	amministrare 암미니스뜨라레	관청	l'ufficio governativo 루피쵸 고베르나띠보
관사(문법)	l'articolo 라르띠꼴로	광고	la pubblicità 라 뿌블리치따

관광지   il luogo turistico
일 루오고 뚜리스띠꼬

관람권(입장권)   il biglietto d'entrata
일 빌리엣또 덴뜨라따

관람료   la tassa d'ingresso
라 땃사 딩그레쏘

관리비(아파트)   il condominio
일 꼰도미니오

광고판	l'insegna 린세냐	교대	il turno 일 뚜르노
광선	il raggio 일 랏죠	교대하다	fare il turno 파레 일 뚜르노
광장	la piazza 라 삐앗자	교사	l'insegnante 린세냔떼
괴로운	sofferente 소페렌떼	교실	la classe / l'aula 라 끌라쎄/ 라울라
괴로움	la sofferenza 라 소페렌자	교역	il commercio 일 꼼메르쵸
괴롭다	essere sofferente 엣세레 소페렌떼	교역하다	commerciare 꼼메르치아레
괴롭히다	importunare 임뽀르뚜나레	교외	la periferia 라 삐리페리아
굉장한	straordinario 스뜨라오르디나리오	교육	l'istruzione 리스뜨루찌오네
교과서	il testo 일 떼스또	교육 대학	il magistero 일 마지스떼로

교섭	il negoziato / la trattativa 일 네고찌아또/ 라 뜨라따띠바
교수, 선생님	il professore(남자) / la professoressa(여자) 일 쁘로페쏘레/라 쁘로페쏘레싸
교육부	il Ministero d'Istruzione 일 미니스떼로 디스뜨루찌오네
교제하다	frequentare qulcuno 프레꿴따레 꽐꾸노

교육자	l'educatore 레두까또레	교환	il cambio 일 깜비오
교육하다	educare 에두까레	교환하다	cambiare 깜비아레
교제	la frequentazione 라 프레꿴따찌오네	교활한	furbo 푸르보
교차로	l'incrocio 링끄로쵸	교회	la chiesa 라 끼에자
교통	il traffico 일 뜨라피꼬	구내 식당	la mensa 라 멘사
교통 경찰	il vigile 일 비질레	구두	le scarpe 레 스까르뻬
교통 신호등	il semaforo 일 세마포로	구두쇠	l'avaro 라바로

교통 사고	l'incidente stradale 린치덴떼 스뜨라달레
교통 표지판	il segnale stradale 일 세냘레 스뜨라달레
교회력	il calendario ecclesiastico 일 깔렌다리오 에끌라시아스띠꼬
교회에 가다	andare in chiesa 안다레 인 끼에자
구경가다	andare a vedere 안다레 아 베데레
구두 가게	il negozio delle scarpe 일 네고찌오 델레 스까르뻬

한국어	이탈리아어	한국어	이탈리아어
구렛나루	la barba 라 바르바	구성하다	comporre 꼼뽀레
구름	la nuvola 라 누볼라	구실	la scusa 라 스꾸자
구름다리	il viadotto 일 비아돗또	구어	la lingua parlata 라 링구아 빠를라따
구릉	la collina 라 꼴리나	구역	la zona / il distretto 라 조나 / 일 디스뜨렛또
구매, 매입	l'acquisto 라뀌스또	구이 요리	l'arrosto 라로스또
구멍	il foro/ il buco 일 포로 / 일 부꼬	구조(救助)	la salvezza 라 살베짜
구명대	la salvagente 라 살바젠떼	구조(構造)	la struttura 라 스뜨루뚜라
구부리다	curvarsi 꾸르바르시	구조가 있는	strutturato 스뜨루뚜라또
구석	l'angolo 랑골로	구조하다	salvare 살바레

구명 보트	la scialuppa di salvataggio 라 샬루빠 디 살바땃죠
구명 재킷	il giubbotto di salvataggio 일 쥬보또 디 살바땃죠
구운 고기	la carne grigliata 라 까르네 그릴리아따
구좌 번호	il numero di conto corrente 일 누메로 디 꼰또 꼬렌떼

구좌	il conto corrente 일 꼰또 꼬렌떼	국경	la frontiera 라 프론띠에라
구출하다	salvare 살바레	국군	l'esercito 레스르치또
구충제	l'insetticida 린세띠치다	국내	l'interno del Paese 린떼르노 델 빠에제
구하다(찾다)	cercare 체르까레	국내선	le linee nazionali 레 리네 나찌오날리
국(스프)	la zuppa 라 쭙빠	국도	la strada statale 라 스뜨라다 쓰따딸레
국가(나라) (이 경우 L자는 대문자)	il Paese 일 빠에제	국민	il popolo 일 뽀뽈로

국가(노래)	l'inno nazionale 린노 나찌오날레
국기(國旗)	la bandiera nazionale 라 반디에라 나찌오날레
국립 공원	il Parco nazionale 일 빠르꼬 나찌오날레
국립 도서관	la Biblioteca nazionale 라 비블리오떼까 나찌오날레
국립 박물관	il Museo nazionale 일 무제오 나찌오날레
국립 의료원	il Centro medico nazionale 일 첸뜨로 메디꼬 나찌오날레
국립대학	l'Università statle 루니베르시따 스따딸레

국번(전화)	il prefisso 일 쁘레피쏘
국보	il tesoro nazionale 일 떼조로 나찌오날레
국영의	statale 스따딸레
국외	l'esterno del Paese 레스떼르노 델 빠에제
국적	la nazionalità 라 나찌오날리따
국제적인	internazionale 인떼르나찌오날레
국채	il titolo di Stato 일 띠똘로 디 스따또
국화(꽃)	il crisantemo 일 크리산떼모
국회	il parlamento 일 빠를라멘또
군대	l'esercito 레세르치또
군인	il soldato 일 솔다또
굴(동굴)	la galleria 라 갈레리아
굴(해산물)	l'ostrica 로스뜨리까
굴뚝	il camino 일 까미노
굵은	grosso 그롯소
굽(구두)	il tacco 일 따꼬
굽다	grigliare 그릴리아레
궁(왕궁)	il palazzo reale 일 빨랏쪼 레알레
권력	il potere 일 뽀떼레
권리	il diritto 일 디릿또
국제선	le linee internazionali 레 리네 인떼르나찌오날리
귀머거리	il sordo(남자) / la sorda(여자) 일 소르도/라 소르다
권하다	offrire / raccomandare 오프리레 / 라꼬만다레

권투	il pugilato 일 뿌질라또
권투 선수	il pugile 일 뿌질레
궤양	l'ulcera 룰체라
귀	l'orecchio 로렉끼오
귀걸이	gli orecchini 리 오레끼니
귀부인	la dama 라 다마
귀빈	l'ospite vip 로스삐떼 빕
귀여운	carino 까리노
귀찮은	fastidio 파스띠디오
규칙	la regola 라 레골라
귀중품	l'oggetto di valore 로젯또 디 발로레
규칙적인, 규칙의	regolare 레골라레
그랜드 피아노	il pianoforte a coda 일 삐아노포르떼 아 꼬다
균형	l'equillibrio 레뀔리브리오
균형잡힌	equilibrato 에뀔리브라또
귤	il mandarino 일 만다리노
그것	quello 꿸로
그녀	lei 레이
그들	loro 로로
그들의	loro 로로
그래(응, 예)	sì 씨
그래서	perciò 뻬르쵸
그램(g)	il grammo 일 그람모

그리고 나서	poi 뽀이	그림	il quadro 일 꽈드로
그러나	ma 마	그림자	l'ombra 롬브라
그렇게	così 꼬지	그만두다	smettere 즈멧떼레
그렇지 않으면	altrimenti 알뜨리멘띠	그물	la rete 라 레떼
그룹	il gruppo 일 그룹뽀	그치다	cessare 쳇사레
그릇	il piatto 일 삐앗또	극(연극)	il teatro 일 떼아뜨로
그리고	e 에	극장	il cinema 일 치네마
그리다(그림)	dipingere 디뺀제레	근면한	diligente 딜리젠떼
그리움	la mancanza 라 망깐자	근시의(눈)	miope 미오뻬
그리워하다	mancare 망까레	근육	il muscolo 일 무스꼴로

그림 엽서	la cartolina illustrata 라 까르똘리나 일루스뜨라따
그저께	l'altro ieri(= l'altrieri) 랄뜨로 이에리(=랄뜨리에리)
근심	la preoccupazione 라 쁘레오꾸빠찌오네

한국어	이탈리아어	한국어	이탈리아어
금(광물)	l'oro 로로	기꺼이	volentieri 볼렌띠에리
금고	la cassaforte 라 까싸포르떼	기념하다	commemorare 꼼메모라레
금붕어	il pesce dorato 일 뻬쉐 도라또	기다리다	aspettare 아스뻿따레
금요일	il venerdi 일 베네르디	기도	la preghiera 라 쁘레기에라
금지된	vietato 비에따또	기르다	allevare 알레바레
금지하다	proibire 쁘로이비레	기름	l'olio 롤리오
긍정적인	positivo 뽀지띠보	기본 요금	la tariffa base 라 따리파 바제
기(旗), 깃발	la bandiera 라 반디에라	기부	la donazione 라 도나찌오네
기간	il periodo 일 뻬리오도	기부하다	donare 도나레
기계	la macchina 라 마끼나	기사(신문)	l'articolo 라르띠꼴로
기계 기술자			il meccanico 일 메까니꼬
기분			l'umore / il sentimento 루모레 / 일 센띠멘또
기쁨			il piacere / la gioia 일 삐아체레 / 라 죠이아

한국어	이탈리아어	한국어	이탈리아어
기숙사	il dormitorio 일 도르미또리오	기저귀	il pannolino 일 빤놀리노
기술	la tecnologia 라 떼끄놀로쟈	기적	il miracolo 일 미라꼴로
기술자	il tecnico 일 떼끄니꼬	기차	il treno 일 뜨레노
기억	il ricordo 일 리꼬르도	기차역	la stazione 라 스따찌오네
기억하다	ricordare 리꼬르다레	기초	la base 라 바제
기온	la temperatura 라 뗌뻬라뚜라	기초적인	fondamentale 폰다멘딸레
기원(한문)	l'origine 로리지네	기침	la tosse 라 똣세

기원하다, 기도하다   pregare
                    쁘레가레

기자회견   la conferenza stampa
           라 꼰페렌자 스땀빠

기차 선로(플랫폼)   il binario
                    일 비나리오

기초 코스   il corso elementare
            일 꼬르소 엘레멘따레

기회를 이용하다   approfittare
                  아쁘로피따레

길을 잃다   perdere la strada
            뻬르데레 라 스뜨라다

32

한국어	이탈리아어	한국어	이탈리아어
기타(악기)	la chitarra 라 끼따라	깊이	la profondità 라 쁘로폰디따
기한	il termine 일 떼르미네	까마귀	il corvo 일 꼬르보
기호(맛)	il gusto 일 구스또	깔때기	l'imbuto 림부또
기회	l'occasione 로까지오네	깨끗한	pulito 뿔리또
기후	il clima 일 끌리마	껍질	la buccia 라 부챠
긴	lungo 룽고	껍질을 벗기다	pelare 뻴라레
긴급한	urgente 우르젠떼	꼬리	la coda 라 모다
길	la strada / la via 라 스뜨라다 / 라 비아	꽃	il fiore 일 피오레
길이	la lunghezza 라 룽겟자	꽃가루	il polline 일 뽈리네
깊은, 심오한	profondo 쁘로폰도	꽃등심	il controfiletto 일 꼰뜨로필렛또

깨어나다(잠에서)　　svegliarsi
　　　　　　　　　　즈벨리아르시

껌　　la gomma da masticare
　　　라 곰마 다 마스띠까레

꽃가게　　il negozio di fiori
　　　　　일 네고찌오 디 피오리

꽃병	il vaso 일 바조	끄다(불)	spegnere 스뻬녜레
꽃이 피다	fiorire 피오리레	끈(줄)	la corda 라 꼬르다
꿀	il miele 일 미엘레	끓이다	bollire 볼리레
꿈	il sogno 일 소뇨	끝	la fine 라 피네
꿈을 꾸다	sognare 소냐레	끝나다, 끝내다	finire 피니레
꿩	il fagiano 일 파지아노		

ㄴ

한국어	Italiano	발음
나	io	이오
나누다	dividere	디비데레
나머지	il resto	일 레스또
나무	l'albero	랄베로
나뭇가지	il ramo	일 라모
나뭇잎	la foglia	라 폴리아
나비	la farfalla	라 파르팔라
나쁜	brutto / cattivo	브룻또 / 까띠보
나라, 국가	il Paese / la nazione	일 빠에제 / 라 나찌오네
나비 넥타이	la cravatta a farfalla	라 끄라바따 아 파르팔라
나쁜(좋지 않은) 기분	il cattivo umore	일 까띠보 우모레
나쁜, 못생긴	cattivo	까띠보
나사못	la vite	라 비떼
나오다, 외출하다	uscire	우쉬레
나의	mio / mia	미오 / 미아
나이	l'età	레따
나이프	il coltello	일 꼴뗄로
나침반	la bussola	라 붓솔라
나타나다	apparire	아빠리레
나팔	la tromba	라 뜨롬바
낙관주의자	l'ottimista	로띠미스따

한국어	이탈리아어	한국어	이탈리아어
낙담한	disperato 디스뻬라또	날다	volare 볼라레
낙타	il cammello 일 까멜로	날마다	ogni giorno 온니 죠르노
낙태	l'aborto 라보르또	날씨	il tempo 일 뗌뽀
낙태하다	abortire 아보르띠레	날씬한	snello 즈넬로
낚시	la pesca 라 뻬스까	날짜	la data 라 다따
낚시 바늘	l'amo 라모	낡은	vecchio 베끼오
난간	la ringhiera 라 링기에라	남(다른 사람)	l'altro 랄뜨로
난방	il riscaldamento 일 리스깔다멘또	남극	il polo sud 일 뽈로 수드
날(日)	il giorno 일 죠르노	남다	rimanere 리마네레

낚시대   la canna da pesca 라 깐나 다 뻬스까

남아메리카   l'America del Sud 라메리까 델 수드

나이트 투어   la gita notturna 라 지따 노뚜르나

남자 친구(애인 관계)   il ragazzo 일 라갓쪼

남동생	il fratello 일 프라뗄로	낮추다	abbassare 아바사레
남성의	maschile 마스낄레	낯설은	sconosciuto 스꼬노슈또
남자	l'uomo 루오모	낳다	nascere 나쉐레
남쪽	il sud 일 수드	내과 의사	l'internista 린떼르니스따
남편	il marito 일 마리또	내기를 하다	scommettere 스꼼메떼레
남한	la Corea del Sud 라 꼬레아 델 수드	내년	l'anno prossimo 란노 쁘롯시모
납품	la consegna 라 꼰세냐	내려가다	scendere 쉔데레
낭만적인	romantico 로만띠꼬	내리다(물건을)	scaricare 스까리까레
낭비하다	sprecare 스쁘레까레	내복	l'intimo 린띠모
낮	il giorno 일 죠르노	내용	il contenuto 일 꼰떼누또
낮다(병이)	guarire 구아리레	내일	domani 도마니
낮잠	il pisolino 일 삐졸리노	냄비	la pentola 라 뻰똘라
내리다(탈것에서)			scendere 쉔데레

냄새	l'odore 로도레
냄새를 맡다	sentire 센띠레
냅킨	il tovagliolo 일 또발리올로
냉수	l'acqua fredda 라꾸아 프레다
냉장고	il frigorifero 일 프리고리페로
너	tu 뚜
너무	troppo 뜨롭뽀
너의	tuo / tua 뚜오 / 뚜아
너트(nut)	il dado 일 다도
냇물	il ruscello / il torrente 일 루쉘로 / 일 또렌떼
네덜란드 사람	l'olandese (남자) / l'olandese (여자) 롤란데제 / 롤란데제
넥타이핀	la fermacravatta 라 페르마끄라밧따
노동비	il costo di lavoro 일 꼬스또 디 라보로
너희들	voi 보이
너희들의	vostro / vostra 보스뜨로 / 보스뜨라
넓은	largo 라르고
넓이	la larghezza 라 라르겟자
넘어지다	cadere 까데레
네(yes)	Sì 씨
네덜란드	l'Olanda 롤란다
네모난	quadrato 꽈드라또
네번째의	quarto 꽈르뜨

넥타이	la cravatta 라 끄라밧따	노조	il sindacato 일 신다까또
넷	quattro 꽛뜨로	노트	il quaderno 일 꽈데르노
노동, 일	il lavoro 일 라보로	녹두	il fagiolo mungo 일 파죨로 룽고
노란색의	giallo 쫠로	녹음	la registrazione 라 레지스뜨라찌오네
노래	la canzone 라 깐쪼네	녹음기	il registratore 일 레지스뜨라또레
노래를 부르다	cantare 깐따레	녹음하다	registrare 레지스뜨라레
노력	lo sforzo 로 스포르쪼	녹차	il tè verde 일 떼 베르데
노새	l'asino 라지노	논	la risaia 라 라자이아
노인	il vecchio 일 베끼오	논문	la tesi 라 떼지

노래방	la sala da karaoke 라 살라 다 까라오께
노크하다	bussare la porta 붓사레 라 뽀르따
노트북 컴퓨터	il computer portatile 일 꼼뿌떼르 뽀르따띨레
농부, 농민	il contadino / l'agricoltore 일 꼰따디노 / 라그리꼴또레

한국어	이탈리아어	발음
놀다	giocare	죠까레
놀음	il gioco (d'azzardo)	일 죠꼬(다자르도)
농구	il pallacanestro	일 빨라까네스뜨로
농담	lo scherzo	로 스께르쪼
농담을 하다	scherzare	스께르짜레
농어(생선)	il branzino	일 브란지노
농업	l'agricoltura	라그리꼴뚜라
높은	alto	알또
높은 가격	il prezzo alto	일 쁘렛쪼 알또
높이	l'altezza	랄뗏짜
놓다	porre / mettere	뽀레 / 멧떼레
놓치다	perdere	뻬르데레
뇌염	l'encefalite	렌체팔리떼
누구	chi	끼
누구든지	chiunque	끼웅꿰
누구세요?	Chi è?	끼 에?
뇌종양	il tumore al cervello	일 뚜모레 알 체르벨로
뇌진탕	il trauma cranico	일 뜨라우마 끄라니꼬
누구세요?(전화상)	Chi parla?	끼 빠를라?
누나	la sorella maggiore	라 소렐라 마죠레
눈사람	il pupazzo di neve	일 뿌빠쪼 디 네베

누나	la sorella 라 소렐라	눕다	sdraiarsi 즈드라이아르시
누르다	premere 쁘레메레	뉘앙스	la sfumatura 라 스푸마뚜라
눈(기후)	la neve 라 네베	뉴스	la notizia 라 노띠찌아
눈(신체)	l'occhio 로끼오	느끼다	sentire 센띠레
눈물	la lacrima 라 라끄리마	느린	lento 렌또
눈썹	le sopracciglia 레 소쁘라칠리아	느슨한	largo 라르고
눈을 뜨다	aprire gli occhi 아쁘리레 리 오끼	늑대	il lupo 일 루뽀
눈이 내리다	nevicare 네비까레	늘(언제나)	sempre 셈쁘레

눈을 감다	chiudere gli occhi 끼우데레 리 오끼
눕히다(침대에)	mettere a letto 멧떼레 아 렛또
느낌	il sentimento / la senzazione 일 센띠멘또 / 라 센사찌오네
능(왕의 무덤)	la tomba reale 라 똠바 레알레
늦게 도착하다	arrivare tardi 아리바레 따르디

늘씬하다	essere snello 엣쎄레 즈넬로
늙은	vecchio 베끼오
능동적인	attivo 아띠보
능력	la capacità 라 까빠치따
능숙하다	essere abile 엣세레 아빌레
늦게	tardi 따르디
늦다	tardare 따르다레
늦은	tardiva 따르디바
니코틴	la nicotina 라 니꼬띠나

ㄷ

다가가다	avvicinarsi 아비치나르씨
다과점	la pasticceria 라 빠스띠체리아
다금바리(생선)	la spigola 라 스삐골라
다루다	trattare 뜨라따레
다른	altro 알뜨로
다른 방법	l'altro modo 랄뜨로 모도
다른 사람	l'altro uomo 랄뜨로 우오모
다리(교량)	il ponte 일 뽄떼
다리(사람의)	la gamba 라 감바
다리다	stirare 스띠라레
다리미	il ferro da stiro 일 페로 다 스띠로
다리미질하다	stirare 스띠라레
다섯	cinque 칭꿰
다섯째	quinto 뀐또
다스	la dozzina 라 도찌나
다스리다	governare 고베르나레
다시	di nuovo 디 누오보
다양한	diverso 디베르소
다락방	l'attico / la mansarda 라띠꼬 / 라 만사르다
다시 한 번	ancora una volta 앙꼬라 우나 볼따
다음 달	il prossimo mese 일 쁘로씨모 메제

한국어	이탈리아어	한국어	이탈리아어
다이빙	il tuffo 일 뚜포	단(맛)	dolce 돌체
다이아몬드	il diamante 일 디아만떼	단골	il cliente 일 끌리엔떼
다이어트	la dieta 라 디에따	단과대학	la facoltà 라 파꼴따
다치다	ferire 페리레	단단한	duro 두로
다투다	litigare 리띠가레	단백질	la proteina 라 쁘로떼이나
닦다	pulire 뿔리레	단수	il singolare 일 싱골라레

다음 번 — la prossima volta
라 쁘로씨마 볼따

다음 주 — la prossima settimana
라 쁘로씨마 세띠마나

다음 해 — il prossimo anno
일 쁘로씨모 안노

다음의 — prossimo / seguente
쁘로씨모 / 세구엔떼

다이어트를 하다 — fare la dieta
파레 라 디에따

다큐멘타리 — il documentario
일 도꾸멘따리오

단순하게 — semplicemente
셈쁠리체멘떼

단수의	singolare 싱골라레
단순한	semplice 셈쁠리체
단식	il digiuno 일 디쥬노
단식하다	digiunare 디쥬나레
단어	il vocabolo 일 보까볼로
단어집	il vocabolario 일 보까볼라리오
단지, 오로지	soltanto 솔딴또
단체	il gruppo 일 그룹뽀
단추	il bottoncino 일 보똔치노
단편 소설	il racconto 일 라꼰또
단풍나무	l'acero 라체로
닫다	chiudere 끼우데레
달(月)	il mese 일 메제
달(月, 천문)	la luna 라 루나
달걀	l'uovo 루오바
달러($)	il dollaro 일 돌라로
달력	il calendario 일 깔렌다리오
달리다	correre 꼬레레
달콤한	dolce 돌체
닭	il gallo 일 갈로
단체 여행객	il gruppo di turisti 일 그룹뽀 디 뚜리스띠
단체 표	il biglietto collettivo 일 빌리엣또 꼴렛띠보
달이 뜨다	sorgere della luna 소르제레 델라 루나

닭고기	il pollo 일 뽈로	당구	il biliardo 일 빌리아르도
닮다	essere simile 엣세레 씨밀레	당근	la carota 라 까로따
담배 가게	i tabacchi 이 따바끼	당뇨병	il diabete 일 디아베떼
담배를 피우다	fumare 푸마레	당뇨병 환자	il diabetico 일 디아베띠꼬
담보	il deposito 일 데뽀지또	당신	Lei 레이(이 경우 L자는 대문자)
담요	la coperta 라 꼬뻬르따	당신들	voi 보이
답장하다	rispondere 리스뽄데레	당신들의	vostro / vostra 보스뜨로 / 보스뜨라

담배	la sigaretta / il tabacco 라 시가렛따 / 일 따바꼬
담배 꽁초	la cicca / la mozzicone 라 치까 / 라 모찌꼬네
담배를 끊다	smettere di fumare 스메떼레 디 푸마레
당구장	la sala da billiardo 라 살라 다 빌리아르도
당도	il contenuto di zucchero 일 꼰떼누또 디 쭈께로
당일 관광	la gita giornaliera 라 지따 죠르날리에라

당신의 남편	Suo marito 수오 마리또
당신의 아내	Sua moglie 수아 몰리에
당장, 곧	subito 수비또
닻 (선박)	l'ancora 란꼬라
대개	generalmente 제네랄멘떼
대나무	il bambu 일 밤부
대답, 답변	la risposta 라 리스뽀스따
대답하다	rispondere 리스뽄데레
대략	circa 치르까
대령	il colonnello 일 꼴로넬로
대리점	il concessionario 일 꼰체시오나리오
대변	gli escrementi / le feci 리 에스끄레멘띠 / 레 페치
대수도원장	l'abate(남자) / la badessa(여자) 라바떼 / 라 바데싸
대륙	il continente 일 꼰띠넨떼
대명사(문법)	il pronome 일 쁘로노메
대사	l'ambasciatore 람바샤또레
대사관	l'ambasciata 람바샤따
대성당	il duomo 일 두오모
대수도원	l'abbazia 라바지아
대여	il prestito 일 쁘레스띠또
대체	la sostituzione 라 소스띠뚜찌오네
대체하다	sostituire 소스띠뚜이레
대통령	il Presidente 일 쁘레지덴떼

한국어	이탈리아어	한국어	이탈리아어
대파(야채)	il porro / 일 뽀로	더 많은	maggiore / 마죠레
대표자	il rappresentante / 일 라쁘레젠딴떼	더 작은	minore / 미노레
대학 졸업	la laurea / 라 라우레아	더러운	sporco / 스뽀르꼬
대학교	l'università / 루니베르시따	더운	caldo / 깔도
대합실	la sala d'attesa / 라 살라 다떼자	더위	il caldo / 일 깔도
대화	il dialogo / 일 디알로고	덜	meno / 메노
댄스(춤)	il ballo / 일 발로	덥다(날씨가)	fa caldo / 파 깔도
더	più / 쀠	덥다(몸이)	avere caldo / 아베레 깔도

대학생	lo studente universitario / 로 스뚜덴떼 우니베르시따리오
더블룸	la camera doppia / 라 까메라 돕삐아
데이티켓 (day ticket)	il biglietto giornaliero / 일 빌리엣또 죠르날리에로
데치다	sbollentare / scottare / 즈볼렌따레 / 스꼿따레
도달하다	giungere / arrivare / 준제레 / 아리바레

한국어	이탈리아어	한국어	이탈리아어
덮다	coprire 꼬쁘리레	도와줘!	Aiuto! 아이우또!
도구	lo strumento 로 스뜨루멘또	도움	l'aiuto 라이우또
도넛	la ciambella 라 챰벨라	도자기	la ceramica 라 체라미까
도둑	il ladro 일 라드로	도착	l'arrivo 라리보
도매	l'ingrosso 링그로쏘	도표	la tabella 라 따벨라
도매상	il grossista 일 그로시스따	독(毒)	il veleno 일 벨레노
도서관	la biblioteca 라 비블리오떼까	독감	l'influenza 린플루엔짜
도시	la città 라 칫따	독립	l'indipendenza 린디뻰덴짜

도매하다	vendere all'ingrosso 벤데레 알링그로쏘
도수	la gradazione / il grado 라 그라다찌오네 / 일 그라도
도착하다	arrivare / giungere 아리바레 / 쥰제레
독일 사람	il tedesco(남자) / la tedesca(여자) 일 떼데스꼬 / 라 떼데스까
독일어	il tedesco / la lingua tedesca 일 떼데스꼬 / 라 링구아 떼데스까

독립적인	indipendente 인디뺀덴떼
독일	la Germania 라 제르마니아
독자(讀者)	il lettore 일 레또레
독특한	caratteristico 까라떼리스띠꼬
돈을 벌다	guadagnare 과다냐레
돈지갑	il portafoglio 일 뽀르따폴리오
돌다(방향)	girare 지라레
돌보다	curare 꾸라레
돌아오다 (가다)	tornare 또르나레
돕다	aiutare 아이우따레
돗자리	la stuoia 라 스뚜오이야
동굴	la grotta 라 그롯따
동남아	il Sud-Asia 일 수드-아시아
동료	il compagno 일 꼼빠뇨
독자 (獨子)	il figlio unico(남자) / la figlia unica(여자) 일 필리오 우니꼬 / 라 필리아 우니까
독점적으로	esclusivamente 에스끌루시바멘떼
돈 (錢)	il denaro / il soldo 일 데나로 / 일 솔도
돈을 송금하다	fare il bonifico 파레 일 보니피꼬
돋보기	la lente di ingrandimento 라 렌떼 디 인그란디멘또
동메달	la medaglia di bronzo 라 메달리아 디 브론조

50

한국어	이탈리아어	한국어	이탈리아어
동물	l'animale 라니말레	동일하게	ugualmente 우괄멘떼
동물원	lo zoo 로 조	동일한	uguale 우괄레
동사 (문법)	il verbo 일 베르보	동전	la moneta 라 모네따
동사원형	l'infinito 린피니또	동쪽	l'est 레스뜨
동의, 찬성	l'accordo 라꼬르도	돼지	il maiale 일 마이알레
동의어	il sinonimo 일 시노니모	두꺼운	spesso 스펫소

동시성   la contemporaneità
라 꼰뗌뽀라네이따

동시에   contemporaneamente
꼰뗌뽀라네아멘떼

동유럽   l'Europa orientale
레우로빠 오리엔딸레

동의하다   essere d'accordo
엣세레 다꼬르도

동전 지갑   la portamoneta
라 뽀르따모네따

돼지고기   la carne di maiale
라 까르네 디 마이알레

되다   diventare / divenire
디벤따레 / 디베니레

두께	lo spessore 로 스뻬쏘레
두다	porre/mettere 뽀레 / 멧떼레
두드리다, 때리다	battere 바떼레
두려운	pauroso 빠우로조
두려움	la paura 라 빠우라
두려워하다	temere 떼메레
두번째의	secondo 세꼰도
두통	il mal di testa 일 말 디 떼스따
둘	due 두에
둘 다 모두	entrambi 엔뜨람비
둥근	rotondo 로똔도
뒤꿈치	il tallone 일 딸로네
뒤에	dietro 디에뜨로
드라마	il dramma 일 드람마
드라이버	il cacciavite 일 까치아비떼
드럼(악기)	la batteria 라 바떼리아
드릴(drill)	il trapano 일 뜨라빠노
드물게	raramente 라라멘떼
두부	il formaggio di soia / il tofu 일 포르마죠 디 소이아/일 또푸
뒤쪽	la parte posteriore 라 빠르떼 뽀스떼리오레
드라이어 (머리)	l'asciugacapelli / il fon 라슈가까뻴리 / 일 폰
드라이클리닝	il lavaggio a secco 일 라밧죠 아 세꼬

한국어	이탈리아어	한국어	이탈리아어
듣다	ascoltare 아스꼴따레	등산가	l'alpinista 랄삐니스따
들리다(소리가)	sentire 센띠레	등심	il filetto 일 필레또
들리다(장소에)	passare 빠사레	디스켓	il dischetto 일 디스껫또
들어가다 오다)	entrare 엔뜨라레	디스코텍	la discoteca 라 디스꼬떼까
등(불)	la lampada 라 람빠다	디자이너	il designer 일 디자이너
등 (사람의)	il dorso 일 도르소	디자인	il design 일 디자인
등대	il faro 일 파로	디저트	il dessert 일 데세르뜨
등산	l'alpinismo 랄삐니즈모	디지털	il digitale 일 디지딸레

등기 우편	la lettera raccomandata 라 레떼라 라꼬만다따
등산모자	il berretto da alpinismo 일 베렛또 다 알삐니즈모
등산복	l'abbigliamento da alpinismo 라빌리아멘또 다 알삐니즈모
등산화	gli scarponi da montagna 리 스까르뽀니 다 몬따냐
디브디플레이어 (DVD player)	il lettore DVD 일 레또레 디브디

한국어	이탈리아어	한국어	이탈리아어
디지털의	digitale 디지딸레	땅콩	l'arachide 라라끼데
따뜻한	caldo 깔도	때(몸의)	la pelle morta 라 뻴레 모르따
따라가다	seguire 세귀레	때(시간)	il tempo 일 뗌뽀
따르다 (음료를)	versare 베르사레	때때로	ogni tanto 온니 딴또
딸	la figlia 라 필리아	떠나다	partire 빠르띠레
딸기	la fragola 라 프라골라	또 만나(요).	Arrivederci! 아리베데르치!
딸꾹질	il singhiozzo 일 싱기옷조	또, 다시	ancora 앙꼬라
땀	il sudore 일 수도레	또한	anche 앙께
땀을 흘리다	sudare 수다레	똑바로	diritto 디릿또
땅	la terra 라 떼라	뚜껑	il tappo 일 땁뽀

디지털 카메라	la macchina da fotografia digitale 라 마끼나 다 포또그라피아 디지딸레
땅굴	il tunnel / la galleria 일 뚠넬 / 라 갈레리아
때 이른	essere in anticipo 엣세레 인 안띠치뽀

뚱뚱한	grasso 그랏소	뜨거운	bollente 볼렌떼
뛰다	correre 꼬레레	뜯다	aprire 아쁘리레
뛰어난	eccellente 에첼렌떼		

똑똑한	bravo / intelligente 브라보 / 인뗄리젠떼
뜻(의미)	il significato / il senso 일 시니피까또 / 일 센소
뜻밖에	inaspettatamente 인아스뻬따따멘떼
뜸(한방)	la moxibustione 라 모시부스띠오네

ㄹ

라디오	la radio 라 라디오
라이닝(lining)	la fodera 라 포데라
라이터	l'accendino 라첸디노
라켓	la racchetta 라 라껫따
램프	la lampada 라 람빠다
라즈베리(raspberries)	il lampone 일 람뽀네
라틴아메리카	l'America Latina 라메리까 라띠나
라틴어	il latino/la lingua latina 일 라띠노 / 라 링구아 라띠나
러시아 사람	il russo(남자) / la russa(여자) 일 룻소 / 라 룻사
러시아어	il russo / la lingua russa 일 룻소 / 라 링구아 룻사
레드카드	il cartellino rosso 일 까르뗄리노 룻소
러시아	la Russia 라 룻시아
러시아워	l'ora di punta 오라 디 뿐따
럼주	il rum 일 룸
레몬	il limone 일 리모네
레몬즙	il succo di limone 일 수꼬 디 리모네
레몬티	il tè al limone 일 떼 알 리모네
레벨	il livello 일 리벨로

레시피	la ricetta 라 리쳇따	로비(호텔)	il lobby 일 로비
레코드	il disco 일 디스꼬	로프(rope)	la corda 라 꼬르다
렌즈	il lente 일 렌떼	롤필림	il rullino 일 룰리노
렌즈 (카메라)	l'obiettivo 로비에띠보	루마니아	la Romania 라 로마니아
렌트하다	noleggiare 놀레지아레	루비(광물)	il rubino 일 루비노
로봇	il robot 일 로보뜨	리듬	il ritmo 일 리뜨모

레인코트, 비옷	l'impermeabile 림뻬르메아빌레
렌치(wrench 공구)	la chiave 라 끼아베
렌터카	il noleggio della macchina 일 놀렛죠 델라 마끼나
레코드플레이어	i giradischi 이 지라디스끼
루마니아 사람	il romeno(남자) / la romena(여자) 일 로메노 /라 로메나
루마니아어	il romeno / la lingua romena 일 로메노/라 링구아 로메나
룸서비스	il servizio camere 일 세르비찌오 까메레

리본	il nastro 일 나스뜨로	린넨 (linen)	il lino 일 리노
리셉션	la reception 라 리셉션	립스틱	il rossetto 일 로셋또
리스트	la lista 라 리스따	링(고리), 반지	l'anello 라넬로
리터 (liter)	il litro 일 리뜨로	링(권투)	il ring 일 링
리모트콘트롤			il telecomando 일 뗄레꼬만도

ㅁ

마가린	la margarina / 라 마르가리나
마개	il tappo / 일 땁뽀
마늘	l'aglio / 랄리오
마른(몸이)	magro / 마그로
마른, 건조한	secco / 세꼬
마비	la paralisi / 라 빠랄리지
마사지	il massaggio / 일 마사죠
마술	la magia / 라 마지아
마약	la droga / 라 드로가
마요네즈	la maionese / 라 마이오네제
마우스(컴퓨터)	il mouse / 일 마우스
마을	il paese / 일 빠에제
마음	il cuore / 일 꾸오레
마음씨가 좋은	simpatico / 심빠띠꼬
마지막	l'ultimo / 룰띠모
마지막의	ultimo / 울띠모
마차	la carrozza / 라 까롯짜
마천루	il grattacielo / 일 그라따치엘로
마취	l'anestesia / 라네스떼지아
마취제	l'anestetico / 라네스떼띠꼬
마른(젖지 않은)	asciutto / 아슛또
마스크 마시다	bere / prendere / 베레 / 쁘렌데레

마침내	finalmente 피날멘떼	막(연극)	l'atto 랏또
마침표	il punto 일 뿐또	만나다	incontrare 인꼰뜨라레
마스크	la maschera 라 마스께라	만두	il raviolo 일 라비올로
마카로니	i maccheroni 이 마께로니	만들다	fare 파레
마흔(40)	quaranta 꽈란따	만약	se 세

막내 아들	il figlio minore 일 필리오 미노레
막다	impedire / bloccare 임뻬디레 / 블로까레
막차(기차)	l'ultimo treno 룰띠모 뜨레노
만나서 반갑습니다.	Piacere! 삐아체레!
만남의 장소	il punto di incontro 일 뿐또 디 인꼰뜨로
만년필	la penna stilografica 라 뻰나 스띨로그라피까
만약 필요하다면	se è necessario 세 에 네체싸리오
만족스런	soddisfacente / contento 소디스파첸떼 / 꼰뗀또

60

만족	la soddisfazione 라 소디스파찌오네
만족하다	essere contento 엣세레 꼰뗀또
만지다	toccare 또까레
많은, 많이	molto / tanto 몰또 / 딴또
맏아들	il figlio maggiore 일 필리오 마죠레
말(동물)	il cavallo 일 까발로
말(언어)	la parola 라 빠롤라
말다툼을 하다	litigare 리띠가레
말벌	la vespa 라 베스빠
말일	l'ultimo giorno 룰띠모 죠르노
말하다	parlare / dire 빠를라레 / 디레
맑은	chiaro 끼아로
맛	il gusto 일 구스또
맛없다	non è buono 논 에 부오노
맛있는	buono 부오노
맛있다	è buono 에 부오노
망고(과일)	il mango 일 망고
망원경	il cannocchiale 일 깐노끼알레
만지지 마세요!	Non toccare! 논 또까레!
만화 영화	il cartone animato 일 까르또네 아니마또
말다툼	il litigio / la disputa 일 리띠죠/라 디스뿌따
맛보다	gustare / assaggiare 구스따레/아사쥐아레

한국어	이탈리아어	한국어	이탈리아어
망치	il martello 일 마르뗄로	매운	piccante 삐깐떼
망토	il mantello 일 만뗄로	매일	ogni giorno 온니 죠르노
망하다	fallire 팔리레	매입하다	comprare 꼼쁘라레
맡기다	depositare 데뽀지따레	매주	ogni settimana 온니 세띠마나
매너	il galateo 일 갈라떼오	매표소	la biglietteria 라 빌리에떼리아
매년	ogni anno 온니 안노	매표원	il bigliettaio 일 빌리에따이오
매니져	il direttore 일 디레또레	맥주	la birra 라 비라
매니큐어	la manicure 라 마니꾸레	맨션	la villa / il palazzo 라 빌라 / 일 빨랏쪼
매달	ogni mese 온니 메제	맹장염	l'appendicite 라뻰디치떼
매우	molto / tanto 몰또 / 딴또	머리	la testa 라 떼스따
매우 조금	molto poco 몰또 뽀꼬	머리가 벗겨진	calvo 깔보
매력	il fascino / l'attrattiva 일 파쉬노 / 라뜨라띠바		
맥주 한 잔	un bicchiere di birra 운 비끼에레 디 비라		

머리카락	il capello 일 까뻴로
머물다	restare 레스따레
먼	lontano 론따노
먼저	prima 쁘리마
먼지	la polvere 일 뽈베레
멀리	lontano 론따노
멀미	la nausea 라 나우제아
멈추다	fermarsi 페르마르시
멍청한	stupido 스뚜삐도
메뉴	il menu 일 메누
메니져	il direttore 일 디레또레
메달	la medaglia 라 메달리아
메론	il melone 일 멜로네
메모리	la memoria 라 메모리아
메스꺼움	la nausea 라 나우제아
메트리스	il materasso 일 마떼랏소
머리핀	la forcella / la forcina 라 포르첼라 / 라 포르치나
머릿솔	la spazzola per capelli 라 스빠쫄라 뻬르 까뻴리
먹다	mangiare / prendere 만쟈레 / 쁘렌데레
멀미하다 (비행기)	avere mal d'aereo 아베레 말 다에레오
메인 요리	il secondo piatto 일 세꼰도 삐앗또

멕시코	il Messico 일 멧시꼬
멜로디	la melodia 라 멜로디아
멤버	il membro 일 멤브로
멧돼지	il cinghiale 일 칭기알레
며느리	la nuora 라 누오라
며칠	qualche giorno 꽐께 죠르노
면(cotton)	il cotone 일 꼬또네
면도기	il rasoio 일 라조이오
면도하다	fare la barba 파레 라 바르바
면세	il duty free / l'esente da dazio doganale 일 듀티프리 / 레센떼 다 다찌오 도가날레
면세점	il negozio esentasse 일 네고찌오 에센따세
면세품	l'articolo esentasse 라르띠꼴로 에센따쎄
명절, 공휴일	il giorno festivo 일 죠르노 페스띠보
면접	l'intervista 린떼르비스따
면허증	la patente 라 빠뗀떼
멸치	l'acciuga 라츄가
명랑한	allegro 알레그로
명령	l'ordine 오르디네
명사(문법)	il nome 일 노메
명상	la meditazione 라 메디따찌오네
명승지	il luogo famoso 일 루오고 파모조
명인	il maestro 일 마에스뜨로

한국어	이탈리아어	한국어	이탈리아어
명확한	chiaro 끼아로	모기장	la zanzariera 라 잔자리에라
명확히 하다	chiarire 끼아리레	모뎀(modem)	il modem 일 모뎀
몇 년	qualche anno 꽐께 안노	모두	tutti 뚯띠
몇 달	qualche mese 꽐께 메제	모든 것	tutto 뚯또
몇 시에	a che ora 아 께 오라	모든 곳에	dapperttutto 다뻬르뚯또
몇몇의	qualche 꽐께	모래	la sabbia 라 삽비아
모기	la zanzara 라 잔자라	모레	dopodomani 도뽀도마니

명함	il biglietto da visita 일 빌리에또 다 비지따
몇 주	qualche settimana 꽐께 세띠마나
모니터	il monitor / lo schermo 일 모니또르 / 로 스께르모
모닝콜	la sveglia telefonica 라 즈벨리아 뗄레포니까
모닝콜하다	dare la sveglia telefonica 다레 라 즈벨리아 뗄레포니까
모델	il modello(남자) / la modella(여자) 일 모델로 / 라 모델라

모르다	non sapere 논 사페레
모시	la ramia 라 라미아
모양	la forma 레 포르마
모으다	raccogliere 라꼴리에레
모음	la vocale 라 보깔레
모이다	unirsi 우니르시
모자	il cappello 일 까뻴로
모조품	l'imitazione 리미따찌오네
모조하다	imitare 이미따레
모터	il motore 일 모또레
모퉁이	l'angolo 랑골로
모포	la coperta 라 꼬뻬르따
모험	l'avventura 라벤뚜라
모험하다	avventurare 아벤뚜라레
목	il collo 일 꼴로
목걸이	la collana 라 꼴라나
목구멍	la gola 라 골라
목덜미	la nuca 라 누까
목도리	la sciarpa 라 쏴르빠
목록	il listino 일 리스띠노
목소리	la voce 라 보체
목수	il falegname 일 팔레냐메
목숨	la vita 라 비따
목요일	il giovedi 일 죠베디
목욕	il bagno 일 바뇨

한국어	이탈리아어	한국어	이탈리아어
목욕시키다	lavare 라바레	못생긴	brutto 브룻또
목욕탕	il bagno 일 바뇨	묘사	la descrizione 라 데스끄리찌오네
목욕하다	lavarsi 라바르시	묘사하다	descrivere 데스끄리베레
목장	la fattoria 라 파또리아	무(야채)	la rapa 라 라빠
목재	il legname 일 레냐메	무거운	pesante 뻬잔떼
몫	la parte 라 빠르떼	무게	il peso 일 뻬조
몸	il corpo 일 꼬르뽀	무관심	la indifferenza 라 인디페렌자
몸조심	la cura 라 꾸라	무기	l'arma 라르마
몸조심하다	curarsi 꾸라르씨	무대	la scena 라 쉐나
몹시	molto / tanto 몰또/딴또	무더운	affoso / torrido 아포조 / 또리도
못	il chiodo 일 끼오도	무료로	gratis 그라띠스
목적	l'obiettivo / lo scopo 로비에띠보/ 로 스꼬뽀		
무선 인터넷	l'internet senza filo 린떼르넷뜨 센자 필로		

무료의	gratuito 그라뚜이또
무릎	il ginocchio 일 지노끼오
무엇, 무슨	che cosa 께 꼬자
무역 전시회	la fiera 라 피에라
무연의	senza piombo 센자 삐옴보
무우	la rapa 라 라빠
무죄의	innocente 인노첸떼
무화과	il fico 일 피꼬
묵다	soggiornare 소죠르나레
묵주	il rosario 일 로자리오
묶다	legare 레가레
문	la porta 라 뽀르따
문구점	la cartoleria 라 까르똘레리아
문명	la civiltà 라 치빌따
문법	la grammatica 라 그람마띠까
문어	la lingua scritta 라 링구아 스끄릿따
문어(생선)	il polpo 일 뽈뽀
문을 열다	aprire la porta 아쁘리레 라 뽀르따
무역	lo scambio commerciale 로 스깜비오 꼬메르치알레
문서, 서류	il documento 일 도꾸멘또
문을 닫다	chiudere la porta 끼우데레 라 뽀르따
문을 잠그다	chiudere la porta a chiave 끼우데레 라 뽀르따 아 끼아베

한국어	이탈리아어	한국어	이탈리아어
문자	la lettera 라 레떼라	물갈퀴(잠수용)	le pinne 레 삔네
문장	la frase 라 프라제	물건	la cosa 라 꼬자
문제	il problema 일 쁘로블레마	물건	la roba 라 로바
문학	la letteratura 라 레떼라뚜라	물고기	il pesce 일 뻬쉐
문화	la cultura 라 꿀뚜라	물들이다	tingere 띤제레
묻다(땅에)	sotterrare 소떼라레	물론	certo 체르또
묻다(질문)	domandare 도만다레	물리학	la fisica 라 피지까
물	l'acqua 라꽈	물소	il bufalo 일 부팔로

문화유산	il monumento culturale 일 모누멘또 꿀뚜랄레
문화원	l'istituto di cultura 리스띠뚜또 디 꿀뚜라
물 한 잔	un bicchiere d'acqua 운 비끼에레 다꽈
물안경	gli occhiali da sub 리 오끼알리 다 숩
물음표	il punto interrogativo 일 뿐또 인떼로가띠보

물질	la materia 라 마떼리아
물집	la bolla 라 볼라
뮤지컬	il musical 일 무지깔
미국	gli Stati Uniti 리 스따띠 우니띠
미국 사람	l'americano 라메리까노
미끄러지다	scivolare 쉬볼라레
미끄럼틀	lo scivolo 로 쉬볼로
미래	il futuro 일 푸뚜로
미리	in anticipo 인 안디치뽀
미망인	la vedova 라 베도바
미소	il sorriso 일 소리조
미소를 짓다	sorridere 소리데레
미술	la bell'arte 라 벨라르떼
미술관	la pinacoteca 라 삐나꼬떼까
미스터(Mr.)	signore 시뇨레
미신	la superstizione 라 수뻬르스띠찌오네
미신적인	superstizioso 수뻬르스띠찌오조
미안합니다	Scusi! 스꾸지
미장원	il parrucchiere 일 빠루끼에레
미지근한	tiepido 띠에삐도
물탱크	il serbatoio dell'acqua 일 세르바또이오 델라꾸아
미등	la luce retromarcia 라 루체 레뜨로 마르챠
미친 , 정신나간	matto / pazzo 맛또 / 빳조

미혼자	il single 일 싱글	밀 (곡식)	il grano 일 그라노
믹서기	il frullatore 일 프룰라또레	밀가루	la farina 라 파리나
민족(인종)	la razza 라 라짜	밀다	spingere 스삔제레
민주주의	la democrazia 라 데모끄라찌아	밀수	il contrabbando 일 꼰뜨라반도
민트	la menta 라 멘따	밀월	la luna di miele 라 루나 디 미엘레
믿다	credere 끄레데레	밀크커피	il caffellatte 일 까펠랏떼
믿음	la fiducia 라 피두치아		

민요	il canto tradizionale 일 깐또 뜨라디찌오날레
밀수하다	contrabbandare 꼰뜨라반다레
신혼 여행	le nozze di miele 레 놋쩨 디 미엘레

ㅂ

바	il bar 일 바르
바구니	il cestino 일 체스띠노
바꾸다	cambiare 깜비아레
바나나	la banana 라 바나나
바느질하다	cucire 꾸치레
바늘	l'ago 라고
바꿔타다(교통 수단)	prendere la coincidenza 쁘렌데레 라 꼬인치덴자
바느질	il lavoro di cucito 일 라보로 디 꾸치또
바디(와인), 몸통(신체)	il corpo 일 꼬르뽀
바람둥이(남자)	il donnaiolo 일 돈나이올로
바쁜	occupato / impegnato 오꾸빠또 / 임뻬냐또
바다	il mare 일 마레
바다가재	l'aragosta 라라고스따
바닥	il pavimento 일 빠비멘또
바라다	desiderare 데지데라레
바라보다	guardare 구아르다레
바람	il vento 일 벤또
바람개비	la girandola 라 지란돌라
바람이 불다	tirare vento 띠라레 벤또

바이러스	il virus 일 비루스	박다	piantare 삐안따레
바이올린	il violino 일 비올리노	박물관	il museo 일 무제오
바지	i pantaloni 이 빤딸로니	박사	il dottore 일 도또레
바지락(조개)	le vongole 레 봉골레	박수	l'applauso 라쁠라우조
바코드	il codice barra 일 꼬디체 바라	박수를 치다	applaudire 아쁠라우디레
바퀴	la ruota 라 루오따	박하	la menta 라 멘따
바퀴벌레	lo scarafaggio 로 스까라팟죠	밖	l'esterno 레스떼르노
바텐더	il barista 일 바리스따	밖에	fuori 푸오리

바이러스성 병	la malattia virale 라 말라띠아 비랄레
바질(basil 향료)	il basilico 일 바질리꼬
박사과정	il Corso di dottorato di ricerca 일 꼬르소 디 도또라도 디 리체르까
박사학위	il titolo di dottorato 일 띠똘로 디 도또라또
반대로	invece / contrariamente 인베체 / 꼰뜨라리아멘떼

반(절반)	mezzo 멧조
반(학급)	la classe 라 끌라쎄
반대하다	opporsi 오뽀르씨
반복하다	ripetere 리뻬떼레
반응	la riflessione 라 리플레시오네
반장	il capoclasse 일 까뽀끌라쎄
반지	l'anello 라넬로
반지름	il raggio 일 라죠
반숙(달걀)	l'uovo a' la coque 루오보 알라 꼬끄
발견하다	scoprire / trovare 스꼬쁘리레 / 뜨로바레
발등	il dorso del piede 일 도르소 델 삐에데
발삼 식초	l'aceto balsamico 라체또 발사미꼬
발생하다	succedere / accadere 수체데레 / 아까데레
반창고	il cerotto 일 체롯또
반칙	il fallo 일 팔로
받다	ricevere 리체베레
받아들이다	accettare 아체따레
발	il piede 일 삐에데
발가락	il dito del piede 일 디또 델 삐에데
발명하다	inventare 인벤따레
발목	la caviglia 라 까빌리아

한국어	이탈리아어	한국어	이탈리아어
발신인	il mittente / 일 미뗀떼	밤	la notte / 라 놋떼
발음	la pronuncia / 라 쁘로눈치아	밤(과일)	la castagna / 라 까스따냐
발전하다	sviluppare / 즈빌루빠레	밤색의	marrone / 마로네
발코니	il balcone / 일 발꼬네	방(room)	la camera / 라 까메라
발톱	l'unghia del piede / 룽기아 델 삐에데	방금 전	poco fa / 뽀꼬 파
발표하다	annunciare / 아눈치아레	방문	la visita / 라 비지따
발효	la fermentazione / 라 페르멘따찌오네	방문객	il visitatore / 일 비지따또레
밝은	chiaro / 끼아로	방문하다	visitare / 비지따레
밝혀내다	rivelare / 리벨라레	방법	il metodo / 일 메또도

방 번호	il numero della camera / 일 누메로 델라 까메라
방문 목적	lo scopo della visita / 로 스꼬뽀 델라 비지따
방송국	la stazione radiotelevisiva / 라 스따찌오네 라디오뗄레비지바
방송하다	trasmettere / mettere in onda / 뜨라스메떼레 / 메떼레 인 온다

방부제	l'antisettico 란띠세띠꼬
방석	il cuscino da sedia 일 꾸쉬노 다 세디아
방송	la trasmissione 라 뜨라스미씨오네
방식	il modo 일 모도
방어	la difesa 라 디페자
방어하다	difendere 디펜데레
방학	le vacanze 레 바깐쩨
방향	la direzione 라 디레찌오네
방향 지시등	la freccia 라 프레챠
배 멀미	il mal di mare 일 말 디 마레
방을 빌리다	prendere in affitto una camera 쁘렌데레 인 아핏또 우나 까메라
배(교통 수단)	la barca/ la nave 라 바르까 / 라 나베
배우	l'attore(남자) / l'attrice(여자) 라또레/라뜨리체
배(과일)	la pera 라 뻬라
배(신체의)	la pancia 라 빤쨔
배고프다	avere fame 아베레 파메
배고픔	la fame 라 파메
배구	il pallavolo 일 빨라볼로
배꼽	l'ombellico 롬벨리꼬
배나무	il pero 일 뻬로
배낭	lo zaino 로 자이노
배반	il tradimento 일 뜨라디멘또
배반하다	tradire 뜨라디레

한국어	이탈리아어	한국어	이탈리아어
배영(수영)	il dorso / 일 도르소	백 유로	cento euro / 첸또 에우로
배우다	imparare / 임빠라레	백과사전	l'enciclopedia / 렌치끌로뻬디아
배추	il cavolo / 일 까볼로	백만	un milione / 운 밀리오네
배터리	la batteria / 라 바떼리아	백발	i capelli grigi / 이 까뻴리 그리지
백	cento / 첸또	백포도주	il vino bianco / 일 비노 비앙꼬
백 달러	cento dollari / 첸또 돌라리	백합	il giglio / 일 질리오

배터리를 충전하다	caricare la batteria / 까리까레 라 바떼리아
백미러(자동차)	lo specchietto retrovisore / 로 스뻬끼에또 레뜨로비조레
백화점	il grande magazzino / 일 그란데 마가지노
버스	l'autobus / il pullman / 라우또부스 / 일 뿔망
버스 정류소	la fermata dell'autobus / 라 페르마따 델라우또부스
버스 종점	la capolinea dell'autobus / 라 까뽀리네아 델라우또부스
버스터미널	il terminale dell'autobus / 일 떼르미날레 델라우또부스

한국어	이탈리아어	한국어	이탈리아어
뱀	il serpente 일 세르뻰떼	벌(곤충)	l'ape 라뻬
뱀장어	l'anguilla 랑귈라	벌(형벌)	la punizione 라 뿌니찌오네
버섯	il fungo 일 풍고	벌금	la multa 라 물따
버찌(열매)	la ciliegia 라 칠리에좌	벌써	già 좌
버터	il burro 일 부로	범(호랑이)	la tigre 라 띠그레
번개	il fulmine 일 플미네	범죄	il crimine 일 끄리미네
번역	la traduzione 라 뜨라두찌오네	범퍼(자동차)	il paraurto 일 빠라우르또
번역가	il traduttore 일 뜨라둣또레	법	la legge 라 렛제
번역하다	tradurre 뜨라두레	벗다	togliersi 똘례르시
범위			la portata 라 뽀르따따
베이컨			la pancetta affumicata 라 빤쳇따 아푸미까따
베트남 사람			il vietnamita(남자) / la vietnamita(여자) 일 비에뜨나미따 / 라 비에뜨나미따
베트남어			la vietnamita / la lingua vietnamita 라 비에뜨나미따 / 라 링구아 비에뜨나미따

벚나무	il ciliegio 일 칠리에죠	벽돌	il mattone 일 마또네
베개	il cuscino 일 꾸쉬노	벽돌공	il muratore 일 무라또레
베터리	la batteria 라 밧떼리아	변명	la scusa 라 스꾸자
베트남	la Vietnam 라 비에뜨남	변명하다	scusare 스꾸자레
벤치	la panchina 라 빵끼나	변비	la stitichezza 라 스띠띠껫짜
벨브(valve)	la valvola 라 발볼라	변비약	il lassativo 일 랏사띠보
벨트	la cintura 라 친뚜라	변호사	l'avvocato 라보까또
벽(집)	il muro 일 무로	별	la stella 라 스뗄라

벨보이	il fattorino d'albergo 일 파또리노 달베르고
벽난로	il caminetto / il focolare 일 까미네또 / 일 포꼴라레
벽시계	l'orologio a muro 로롤로죠 아 무로
변소	il bagno / il toiletto 일 바뇨 / 일 또일레또
변속기어(자동차)	la leva del cambio 라 레바 델 깜비오

별미	la specialità 라 스뻬찰리따	보관소(옷)	la guardaroba 라 과르다로바
별장	la villa 라 빌라	보관하다	conservare 꼰세르바레
병(질병)	la malattia 라 말라띠아	보급하다	fornire 포르니레
병	la bottiglia 라 보띨랴	보기(예)	l'esempio 레젬뾰
병마게	il tappo 일 땁뽀	보다	vedere 베데레
병아리	il pulcino 일 뿔치노	보답	il compenso 일 꼼뻰소
병원	l'ospedale 로스뻬달레	보답하다	compensare 꼼뻰사레
보고서	la relazione 라 렐라찌오네	보도(報道)	la trasmissione 라 뜨라스미시오네

병따게	l'apribottiglie / il cavatappi 라쁘리보띨레 / 일 까바땁삐
병맥주	la birra in bottiglia 라 비라 인 보띨랴
병입	l'imbottigliamento 림보띨랴멘또
보건소	l'unità sanitaria locale 루니따 사니따리아 로깔레
보내다	spedire / mandare 스뻬디레 / 만다레

보도(步道)	il marciapiede 일 마르챠삐에데	보상	il compenso 일 꼼뻰소
보도하다	trasmettere 뜨라스멧떼레	보상으로	in compenso 인 꼼뻰소
보따리	il sacco 일 삭꼬	보석	il gioiello 일 죠이엘로
보라 색의	viola 비올라	보석상	la gioielleria 라 죠이엘레리아
보름달	la luna piena 라 루나 삐에나	보어	il complemento 일 꼼쁠레멘또
보리	l'orzo 로르조	보여주다	mostrare 모스뜨라레
보리차	il tè d'orzo 일 떼 도르조	보장하다	garantire 가란띠레
보물	il tesoro 일 떼조로	보조개	la fossetta 라 포셋따
보수주의자			il conservatore 일 꼰세르바또레
보조동사			il verbo ausiliare 일 베르보 아우질리아레
보증 기간			il periodo di granzia 일 뻬리오도 디 가란찌아
보충			il rifornimento / il riempimento 일 리포르니멘또 / 일 리엠삐멘또
보충하다			rifornire / riempire 리포르니레 / 리엠삐레

한국어	이탈리아어	한국어	이탈리아어
보조의	ausiliare 아우질리아레	보행자	il pedone 일 뻬도네
보증	la garanzia 라 가란찌아	보험	l'assicurazione 라시꾸라찌오네
보증금	il deposito 일 데뽀지또	복구하다	recuperare 레꾸뻬라레
보증하다	garantire 가란띠레	복권	il lotto 일 롯또
보통 열차	il treno locale 일 뜨레노 로깔레	복권방	la lotteria 라 롯떼리아
보통의	normale 노르말레	복도	il corridoio 일 꼬리도요
보트	la barca 라 바르까	복사	la fotocopia 라 포또꼬삐아
보행로	il marciapiede 일 마르챠삐에데	복수(複數)	il plurale 일 쁠루랄레

보행 지역	la zona pedonale 라 조나 뻬도날레
보험회사	la compania assicurativa 라 꼼빠니아 아시꾸라띠바
복사기	la fotocopiatrice 라 포또꼬삐아뜨리체
복사하다	fotocopiare / copiare 포또꼬삐아레 / 꼬삐아레
본적	l'indirizzo permanente 린디릿쪼 뻬르마넨떼

복수(複數)의	plurale 쁠루랄레
복숭아	la pesca 라 뻬스까
복잡한	complicato 꼼쁠리까또
본사	la sede centrale 라 세데 첸뜨랄레
본점	la sede centrale 라 세데 첸뜨랄레
볼(뺨)	la guancia 라 관챠
볼펜	il biro 일 비로
봄	la primavera 라 쁘리마베라
봉사	il servizio 일 세르비찌오
봉사료	la tassa per per il servizio 라 땃사 뻬르 일 세르비찌오
봉사하다	servire 세르비레
봉투	la busta 라 부스따
부가하다	aggiungere 아쥰제레
부근	il vicinato 일 비치나또
부끄러운	timido 띠미도
부끄러워하다	vergognarsi 베르고냐르시
부동산	l'immobile 림모빌레
부드러운	morbido 모르비도
부르다	chiamare 끼아마레
부가	l'addizione / l'aggiunta 라디찌오네 / 라쥰따
부가세	l'IVA / l'imposta sul valore aggiunto 리바 / 림뽀스따 술 발로레 아쥰또
부두	la banchina / il molo 라 방끼나 / 일 몰로

한국어	이탈리아어	한국어	이탈리아어
부모	i genitori 이 제니또리	부엌	la cucina 라 꾸치나
부부	marito e moglie 마리또 에 몰리에	부유한	ricco 리꼬
부분	la parte 라 빠르떼	부인	la signora 라 시뇨라
부사(문법)	l'avverbio 라베르비오	부정적인	negativo 네가띠보
부상당한	ferito 페리또	부정하다	negare 네가레
부서	il dipartimento 일 디빠르띠멘또	부조종사	il copilota 일 꼬삘로따
부수다	rompere 롬뻬레	부족	la mancanza 라 망깐짜
부어오른	gonfio 곤피오	부족하다	mancare 망까레

부작용	l'effetto collaterale 레페또 꼴라떼랄레
부정관사	l'articolo indeterminativo 라르띠꼴로 인데떼르미나띠보
부탁하다	chiedere un favore 끼에데레 운 파보레
북아메리카	l'America del Nord 라메리까 델 노르드
북한	la Corea del Nord 라 꼬레아 델 노르드

부족한	mancante 망깐떼	분석	l'analisi 라날리지
부추	il porro 일 뽀로	분석하다	analizzare 아날리자레
부츠(boots)	gli stivali 리 스띠발리	분수	la fontana 라 폰따나
부탁	il favore 일 파보레	분야	il settore 일 셋또레
부품	i pezzi 이 뻿찌	분필	il gesso 일 젯소
부활절	la Pasqua 라 빠스꽈	분홍색의	rosa 로자
북극	il polo nord 일 뽈로 노르드	불(火)	il fuoco 일 푸오꼬
북쪽	il nord 일 노르드	불규칙의	irregolare 이레골라레
분(시간)	il minuto 일 미누또	불루베리	il mirtillo 일 미르띨로
분(화장품)	la cipria 라 치쁘리아	불만족한	scontento 스꼰뗀또
분리된	separato 세빠라또	불면증	l'insonnia 린손니아
불시착			l'atterraggio d'emergenza 라떼라죠 데메르젠자
불이 나다			scoppiare incendio 스꼬삐아레 인첸디오

불법의	illegale 일레갈레
불안한	instabile 인스따빌레
불완전한	imperfetto 임뻬르펫또
불운한	sfortunato 스포르뚜나또
불을 끄다	spegnere 스뻰녜레
불을 붙이다	accendere 아첸데레
불편한	scomodo 스꼬모도
불행한	infelice 인페리체
불행히도	purtroppo 뿌르뜨롭뽀

불확실함	l'incertezza 린체르뗏짜
붉은 색의	rosso 롯소
붓	il pennello 일 뻰넬로
붕대	la benda 라 벤다
붙들다	tenere 떼네레
브래지어	il reggiseno 일 레지세노
브랜드	il marchio 일 마르끼오
브레이크	il freno 일 프레노
브레이크를 잡다	frenare 프레나레

브랜디	il brandy / l'acquavite 일 브랜디 / 라꽈비떼
브레이크라이닝	la guarnizione del freno 라 과르니찌오네 델 프레노
블라우스(blouse)	la camicetta 라까메쳇따
비계(기름 조각)	il grasso / il lardo 일 그랏소 / 일 라르도

브로치	la spilla 라 스삘라
브로콜리	il broccolo 일 브로꼴로
블랙베리	la mora 라 모라
블랙커피	il caffè liscio 일 까페 리쑈
비(雨)	la pioggia 라 삐오좌
비(빗자루)	la scopa 라 스꼬빠
비가 오다	piovere 삐오베레
비관주의자	il pessimista 일 뻬시미스따
비교하다	confrontare 꼰프론따레
비극	la tragedia 라 뜨라제디아
비기다	pareggiare 빠레좌레
비뇨기과 의사	l'urologo 루롤로고
비누	il sapone 일 사뽀네
비둘기	il piccione 일 삐쵸네
비듬	la forfora 라 포르포라
비밀	il segreto 일 세그레또
비교	la comparazione 라 꼼빠라찌오네
비밀번호	il numero segreto / PIN 일 누메로 세그레또 / 핀
비상구	l'uscita di emergenza 루쉬따 디 에메르젠자
비서	il segretario(남자) / la segretaria(여자) 일 세그레따리오 / 라 세그레따리아
비치타올(beach towel)	il telo da spiaggia 일 뗄로 다 스삐아좌

한국어	이탈리아어	한국어	이탈리아어
비서실	la segreteria 라 세그레떼리아	비용	il costo 일 꼬스또
비스킷	il biscotto 일 비스꼿또	비용이 들다	costare 꼬스따레
비슷한	simile 시밀레	비자	il visto 일 비스또
비올라	la viola 라 비올라	비타민	la vitamina 라 비따미나
비옷	l'impermeabile 림뻬르메아빌에	비탈길	il sentiero 일 센띠에로

비프스테이크	la bistecca di manzo 라 비스떼까 디 만조
비행 스케줄	l'orario dei voli 로라리오 데이 볼리
비행기	l'aeroplano / il volo 라에로쁠라노 / 일 볼로
비행기 멀미	il mal d'aereo 일 말 다에레오
비행기 번호	il numero del volo 일 누메로 델 볼로
비행기로(비행기를 타고)	in aereo 인 아에레오
비행기를 놓치다	perdere il volo 뻬르데레 일 볼로
비행기를 타다	prendere il volo 쁘렌데레 일 볼로

비판하다	criticare 끄리띠까레	빨대	la cannuccia 라 깐누챠
빈티지	l'annata 란나따	빨래	il bucato 일 부까또
빈혈	l'anemia 라네미아	빨래집게	la molletta 라 몰렛따
빌라	la villa 라 빌라	빨리	presto 쁘레스또
빌리다	prestare 쁘레스따레	빵	il pane 일 빠네
빗	il pettine 일 뻬띠네	빵집	il fornaio 일 포르나이오
빗다	pettinarsi 뻬띠나르시	빼다	estrarre 에스뜨라레
빚	il debito 일 데비또	뺨	la guancia 라 관챠
빛	la luce 라 루체	뽑다	togliere 똘례레
빠른	rapido 라삐도	뾰족한	acuto 아꾸또
빨간색의	rosso 롯소	삐다	slogarsi 즐로가르시

빠른 우편	la posta prioritaria 라 뽀스따 쁘리오리따리아
빨래를 널다	stendere il bucato 스뗀데레 일 부까또

ㅅ

사(4)	quattro 꽈뜨로
사거리	la crocevia 라 끄로체비아
사건	l'evento 레벤또
사고	l'incidente 린치덴떼
사과	la mela 라 멜라
사과 나무	il melo 일 멜로
사나운	feroce 페로체
사냥꾼	il cacciatore 일 까챠또레
사냥을 하다	cacciare 까챠레
사다(구입하다)	comprare 꼼쁘라레
사다리	la scala 라 스깔라
사라지다	sparire 스빠리레
사람	la gente 라 젠떼
사랑	l'amore 라모레
사랑하다	amare 아마레
사막	il deserto 일 데제르또
사랑니	il dente del giudizio 일 덴떼 델 쥬디찌오
사랑에 빠진	innamorato 인나모라또
사립 박물관	il museo privato 일 무제오 쁘리바또
사립대학	l'università privata 루니베르시따 쁘리바따

한국어	이탈리아어
사망	la morte 라 모르떼
사망하다	morire 모리레
사무실	l'ufficio 루피초
사물	l'oggetto 로젯또
사백(400)	quattrocento 꽈뜨로첸또
사순절	la Quaresima 라 꽈레지마
사십(40)	quaranta 꽈란따
사업	l'affare 라파레
사업가	l'uomo d'affare 루오모 다파레
사용	l'uso 루조
사용하다	usare 우자레
사원(절)	il tempio 일 뗌뻬오
사월	l'aprile 라쁘릴레
사위	il genero 일 제네로
사육	l'allevamento 랄레바멘또
사이에	fra / tra 프라 / 뜨라
사이즈	la taglia 라 딸리아
사이클	il ciclismo 일 치끌리즈모
사자	il leone 일 레오네
사장	il presidente 일 쁘레지덴떼
사원(직원)	l'impiegato(남자) / l'impiegata(여자) 림삐에가또 / 림삐에가따
사육하다, 양육하다	allevare 알레바레
사이드미러(자동차)	lo specchietto esterno 로 스뻬끼오 에스떼르노

사적인	privato 쁘리바또	사탕	la caramella 라 까라멜라
사전	il dizionario 일 디찌오나리오	사파이어	il zaffiro 일 자피로
사제, 신부	il prete 일 쁘레떼	사회	la società 라 소치에따
사진	la foto 라 포또	사회적인	sociale 소치알레
사진가	il fotografo 일 포또그라포	삭제하다	cancellare 깐첼라레
사찰	il tempio 일 뗌삐오	산(酸)	l'acido 라치도
사촌	il cugino 일 꾸지노	산도	l'acidità 라치디따

사진을 찍다	fare la foto / fotografare 파레 라 포또 / 포또그라파레
사투리, 방언(方言)	il dialetto 일 디알렛또
산(山)	la montagna / il monte 라 몬따냐 / 일 몬떼
산맥	la catena montuosa 라 까떼나 몬뚜오자
산부인과	lo studio ginecologico 로 스뚜디오 지네꼴로지꼬
산부인과 의사	il ginecologo 일 지네꼴로고

한국어	이탈리아어
산소	l'ossigeno 로시제노
산업	l'industria 린두스뜨리아
산책	la passeggiata 라 빠세좌따
산책하다	passeggiare 빠세좌레
살	la carne 라 까르네
살구	l'albicocca 랄비꼬까
살다	vivere 비베레
살찐	grasso 그랏소
삶	la vita 라 비따
삶다	bollire 볼리레
삶은 계란	l'uovo boillito 루오보 볼리또
산소 마스크	la maschera a ossigeno 라 마스께라 아 오시제노
상담	la consultazione 라 꼰술따찌오네
삼(3)	tre 뜨레
삼(대마)	la canapa 라 까나빠
삼각대	il treppiede 일 뜨레삐에데
삼각자	la squadra 라 스콰드라
삼겹살	la pancetta 라 빤쳇따
삼백(300)	trecento 뜨레첸또
삼십(30)	trenta 뜨렌따
삼월	il marzo 일 마르쪼
삼촌, 작은 아버지	lo zio 로 찌오
상(賞)	il premio 일 쁘레미오
상관없다	non c'entrare 논 첸뜨라레

한국어	이탈리아어	한국어	이탈리아어
상당히	abbastanza 아바스딴짜	상표	il marchio 일 마르끼오
상대적인	relativo 렐라띠보	상호적인	reciproco 레치쁘로꼬
상상하다	immaginare 임마지나레	상황	la situazione 라 시뚜아찌오네
상어	lo squalo 로 스꽐로	새(조류)	l'uccello 루첼로
상자	la scatola 라 스까똘라	새끼(동물의)	il cucciolo 일 꾸쵸로
상장(주식)	la quotazione 라 꿔따찌오네	새끼손가락	il mignolo 일 미뇰로
상처	la ferita 라 페리따	새로운	nuovo 누오보
상추	la lattuga 라 라뚜가	새벽	l'alba 랄바

상대적으로	relativamente 렐라띠바멘떼
상대팀	la squadra avversaria 라 스꽈드라 아베르사리아
상세히	dettagliatamente 데딸리아따멘떼
상품	la merce / il prodotto 라 메르체 / 일 쁘로돗또
새우	il gambero / il gamberetto 일 감베로 / 일 감베렛또

94

색깔	il colore 일 꼴로레	샘플	il campione 일 깜삐오네
색소폰(혼)	il sassofono 일 삿소포노	생각	il pensiero 일 뻰시에로
색인	l'indice 린디체	생각하다	pensare 뻰사레
색종이	la carta colorata 라 까르따 꼴로라따	생강	il zenzero 일 젠제로
샐러드	l'insalata 린살라따	생기다(일이)	succedere 수체데레
샘	il fonte 일 폰떼	생리대	l'assorbente 라소르벤떼

새해	il capodanno / l'anno nuovo 일 까뽀단노 / 란노 누오보
색연필	la matita colorata 라 마띠따 꼴로라따
샌드위치	il panino / il tramezzino 일 빠니노/ 일 뜨라멧찌노
샐비어(sage 향료)	la salvia 라 살비아
생각을 바꾸다	cambiare idea 깜비아레 이데아
생년월일	la data di nascita 라 다따 디 나쉬따
생리(여성)	la mestruazione 라 메스뜨루아찌오네

한국어	이탈리아어	한국어	이탈리아어
생명	la vita 라 비따	생식기	il genitalie 일 제니딸레
생물학	la biologia 라 비올로지아	생일	il compleanno 일 꼼쁠레안노
생산성	la produttività 라 쁘로두띠비따	생존하다	sopravvivere 소쁘라비베레
생산하다	produrre 쁘로두레	생쥐	il topolino 일 또뽈리노
생선	il pesce 일 뻬쉐	생태 관광	l'ecoturismo 레꼬뚜리즈모
생선 가게	la pescheria 라 뻬스께리아	생태계	l'ecosistema 레꼬시스떼마
생선 장수	il pescivendolo 일 뻬쉬벤돌로	생활	la vita 라 비따
생수	l'acqua minerale 라꽈 미네랄레	생활비	il costo della vita 일 꼬스또 델라 비따

생리통	il dolore mestruale 일 돌로레 메스뜨루알레
생맥주	la birra alla spina 라 비라 알라 스삐나
생산자	il produttore / il fabbricante 일 쁘로두또레 / 일 파브리깐떼
생방송	la trasmissione in diretta 라 뜨라스미시오네 인 디렛따
생일 케이크	la torta di compleanno 라 또르따 디 꼼쁠레안노

한국어	Italiano	한국어	Italiano
샤베트	il sorbetto / 일 소르벳또	서리	la brina / 라 브리나
샤워	la doccia / 라 돗촤	서명(사인)	la firma / 라 피르마
샴페인	lo spumante / 로 스뿌만떼	서명하다	firmare / 피르마레
샹들리에	il lampadario / 일 람빠다리오	서비스	il servizio / 일 세르비찌오
서늘한	fresco / 프레스꼬	서비스하다	servire / 세르비레
서대기(어류)	la sogliola / 라 솔리올라	서술하다	narrare / 나라레
서두르다	sbrigarsi / 즈브리가르시	서식, 양식(樣式)	il modulo / 일 모둘로
서두름	la fretta / 라 프렛따	서양의	occidentale / 오치덴딸레
서둘러라!	Sbrigati! / 즈브리가띠!	서점	la libreria / 라 리브레리아
서랍	il cassetto / 일 까셋또	서커스	il circo / 일 치르꼬
서류	il documento / 일 도꾸멘또	석류	la melagrana / 라 멜라그라나
샤워를 하다	fare la doccia / 파레 라 돗촤		
샴푸	lo sciampo / lo shampoo / 로 샴뽀 / 로 샴뽀		

한국어	이탈리아어
섞다	miscelare 미쉘라레
선(라인)	la linea 라 리네아
선거	l'elezione 렐레찌오네
선물	il regalo 일 레갈로
선물하다	regalare 레갈라레
선반	lo scaffale 로 스까팔레
선생님	l'insegnante 린세냔떼
선실	la cabina 라 까비나
선장	il capitano 일 까삐따노
선출하다	eleggere 엘렛제레
선크림	la crema da sole 라 끄레마 다 솔레
선글라스	gli occhiali da sole 리 오끼알리 다 솔레
선수(選手)	il giocatore(남자) / la giocatrice(여자) 일 죠까또레 / 라 죠까뜨리체
선택	la scelta 라 쉘따
선택하다	scegliere 쉘례레
선행성	l'anteriorità 란떼리오리따
선호하다	preferire 쁘레페리레
설명서	il manuale 일 마누알레
설명하다	spiegare 스삐에가레
설비	l'attrezzatura 라뜨레자뚜라
설사	la diarrea 라 디아레아
설탕	lo zucchero 로 쭈께로
설탕 그릇	la zuccheriera 라 쭈께리에라
섬	l'isola 리솔라

섬세한	delicato 델리까또	성생활	la vita sessuale 라 비따 셋수알레
섭섭한	dispiaciuto 디스삐아츄또	성장하다	crescere 끄레쉐레
성(城)	il castello 일 까스뗄로	성탄절	il Natale 일 나딸레
성(姓)	il cognome 일 꼬뇨메	세계	il mondo 일 몬도
성(性)	il sesso 일 셋소	세관	la dogana 라 도가나
성게	il riccio 일 릿쵸	세관원	il doganiere 일 도가니에레
성격	la caratteristica 라 까라떼리스띠까	세금	la tassa 라 딴사
성당	la chiesa 라 끼에자	세기(기간)	il secolo 일 세꼴로

성냥	il fiammifero / il cerino 일 피암미페로 / 일 체리노
성인(종교)	il santo(남자) / la santa(여자) 일 산또 / 라 산따
성형 수술	la chirurgia plastica 라 끼루르좌 쁠라스띠까
세관 검사	il controllo doganale 일 꼰뜨롤로 도가날레
세기(힘)	la forza / la potenza 라 포르짜 / 라 뽀뗀짜

한국어	이탈리아어	한국어	이탈리아어
세다(숫자)	contare 꼰따레	세탁소	la lavanderia 라 라반데리아
세대	la generazione 라 제네라찌오네	셀러리(celery)	il sedano 일 세다노
세례	il battesimo 일 밧떼지모	셀프서비스	il self-service 일 셀프 서비스
세면대	il lavandino 일 라반디노	셋(3)	tre 뜨레
세미나	il seminario 일 세미나리오	셔츠	la camicia 라 까미챠
세번째의	terzo 떼르쪼	소개하다	presentare 쁘레젠따레
세일, 할인판매	lo sconto 로 스꼰또	소금	il sale 일 살레
세척제	il detersivo 일 데떼르시보	소나기	l'acquazzone 라꽈쪼네
세탁기	la lavatrice 라 라바뜨리체	소녀	la ragazza 라 라갓짜

셔터(사진기) il pulsante di scatto
일 뿔산떼 디 스깟또

소 la vacca / il manzo
라 바까 / 일 만조

소개 la presentazione
라 쁘레젠따찌오네

소고기 la carne di manzo
라 까르네 디 만조

한국어	이탈리아어	한국어	이탈리아어
소년	il ragazzo 일 라갓쪼	소비자	il consumatore 일 꼰수마또레
소다	la soda 라 소다	소비하다	consumare 꼰수마레
소독약	il disinfettante 일 디신페딴데	소설	il romanzo 일 로만조
소리치다	gridare 그리다레	소설가	il romanziere 일 로만지에레
소매(옷의)	la manica 라 마니까	소스(sauce)	la salsa 라 살사
소매치기	il borsaiolo 일 보르사이올로	소아과 의사	il pediatra 일 뻬디아뜨라
소변	l'urina / la pipì 루리나 / 라 삐삐	소아마비	la polio 라 뽈리오
소비	il consumo 일 꼰수모	소유격	il possessivo 뽀세시보

한국어	이탈리아어
소매(상업)	il commercio al minuto 일 꼼메르쵸 알 미누또
소매상	il dettagliante / il rivenditore 일 데딸리안떼 / 일 리벤디또레
소매하다	vendere al minuto(dettaglio) 벤데레 알 미누또(데딸리아또)
소송	il processo / la causa 일 쁘로쳇소 / 라 까우자
소시지	il salame / la salsiccia 일 살라메 / 라 살시치아

한국어	이탈리아어	한국어	이탈리아어
소음	il rumore 일 루모레	속이다	ingannare 인간나레
소재(재료)	il materiale 일 마떼리알레	속임수	l'inganno 린간노
소파	la poltrona 라 뽈뜨로나	속하다	appartenere 아빠르떼네레
소포	il pacco 일 빡꼬	손(手)	la mano 라 마노
소형 트럭	il camioncino 일 까미온치노	손가락	il dito 일 디또
소화	la digestione 라 디제스띠오네	손녀	la nipote 라 니뽀떼
소화 불량	l'indigestione 린디제스띠오네	손님	l'ospite 로스삐떼
속눈썹	la palpebra 라 빨뻬브라	손목	il polso 일 뽈소
속담	il proverbio 일 쁘로베르비오	손바닥	il palmo 일 빨모
속도	la velocità 라 벨로치따	손수건	il fazzoletto 일 파졸렛또
속도 제한	il limite di velocità 일 리미떼 디 벨로치따		
속도를 줄이다	rallentare la velocità 란렌따레 라 벨로치따		
속옷	la biancheria intima 라 비앙께리아 인띠마		

손수레	il carretto 일 까렛또	솔직한	sincero 신체로
손자	il nipote 일 니뽀떼	솟아오르다	sorgere 소르제레
손잡이	la maniglia 라 마닐리아	송금	il bonifico 일 보니피꼬
손질하다	riparare 리빠라레	송금하다	fare il bonifico 파레 일 보니피꼬
손톱	la unghia 라 웅기아	송아지	il vitello 일 비뗄로
손톱깎이	il tagliaunghie 일 딸리아웅기에	송어	la trota 라 뜨로따
손해	il danno 일 단노	쇠고기	la carne manzo 라 까르네 디 만조

손전등   la torcia (elettrica)
라 또르치아 (엘레뜨리까)

솔직히 말하다   dire francamente
디레 프랑까멘떼

송년회   la festa di fine anno
라 페스따 디 피네 안노

송아지 갈비   la braciola di vitello
라 브라치올라 디 비뗄로

송아지 고기   la carne di vitello
라 까르네 디 비뗄로

송장(送狀), 발송장   il conto / l'invoice
일 꼰또 / 린보이스

쇼핑	la spesa 라 스뻬자	수도 수리공	l'idraulico 리드라울리꼬
쇼핑백	la borsa 라 보르사	수도원	il convento 일 꼰벤또
수(數)	il numero 일 누메로	수도회	l'ordine 로르디네
수건	l'asciugamano 라슈가마노	수동적인	passivo 빠시보
수공업자	l'artigiano 라르띠지아노	수두	la varicella 라 바리첼라
수녀	la suora 라 수오라	수량	la quantità 라 꽌띠따
수단	il modo 일 모도	수리하다	riparare 리빠라레

쇼고기 안심   il medaglione di manzo
일 메달리오네 디 만조

쇼핑가   la via della moda
라 비아 델라 모다

쇼핑센터   il centro commerciale
일 첸뜨로 꼼메르치알레

쇼핑을 하다   fare la spesa
파레 라 스뻬자

쇼핑을 하러 가다   andare a fare la spesa
안다레 아 파레 라 스뻬자

쇼핑카트   il carrello per la spesa
일 까렐로 뻬르 라 스뻬자

한국어	이탈리아어	한국어	이탈리아어
수박	l'anguria 랑구리아	수영을 하다	nuotare 누오따레
수비수	il difensore 일 디펜소레	수영장	la piscina 라 삐쉬나
수송	il trasporto 일 뜨라스뽀르또	수영하다	nuotare 누오따레
수송하다	trasportare 뜨라스뽀르따레	수요일	il mercoledì 일 메르꼴레디
수수료	la provigione 라 쁘로비지오네	수의사	il veterinario 일 베떼리나리오
수신인	il destinatario 일 데스띠나따리오	수입(벌이)	il guadagno 일 과다뇨
수업	la lezione 라 레찌오네	수입업자	l'importatore 림뽀르따또레
수영	il nuoto 일 누오또	수입하다	importare 임뽀르따레

수송기	l'aereo da trasporto 라에레오 다 뜨라스뽀르또
수술	l'operazione chiurgica 로뻬라찌오네 끼루르지까
수영복	il costume da bagno 일 꼬스뚜메 다 바뇨
수입(제품의)	l'importazione 림뽀르따찌오네
수입품	l'oggetto importato 로젯또 임뽀르따또

한국어	이탈리아어
수정(修正)	la correzione 라 꼬렛찌오네
수정(水晶)	il cristallo 일 끄리스딸로
수첩	il taccuino 일 따꾸이노
수출	l'esportazione 레스뽀르따찌오네
수출업자	l'esportatore 레스뽀르따또레
수출하다	esportare 에스뽀르따레
수탉	il gallo 일 갈로
수평선	l'orizzonte 로리존떼
수표	l'assegno 라세뇨
수프	la minestra 라 미네스뜨라
수하물	il bagaglio 일 바갈리오
수학	la matematica 라 마떼마띠까
수표책	il libretto di assegno 일 리브렛또 디 아세뇨
수프 그릇	la ciotola di minestra 라 쵸똘라 디 미네스뜨라
수하물 교환권	lo scontrino bagagli 로 스꼰뜨리노 바갈리
수하물 보관소	il deposito bagagli 일 데뽀지또 바갈리
수하물 취급소	l'ufficio spedizione bagagli 루피쵸 스뻬디찌오네 바갈리
수혈	la trasfusione di sangue 라 뜨라스푸지오네 디 상구에
수화물(hand baggage)	il bagaglio a mano 일 바갈리오 아 마노

숙모	la zia 라 찌아	술어(서술어)	il predicato 일 쁘레디까또
숙박부	il registro 일 레지스뜨로	숨기다	nascondere 나스꼰데레
숙소	l'alloggio 랄로지오	숫자	il numero 일 누메로
숙제	il compito 일 꼼삐또	숲	il bosco 일 보스꼬
순례자	il pellegrino 일 뻴레그리노	쉬는 시간	l'intervallo 린떼르발로
순서	l'ordine 로르디네	쉬다	riposarsi 리뽀자르시
순수한	puro 뿌로	쉬운	facile 파칠레
순진한	ingenuo 인제누오	쉽게	facilmente 파칠멘떼
숟가락	il cucchiaio 일 꾸끼아이오	슈퍼마켓	il supermercato 일 수뻬르메르까또
술	il liquore 일 리꾸오레	슛(shoot)	il tiro 일 띠로

수확하다(곡식)	raccogliere 라꼴리에레
수확하다(포도)	vendemmiare 벤뎀미아레
숙성	l'invecchiamento / la maturazione 린베끼아멘또 / 라 마뚜라찌오네

스넥	lo spuntino 로 스뿐띠노	스키	gli sci 리 쉬
스물(20)	venti 벤띠	스키를 타다	sciare 쉬아레
스웨터	il maglione 일 말리오네	스키장	il campo da sci 일 깜뽀 다 쉬
스위스	la Svizzera 라 즈빗쩨라	스타일리스트	lo stilista 로 스띨리스따
스카프	la sciarpa 라 쌰르빠	스타킹	le calze 레 깔쩨
스캔들	lo scandalo 로 스깐달로	스테이크(요리)	la bistecca 라 비스떼까
스커트	la gonna 라 곤나	스튜어디스	la hostess 라 호스떼스
스케줄	il programma 일 쁘로그람마	스파게티	gli spaghetti 리 스빠겟띠

스위스 사람	lo svizzero(남자) / la svizzera(여자) 로 즈빗쩨로 / 라 즈빗쩨라
스크램블에그(scrambled egg)	l'uovo strapazzata 루오보 스뜨라빠자따
스탬플러	la spillatrice / la pinzatrice 라 스삘라뜨리체 / 라 삔짜뜨리체
스페어파트	i pezzi di ricambi 이 뻿찌 디 리깜비
스페어타이어	la ruota di scorta 라 루오따 디 스꼬르따

한국어	이탈리아어	한국어	이탈리아어
스페인	la Spagna 라 스빠냐	슬픔	la tristezza 라 뜨리스뗏짜
스포츠	lo sport 로 스뽀르뜨	습관	l'abitudine 라비뚜디네
스폰지	la spugna 라 스뿌냐	습기	l'umidità 루미디따
스프링	la molla 라 몰라	습한	umido 우미도
스피커	l'altoparlante 랄또빠를란떼	승강기	l'ascensore 라쉔소레
슬라이드	la diapositiva 라 디아뽀지띠바	승객	il passeggero 일 빠세제로
슬립(slip)	la sottogonna 라 솟또곤나	승무원	l'equipaggio 레뀌빠죠
슬리퍼	le pantofole 레 빤또폴레	시(도시)	la città 라 치따
슬픈	triste 뜨리스떼	시(詩)	la poesia 라 뽀에지아
스페인 요리	la cucina spagnola 라 꾸치나 스빠뇰라		
스페인어	lo spagnolo / la lingua spagnola 로 스빠뇰로 / 라 링구아 스빠뇰라		
스페인 사람	lo spagnolo(남자)/la spagnola (여자) 로 스빠뇰로/라 스빠뇰라		
습관적으로	abitualmente 아비뚜알멘떼		

한국어	이탈리아어	한국어	이탈리아어
시가(담배)	il sigaro 일 시가로	시내	il centro 일 첸뜨로
시간	l'ora 로라	시럽	lo sciroppo 로 쉬롭뽀
시간당	all'ora 알로라	시민	il cittadino 일 치따디노
시간표	l'orario 로라리오	시설	le attrezzature 레 아뜨레자뚜레
시계	l'orologio 로롤로조	시세	il prezzo attuale 일 쁘렛쪼 아뚜알레
시계포	la gioielleria 라 죠이엘레리아	시스템	il sistema 일 시스떼마
시금치	gli spinaci 리 스삐나치	시아버지	il suocero 일 수오체로
시기(시대)	l'epoca 레뽀까	시야	la vista / la visione 라 비스따 / 일 비지오네
시끄러운	rumoroso 루모로조	시어머니	la suocera 라 수오체라
시도			il tentativo / la prova 일 뗀따띠보 / 라 쁘로바
시도하다			tentare / provare 뗀따레 / 쁘로바레
시디버너(CD burner)			il masterizzatore 일 마스떼리자또레
시비스료			il costo del servizio 일 꼬스또 델 세르빗찌오

시월	l'ottobre 로또브레	시체	il cadavere 일 까다베레
시인	il poeta 일 뽀에따	시큼한	agro 아그로
시작	l'inizio 리닛찌오	시트	il lenzuolo 일 렌쭈올로
시장(市場)	il mercato 일 메르까또	시험	l'esame 레자메
시장(市長)	il sindaco 일 신다꼬	식당	il ristorante 일 리스또란떼

시작하다	iniziare / cominciare 이니찌아레 / 꼬민챠레
시즌오프	la bassa stagione 라 밧사 스따죠네
시집(媤집)	la famiglia di marito 라 파밀리아 디 마리또
시집(詩集)	il raccolto di poesie 일 라꼴또 디 뽀에지에
시차	la differenza di fuso orario 라 디페렌짜 디 푸조 오라리오
시침(혹은 분침)	la lancetta di un orologio 라 란쳇따 디 운 오롤로죠
식기세척기	la lavastoviglie / la lavapiatti 라 라바스또빌리에 / 라 라비삐앗띠
식당차	il vagone ristorante 일 바고네 리스또란떼

식료품	gli alimentari 리 알리멘따리	식초	l'aceto 라체또
식사	il pasto 일 빠스또	식탁	la tavola 라 따볼라
식욕	l'appetito 라뻬띠또	식탁보	la tovaglia 라 또발리아
식전	prima del pasto 쁘리마 델 빠스또	식후	dopo pasto 도뽀 빠스또
식전주	l'aperitivo 라뻬리띠보	신(맛이)	acido 아치도

식료품점	il negozio di alimentari 일 네고찌오 디 알리멘따리
식물	la pianta / il vegetale 라 삐안따 / 일 베제딸레
식물원	il giardino botancio 일 쟈르디노 보따니꼬
식수	l'acqua potabile 라꽈 뽀따빌레
식용 포도	l'uva da tavola 루바 다 따볼라
식중독	l'intossicazione alimentare 린또시까찌오네 알리멘따레
신경안정제	il tranquillante 일 뜨랑뀔란떼
신고할 물건	la merce da dichiarare 라 메르체 다 디끼아라레

신(종교)	il dio 이 디오
신경	il nervo 일 네르보
신고	la dichiarazione 라 디끼아라찌오네
신고하다	dichiarare 디끼아라레
신기록	il nuovo record 일 누오보 레꼬드
신다(신발을)	portare 뽀르따레
신랑	lo sposo 로 스뽀조
신문	il giornale 일 죠르날레
신문 기자	il giornalista 일 죠르날리스따
신문 판매소	l'edicola 레디꼴라
신발	le scarpe 레 스까르뻬
신부	la sposa 라 스뽀자
신부(성당)	il padre 일 빠드레
신비한	misterioso 미스테리오조
신사	il signore 일 시뇨레
신앙	la fede 라 페데
신용	il credito 일 끄레디또
신전	il tempio 일 뗌피오
신분증	la carta d'identità 라 까르따 디덴띠따
신사 숙녀 여러분	signore e signori 스뇨레 에 시뇨리
신용 카드	la carta di credito 라 까르따 디 끄레디또
신용장	la lettera di credito 라 렛테라 디 끄레디또

신중한	serio 세리오
신청	la domanda 라 도만다
신청서	la domanda 라 도만다
신청하다	domandare 도만다레
신학	la teologia 라 떼올로지아
신형	il modello nuovo 일 모델로 누오보
신호	il segno 일 세뇨
신혼	la luna di miele 라 루나 디 미엘레
싣다	caricare 까리까레
실	il filo 일 필로
실수	lo sbaglio 로 즈발리오
실수하다	sbagliare 즈발리아레
실습	la pratica 라 쁘라띠까
실습을 하다	praticare 쁘라띠까레
실용적인	pratico 쁘라띠꼬
실크	la seta 라 세따
실현	la realizzazione 라 레알리자찌오네
실현가능한	realizzabile 레알리자빌레
실현하다	realizzare 레알리자레
심다	piantare 삐안따레
실업	la disoccupazione 라 디소꾸빠찌오네
심장마비	l'infarto / l'attacco cardiaco 린파르또 / 라따꼬 까르디아꼬
싱글룸	la camera singola 라 까메라 싱골라

심리학	la psicologia 라 프시꼴로지아	십이월	il dicembre 일 디쳄브레
심리학자	lo psicologo 로 프시꼴로고	십일월	il novembre 일 노벰브레
심장	il cuore 일 꾸오레	십자가	la croce 라 끄로체
심장병	la cardiopatia 라 까르디오파띠아	싱글베드	il letto singolo 일 렛또 싱골로
십(10)	dieci 디에치	쌀	il riso 일 리조
십만	centomila 첸또밀라	쌀밥	il riso bianco 일 리조 비앙꼬

싸다(종이 등으로)	incartare 인까르따레
싸우다	combattere / lottare 꼼밧테레 / 로따레
싼(가격이)	a buon mercato 아 부온 메르까또
쌍꺼풀	la doppia palpebra 라 돕삐아 빨페브라
쌍둥이	il gemello(남자) / la gemella(여자) 일 제멜로 / 라 제멜라
쓰레기 봉투	il sacchetto dell'immondizia 일 사껫또 델림몬디찌아
쓰레기통	il bidone dell'immondizia 일 비도네 델림몬디찌아

한국어	이탈리아어	한국어	이탈리아어
쌍	la coppia 라 꼬삐아	쓴(맛이)	amaro 아마로
쏟다	versare 베르사레	쓸개	la cistifellea 라 치스띠펠레아
쓰다(글)	scrivere 스끄리베레	쓸모없는	inutile 이누띨레
쓰레기	l'immondizia 림몬디찌아	씨, 종자	il seme 일 세메
쓰레받기	la pattumiera 라 빠뚜미에라		

ㅇ

한국어	이탈리아어
아가씨	la signorina 라 시뇨리나
아내	la moglie 라 몰리에
아니다	no 노
아들	il figlio 일 필리오
아래	sotto 솟또
아르헨티나	l'Argentina 라르젠띠나
아기	il bimbo(남자) / la bimba(여자) 일 빔보 / 라 빔바
아래층	il piano inferiore 일 삐아노 인페리오레
아령(dumbbel)	il manubrio 일 마누브리오
아르헨티나인	l'argentino(남자) / l'argentina(여자) 라르젠띠노 / 라르젠띠나
아무도 ~아니다	nessuno 네수노
아름다운	bello 벨로
아름다움	la bellezza 라 벨렛짜
아마	forse 포르세
아마도	probabilmente 쁘로바빌멘떼
아마추어	il dilettante 일 딜레딴떼
아몬드	la mandorla 라 만도를라
아버지	il padre 일 빠드레
아빠	il babbo / il papà 일 밥보 / 일 빠빠

한국어	이탈리아어	한국어	이탈리아어
아스파라거스	gli asparagi 리 아스빠라지	아파트	l'appartamento 라빠르따멘또
아스피린	l'aspirina 라스피리나	아프리카	l'Africa 라프리까
아이디어	l'idea 리데아	아픈	malato 말라또
아이스크림	il gelato 일 젤라또	아홉	nove 노베
아직	ancora 앙꼬라	악몽	l'incubo 린꾸보
아침	la mattina 라 마띠나	악센트	l'accento 라첸또
아침 식사	la colazione 라 꼴라찌오네	악수하다	dare la mano 다레 라 마노
아카데미	l'accademia 라까데미아	악어	il coccodrillo 일 꼬꼬드릴로

아이스크림 가게	la gelateria 라 젤라떼리아
아침 식사를 하다	fare colazione 파레 꼴라찌오네
악기	lo strumento musicale 로 스뜨루멘또 무지깔레
악셀러레이터	l'acceleratore 라첼레라또레
악수	la stretta di mano 라 스트렛따 디 마노

안개	la nebbia 라 넵비아	안에	dentro 덴뜨로
안경	gli occhiali 리 오끼알리	안전	la sicurezza 라 시꾸렛짜
안경테	la montatura 라 몬따뚜라	앉다	sedersi 세데르시
안내소	l'informazione 린포르마찌오네	앉아라!	Siediti! 시에디띠!
안내원	il guida 일 구이다	앉읍시다!	Sediamoci! 세디아모치!
안녕!	Ciao! 챠오!!	알다	sapere 사뻬레
안락의자	la poltrona 라 뽈뜨로나	알다(사람을)	conoscere 꼬노쉐레

안과	lo studio oculistico 로 스뚜디오 오꿀리스띠꼬
안내	l'informazione / la guida 린포르마찌오네 / 라 구이다
안녕히가세요.	ArrivederLa! 아리베데를라
안전 검사	il controllo di sicurezza 일 꼰트롤로 디 시꾸렛짜
안전벨트	la cintura di sicurezza 라 친뚜라 디 시꾸렛짜
앉으세요!	Si sieda! / S'accomodi! 시 시에다! / 사꼬모디

한국어	이탈리아어
알레르기	l'allergia 랄레르지아
알려진	noto 노또
알리다	conoscere 꼬노쉐레
알림(공고)	l'annuncio 라눈치오
알아보다	riconoscere 리꼬노쉐레
알약	la pastiglia 라 파스띨랴
암	il cancro 일 깡끄로
암탉	la gallina 라 갈리나
압력	la pressione 라 쁘레시오네
압핀	il chiodino 일 끼오디노
앞에	davanti 다반띠
앞치마	il grembiule 일 그렘뷸레
애인	l'amante 라만 떼
애정	l'affetto 라펫또
액자	la cornice 라 꼬르니체
앵두	la ciliegia 라 칠레좌
앵무새	il papagallo 일 빠빠갈로
야간	la notte 라 놋떼
알루미늄호일	la carta stagnola 라 까르따 스따뇰라
알아 맞추다	indovinare 인도비나레
앞쪽	la parte anteriore 라 빠르떼 안떼리오레
야간 열차	il treno notturno 일 뜨레노 노뚜르노

야구	il baseball 일 베이스볼	약간의	un po' 운 뽀
야생의	selvatico 셀바띠꼬	약국	la farmacia 라 파르마치아
야영	il campeggio 일 캄뻬죠	약속하다	promettere 쁘로멧떼레
야영하다	fare campeggio 파레 캄뻬죠	약손가락	l'anulare 라눌라레
야외(전원)	la campagna 라 깜빠냐	약혼식	il fidanzamento 일 피단자멘또
야채	la verdura 라 베르두라	얇은	sottile 소띨레
약(藥)	la medicina 라 메디치나	양	la quantità 라 꽌띠따

야채 가게	il negozio di verdura 일 네곳찌오 디 베르두라
약사(藥師)	il farmacista 일 파르마치스따
약속	la promessa / l'appuntamento 라 쁘로멧사 / 라뿐따멘또
약속을 지키다	mantenere la promessa 만떼네레 라 쁘로멧사
약혼자	il fidanzato(남자) / la fidanzata(여자) 일 피단자또 / 라 피단자따
양 갈비	la braciola di agnello 라 브라치올라 디 아녤로

한국어	이탈리아어	발음
양(소의 위장)	la trippa	라 뜨립빠
양념	il condimento	일 꼰디멘또
양념하다	condire	꼰디레
양말	i calzini	이 깔찌니
양배추	il cavolo bianco	일 까볼로 비앙꼬
양복	l'abito	라비또
양탄자	il tappetto	일 따뻿또
양파	la cipolla	라 치뽈라
양(동물)	la pecora / l'agnello	라 뻬꼬라 / 라녤로
양고기	la carne di agnello	라 까르네 디 아녤로
양력	il calendario solare	일 깔렌다리오 솔라레
양조용 포도	l'uva per la vinificazione	루바 뻬르 라 비니피까찌오네
어린이	il bambino(남자) / la bambina(여자)	일 밤비노 / 라 밤비나
어깨	la spalla	라 스빨라
어느 것	quale	꽐레
어두운	buio	부요
어디	dove	도베
어디든지	dovunque	도붕꿰
어떻게	come	꼬메
어려운	difficile	디피칠레
어른, 성인	l'adulto	라둘또

한국어	이탈리아어
어리석은	stupido 스뚜삐도
어머니	la madre 라 마드레
어업	la pesca 라 뻬스까
어제	ieri 예리
어쨌든	comunque 꼬뭉꿰
언어	la lingua 라 링구아
언어학	la linguistica 라 링귀스띠까
언제	quando 꽌도
얼굴	il viso / la faccia 일 비조 / 라 팟챠
얼다	gelare 젤라레
언니	la sorella maggiore 라 소렐라 마죠레
얼굴을 붉히다	arrossire 아로씨레
에스칼레이터	la scala mobile 라 스깔라 모빌레
얼마의	quanto 꽌또
얼음	il ghiaccio 일 기앗쵸
엄마	la mamma 라 맘마
엄지손가락	il pollice 일 뽈리체
엄한	rigido / severo 리지도 / 세베로
업무	l'impegno 림뻬뇨
없이	senza 센자
엉덩이	il sedere 일 세데레
에어컨	il climatizzatore 일 끌리마띠자또레
엔지니어	l'ingegnere 린제녜레

한국어	이탈리아어	한국어	이탈리아어
엘리베이터	l'ascensore 라쉔소레	여보세요!(행인에게)	Senta! 센따!
여권	il passaporto 일 빠사뽀르또	여성의	femminile 페미닐레
여기	qui / qua 뀌 / 꽈	여왕벌	l'ape regina 라뻬 레지나
여드름	l'acne 라끄네	여우	la volpe 라 볼뻬
여름	l'estate 레스따떼	여자(성)	la donna 라 돈나
여보세요!(전화)	Pronto! 쁘론또!	여행	il viaggio 일 비앗죠
엔초비(anchovies)			le acciughe 레 아츄게
여름 방학(휴가)			le vacanze estive 레 바깐쩨 에스띠베
여자 친구(애인 관계)			la ragazza 라 라가짜
여행 가방			la borsa da viaggio 라 보르사 다 비앗죠
여행 가이드			la guida turistica 라 구이다 뚜리스띠까
여행사			l'agenzia di viaggi 라젠지아 디 비앗지
여행용 트렁크			la valigia 라 발리좌

한국어	이탈리아어	한국어	이탈리아어
여행객	il viaggiatore 일 비아좌또레	연고	la pomata 라 뽀마따
여행자	il viaggiatore 일 비아좌또레	연관(관계)	la relazione 라 렐라찌오네
여행하다	viaggiare 비아좌레	연구	la ricerca 라 리체르까
역(驛)	la stazione 라 스따찌오네	연구하다	ricercare 리체르까레
역사(歷史)	la storia 라 스또리아	연락	il contatto 일 꼰땃또
역사가	lo storico 로 스또리꼬	연료	il carburante 일 까르부란떼
역시	anche 앙께	연말	la fine anno 라 피네 안노
역장	il capostazione 일 까뽀스따찌오네	연못	lo stagno 로 스따뇨
역할	il ruolo 일 루올로	연설	il discorso 일 디스꼬르소
연결	il collegamento 일 꼴레가멘또	연습	l'esercizio 레세르치찌오
연결하다	collegare 꼴레가레	연습하다	praticare 쁘라띠까레
여행자 수표			i travellers' cheque 이 트레블러스 체크
연기하다, 미루다			rimandare 리만다레

한국어	이탈리아어	한국어	이탈리아어
연어	la collocazione 라 꼴로까찌오네	열심히	diligentemente 딜리젠떼멘떼
연어(생선)	il salmone 일 살모네	열정	la passione 라 빠시오네
연주하다	suonare 수오나레	염색	il tinto 일 띤또
연필	la matita 라 마띠따	염색하다	fare la tinta 파레 라 띤따
연필깎이	il temperino 일 뗌뻬리노	염색하다	tingere 띤제레
열(10)	dieci 디에치	염소	la capra 라 까쁘라
열(熱)	la febbre 라 페브레	염전	la salina 라 살리나
열다	aprire 아쁘리레	염증	l'infiammazione 린피암마찌오네
열량	la caloria 라 깔로리아	엽서	la cartolina 라 까르똘리나
열리다	aprirsi 아쁘리르시	영광	la gloria 라 글로리아
열병	la febbre 라 페브레	영국	l'Inghilterra 링길떼라
열쇠	la chiave 라 끼아베	영국 사람	l'inglese 링글레제
영리한			bravo / intelligente 브라보 / 일뗄리젠떼

영사관	il consolato 일 꼰솔라또	영향	l'influenza 린플루엔자
영사기	il proiettore 일 쁘로옛또레	영화	il film 일 필므
영업중	aperto 아뻬르또	영화 감독	la regia 라 레지아
영업중이 아닌	chiuso 끼우조	예(yes)	Sì 시
영웅	l'eroe 레로에	예(실례)	l'esempio 레젬뽀

영수증	la ricevuta / lo scontrino 라 리체부따 / 로 스꼰뜨리노
영어	l'inglese / la lingua inglese 링글레제 / 라 링구아 잉글레제
영업시간	l'orario di apertura 로라리오 디 아뻬르뚜라
영화를 보러가다	andare al cinema 안다레 알 치네마
예금하다	depositare i soldi in banca 데뽀지따레 이 솔디 인 방까
옐로우카드	il cartellino giallo 일 까르뗄리노 쨜로
예방 접종 증명서	il certificato della vaccinazione 일 체르띠피까또 델라 바치나찌오네
예비 바퀴, 스페어타이어	la ruota di scorta 라 루오따 디 스꼬르따

한국어	이탈리아어
예금	il deposito 일 데뽀지또
예매	le prevendita 라 쁘레벤디따
예민한	sensibile 센시빌레
예방 접종	la vaccinazione 라 바치나찌오네
예방하다	prevenire 쁘레베니레
예배(미사)	la messa 라 멧사
예쁜	bello 벨로
예술	l'arte 라르떼
예술가	l'artista 라르띠스따
예술적인	artistico 아르띠스띠꼬
예약석	il posto riservato 일 뽀스또 리세르바또
예의가 바른	beneducato 벤에두까또
예의가 없는	maleducato 말에두까또
오늘 밤	questa notte / stanotte 꿰스따 놋떼 / 스따놋떼
오늘 아침	questa mattina / stamane 꿰스따 마띠나 / 스따마네
오늘 저녁	questa sera / stasera 꿰스따 세라 / 스따세라
오랜 친구	il vecchio amico 일 베끼오 아미꼬
오레가노(oregano 향료)	l'origano 로리가노

한국어	이탈리아어	한국어	이탈리아어
예술품	l'opera d'arte 로뻬라 다르떼	오렌지	l'arancia 라란챠
예약	la prenotazione 라 쁘레노따찌오네	오렌지 나무	l'arancio 라란쵸
예약하다	prenotare 쁘레노따레	오렌지 음료	l'aranciata 라란치아따
예측하다	prevvedere 쁘레베데레	오르다	salire 살리레
오늘	oggi 옷지	오른쪽	la destra 라 데스뜨라
오다.	venire 베니레	오리	l'anatra 라나뜨라
오래된	antico 안띠꼬	오믈렛	l'omeletta 로멜렛따
오랜지 색의	arancione 아란쵸네	오백	cinquecento 칭꿰첸또
오랫동안	molto tempo 몰또 뗌뽀	오십(50)	cinquanta 칭꽌따

오렌지 쥬스	il succo d'arancia 일 수꼬 다란챠
오버슈즈	le galoche / le calosce 레 갈로쉐 / 레 깔로쉐
오징어 먹물	il nero di seppia 일 네로 디 세삐아
오징어 먹물 스파게티	gli spaghetti al nero di seppia 리 스빠겟띠 알 네로 디 세삐아

한국어	이탈리아어	한국어	이탈리아어
오십시오!	Venga! 벵가!	오팔(광물)	l'opale 로빨레
오염	l'inquinamento 링뀌나멘또	오페라	l'opera 로뻬라
오월	il maggio 일 맛죠	오프너	il cavatappi 일 까바따삐
오이	il cetriolo 일 체뜨리올로	오해하다	fraintendere 프라인뗀데레
오전	la mattinata 라 마띠나따	오후	il pomeriggio 일 뽀메릿죠
오징어	la seppia 라 셉삐아	옥(광물)	la giada 라 좌다
오케스트라	l'orchestra 로르께스뜨라	옥수수	il mais 일 마이스
오토바이	la moto 라 모또	온도	la temperatura 라 뗌뻬라뚜라
오트밀	la papa di avena 라 빠빠 디 아베나		
오프사이드(축구)	il fuorigioco 일 푸오리죠꼬		
온도를 재다	misurare la temperatura 미주라레 라 뗌뻬라뚜라		
올리브 나무	l'ulivo / l'olivo 룰리보 / 롤리보		
올림픽 게임	i giochi olimpici 이 죠끼 올림삐치		

한국어	이탈리아어	한국어	이탈리아어
온도계	il termometro / 일 떼르모메뜨로	옮기다	trasferire / 뜨라스페리레
온몸	tutto il corpo / 뚯또 일 꼬르뽀	옳다	avere ragione / 아베레 라지오네
온천	le terme / 레 떼르메	옵서버	l'osservatore / 로세르바또레
올라가다	salire / 살리레	옵션	l'opzione / 롭찌오네
올리다(가격)	aumentare / 아우멘따레	옷	il vestito / l'abito / 베스띠또 / 라비또
올리브 열매	l'oliva / 롤리바	옷감	il tessuto / 일 떼숫또
올리브유	l'olio di oliva / 롤리오 디 올리바	옷걸이	l'attaccapanni / 라따까빤니
올해	quest'anno / 꿰스딴노	옷소매	la manica / 라 마니까

한국어	이탈리아어
옷가게	il negozio d'abbigliamento / 일 네고찌오 다빌리아멘또
옷을 걸다	appendere l'abito / 아뻰데레 라비또
옷장	l'armadio / il guardaroba / 라르마디오 / 일 구아르다로바
옷핀	la spilla di sicurezza / 라 스삘라 디 시꾸렛짜
와이퍼(자동차)	il tergicristallo / 일 떼르지끄리스딸로

한국어	이탈리아어	한국어	이탈리아어
옷을 벗다	togliersi 똘레르시	완숙(달걀)	l'uovo sodo 루오보 소도
옷을 입다	vestirsi 베스띠르시	완전	la perfezione 라 뻬르페찌오네
와라!	Vieni! 비에니!	완전하다	essere perfetto 엣세레 뻬르펫또
와이셔츠	la camicia 라 까미챠	완전한	perfetto 뻬르펫또
와인	il vino 일 비노	완전히	perfettamente 뻬르펫따멘떼
와인바	l'enoteca 에노떼까	완전히 익힌	ben cotto 벤 꼿또
와플(waffles)	i wafer 이 와페르	완행열차	il treno locale 일 뜨레노 로깔레
완두콩	i piselli 이 삐셀리	왕, 임금	il re 일 레
완성하다	completare 꼼쁠레따레	왕비	la regina 라 레지나

왕복 andata e ritorno
안다따 에 리또르노

왕복표 il biglietto di andata e ritorno
일 빌리엣또 디 안다따 에 리또르노

외국어 la lingua straniera
라 링구아 스뜨라니에라

외무부 il Ministero degli Affari Esteri
일 미니스떼로 델리 아파리 에스떼리

한국어	이탈리아어
왕새우	il gamberone 일 감베로네
왕자	il principe 일 쁘린치뻬
왜	perché 뻬르께
왜냐하면	perché 뻬르께
외과 의사	il chirurgo 일 끼루르고
외교관	il diplomatico 일 디쁠로마띠꼬
외국	l'estero 레스떼로
외식하다	mangiare al ristorante 만좌레 알 리스또란떼
외장 하드(컴퓨터)	il disco esterno 일 디스꼬 에스떼르노
요강(환자용 변기)	la padella 라 빠델라
요금표	la tabella della tariffa 라 따벨라 델라 따릿파
요일	il giorno della settimana 일 죠르노 델라 셋띠마나
욕구, 의욕	la voglia / il desiderio / la volontà 라 볼리아 / 일 데지데리오 / 라 볼론따
외국인	lo straniero 로 스뜨라니에로
외출하다	uscire 우쉬레
왼쪽	la sinistra 라 시니스뜨라
왼쪽으로	a sinistra 아 시니스뜨라
요구르트	lo yogurt 로 요구르뜨
요금	la tariffa 라 따릿파
요리	la cucina / il cibo 라 꾸치나 / 일 치보

한국어	이탈리아어	한국어	이탈리아어
요리사	il cuoco 일 꾸오꼬	용감한	coraggioso 꼬라죠조
요리하다	cucinare 꾸치나레	용기	il coraggio 꼬랏죠
요새	la fortezza 라 포르뗏짜	용돈	la mancetta 라 만쳇따
요약	il sommario 일 솜마리오	용량	la portata 라 뽀르따따
요즘	oggi come oggi 옷지 꼬메 옷지	용서	il perdono 일 뻬르도노
요통	la lombaggine 라 롬바지네	용서하다	perdonare 뻬르도나레
욕실	il bagno 일 바뇨	용암	la lava 라 라바
욕심	l'avarizia 라바리짜아	용어	il termine 일 떼르미네
욕심이 많은	avaro 아바로	우럭(생선)	lo scorfano 로 스꼬르파노
용(龍)	il drago 일 드라고	우리들의	nostro / nostra 노스뜨로 / 노스뜨라
욕조			la vasca da bagno 라 바스까 다 바뇨
우기			la stagione delle piogge 라 스따죠네 델레 삐옷제
우박이 내리다			grandinare 그란디나레

우박	la grandine 라 그란디네	우울한	malinconico 말린꼬니꼬
우산	l'ombrello 롬브렐로	우유	il latte 일 랏떼
우스운	buffo 부포	우정	l'amicizia 라미칫찌아
우승자	il vincitore 일 빈치또레	우주	l'universo 루니베르소
우아한	elegante 엘레간떼	우주선	l'astronave 라스뜨로나베
우연히	per caso 뻬르 까조	우체국	l'ufficio postale 루피쵸 뽀스딸레

우체통	la buca per le lettere 라 부까 뻬르 레 렛떼레
우편 번호	il codice postale 일 꼬디체 뽀스딸레
우편 요금	la tariffa postale 라 따릿파 뽀스딸레
운동복(하의)	i pantallincini 이 빤딸론치니
운동화	le scarpe da ginnastica 레 스까르뻬 다 진나스띠까
운전 면허증	la patente di guida 라 빠뗀떼 디 구이다
운송비	le spese di trasporto 레 스뻬제 디 뜨라스뽀르또

한국어	이탈리아어	한국어	이탈리아어
우체부	il postino 일 뽀스띠노	운전하다	guidare 구이다레
우편	la posta 라 뽀스따	운하	il canale 일 까날레
우표	il francobollo 일 프랑꼬볼로	울(wool)	la lana 라 라나
운동	la ginnastica 라 진나스띠까	울다	piangere 삐안제레
운동복(상의)	la maglietta 라 말리엣따	움직이는	mobile 모빌레
운동장	lo stadio 로 스따디오	웃다	ridere 리데레
운명	il destino 일 데스띠노	웃음	il riso 일 리조
운송하다	trasportare 뜨라스뽀르따레	원(圓)	il cerchio 일 체르끼오
운임	la tariffa 라 따릿파	원금	il capitale 일 까삐딸레
운전	la guida 라 구이다	원료	la materia prima 라 마떼리아 쁘리마
운전사	l'autista 라우띠스따	원숭이	la scimmia 라 쉼미아
울음			il pianto / la lacrima 일 삐안또 / 라 라끄리마
울지 마라!			Non piangere! 논 삐안제레!

한국어	이탈리아어	한국어	이탈리아어
원시의(눈)	presbite 쁘레스비떼	월말	la fine mese 라 피네 메제
원시적인	primitivo 쁘리미띠보	월세	l'affitto 라핏또
원인	la causa 라 까우자	월요일	il lunedì 일 루네디
원천	il fonte 일 폰떼	웨이터	il cameriere 일 까메리에레
원피스	il monopetto 일 모노뻿또	웨이트리스	la cameriera 라 까메리에라
원하다	volere 볼레레	위기	la crisi 라 끄리지
원형의	originale 오리지날레	위대한	grande 그란데
월급	il salario 일 살라리오	위로하다	consolare 꼰솔라레

한국어	이탈리아어
월간 잡지	la rivista mensile 라 리비스따 멘실레
월급	il salario / lo stipendio 일 살라리오 / 로 스띠뻰디오
위층	il piano superiore 일 삐아노 수뻬리오레
위통	il mal di stomaco 일 말 디 스또마꼬
유기농 제품	il prodotto biologico 일 쁘로돗또 비올로지꼬

한국어	이탈리아어	한국어	이탈리아어
위반하다	violare 비올라레	위협하다	minacciare 미나치아레
위스키	il wisky 일 위스끼	유감스럽다	Mi dispiace! 미 디스삐아체!
위에	sopra / su 소쁘라 / 수	유교	il confucianesimo 일 꼰푸치아네지모
위장(신체)	lo stomaco 로 스또마꼬	유능한	abile 아빌레
위조하다	falsificare 팔시피까레	유로(화폐)	l'Euro 레우로
위험	la pericolosità 라 뻬리꼴로시따	유리	il vetro 일 베뜨로
위험한	pericoloso 뻬리꼴로조	유리한 점	il vantaggio 일 반땃죠
위협	la minaccia 라 미나치아	유명한	famoso 파모조

유료 도로   la strada a pagamento
라 스뜨라다 아 빠가멘또

유스호텔   l'ostello della gioventù
로스뗄로 델라 죠벤뚜

유실물   gli oggetti smarriti
리 로젯띠 즈마릿띠

유실물 센터   l'ufficio oggetti smarriti
루피쵸 오젯띠 즈마릿띠

유치원   la scuola materna
라 스꾸올라 마떼르나

한국어	이탈리아어
유사한	simile 시밀레
유산(재산)	l'eredità 레레디따
유아원	l'asilo nido 라질로 니도
유언	il testamento 일 떼스따멘또
유용한	utile 우띨레
유월	il giugno 일 쥬뇨
유일한	unico 우니꼬
유적	il monumento 일 모누멘또
유행에 뒤진	fuori moda 푸오리 모다
유행하는	alla moda 알라 모다
은메달	la medaglia d'argento 라 메달리아 다르젠또
은반지	l'anello d'argento 라넬로 다르젠또
은퇴하다	andare in pensione 안다레 인 뻰시오네
은행원	il bancario(남자) / la bancaria(여자) 일 방까리오 / 라 방까리아
은행통장	il libretto bancario 일 리브렛또 방까리오
음력	il calendario lunare 일 깐렌다리오 루나레
음식	la cucina / il cibo / il piatto 라 꾸치나 / 일 치보 / 일 삐앗또
음주 운전	la guida in stato di ebbrezza 라 구이다 인 스따또 디 에브렛짜

한국어	이탈리아어	한국어	이탈리아어
유향성 감기	l'influenza 인플루엔자	음악	la musica 라 무지까
유혹하다	sedurre 세두레	음악가	il musicista 일 무지치스따
유효기간	la scadenza 라 스까덴짜	음절	la sillaba 라 실라바
육교	il cavalcavia 일 까발까비아	음표	la nota 라 노따
은(銀)	l'argento 라르젠또	응급실	il pronto soccorso 일 쁘론또 소꼬르소
은행	la banca 라 방까	응급차	l'ambulanza 람블란짜
음료수	la bibita 라 비비따	응접실	la sala 라 살라

한국어	이탈리아어
의무교육	l'istruzione obbligatoria 리스뜨루찌오네 오블리가또리아
의과대학	la facoltà di medicina 라 파꼴따 디 메디치나
의미하다	significare / volere dire 시니피까레 / 볼레레 디레
의사	il medico / il dottore 일 메디꼬 / 일 도또레
의사 진단서	il certificato medico 일 체르띠피까또 메디꼬
의원(국회)	il membro di Assemblea Nazionale 일 멤브로 디 아쎔블레아 나찌오날레

한국어	이탈리아어	한국어	이탈리아어
의견	l'opinione 로삐뇨네	의자	la sedia 라 세디아
의도	l'intenzione 린뗀찌오네	의학	la medicina 라 메디치나
의류	l'abbigliamento 라빌리아멘또	이(곤충)	il pidocchio 일 삐도끼오
의문	la questione 라 꿰스띠오네	이(지시 형용사)	questo 꿰스또
의미	il significato 일 시니피까또	이(치아)	il dente 일 덴떼
의심	il dubbio 일 둡비오	이것(지시 대명사)	questo 꿰스또
의심하다	dubitare 두비따레	이기다	vincere 빈체레
의약품	la medicina 라 메디치나	이기주의	l'egoismo 레고이즈모
이메일			l'e-mail / la posta elettronica 리메일 / 라 뽀스따 엘레뜨로니까
이메일 주소			l'indirizzo e-mail 린디릿쪼 이메일
이메일을 보내다.			mandare un'e-mail 만다레 운 이메일
이발			il taglio di capelli 일 딸리오 디 까뻴리
이비인후과 의사			l'otorinolaringoiatra 로또리노라링고이아뜨라

이기주의자	l'egoista 레고이스따	이마	la fronte 라 프론떼
이력서	il curriculum vitae 일 꾸리꿀룸 비떼	이모	la zia 라 찌아
이론	la teoria 라 떼오리아	이모부	il zio 일 찌오
이륙	il decollo 일 데꼴로	이민	l'emigrazione 레미그라찌오네
이륙하다.	decollare 데꼴라레	이민가다.	emigrare 에미그라레
이름	il nome 일 노메	이민오다	immigrare 임미그라레
이리 오세요!	Venga qui! 벵가 뀌!	이발사	il barbiere 일 바르비에레
이리 와!	Vieni qui! 비에니 뀌!	이발소	il barbiere 일 바르비에레

이뿌리	la radice del dente 라 라디체 델 덴떼
이유	la causa / il motivo 라 까우자 / 일 모띠보
이코노미 클래스	la classe economica 라 끌랏세 에꼬노미까
이탈리아 사람	l'italiano(남자) / l'italiana(여자) 리딸리아노 / 리딸리아나
이탈리아 주재 한국대사관	l'Ambasciata della Corea in Italia 람바샤따 델라 꼬레아 인 이딸리아

한국어	이탈리아어
이불	il piumone 일 쀼모네
이사	il trasloco 일 뜨라스로꼬
이사를 하다	traslocare 뜨라스로까레
이상한	strano 스뜨라노
이쑤시게	lo stuzzicadenti 로 스뚜찌까덴띠
이야기	il racconto 일 라꼰또
이야기를 하다	raccontare 라꼰따레
이용	l'uso 루조
이용하다	usare 우자레
이웃	il prossimo 일 쁘롯시모
이자	l'interesse 린떼렛세
이전의	precedente 쁘레체덴떼
이제 막	appena 아뻬나
이젤(그림용)	il cavalletto 일 까발렛또
이중의	doppio 도삐오
이탈리아	l'Italia 리딸리아
이하선염	gli orrecchioni 리 오레끼오니
이해하다	capire 까삐레
이혼	il divorzio 일 디보르찌오
익명의	anonimo 아노니모

인공 색소   il colorante artificiale 일 꼴로란떼 아르띠피치알레

인공 조미료   il condimento chimico 일 꼰디멘또 끼미꼬

인구   la popolazione / l'abitante 라 뽀뽈라찌오네 / 라비딴떼

익숙한	abituato 아비뚜아또	인사	il saluto 일 살루또
익스텐션코드	la prolunga 라 쁘로룽가	인사를 하다	salutare 살루따레
인 척 가장하다	fingere 핀제레	인상	l'impressione 림쁘레시오네
인간	l'uomo 루오모	인생	la vita 라 비따
인공적인	artificiale 아르띠피치알레	인식하다	accorgersi 아꼬르제르시
인내심	la pazienza 라 빠찌엔짜	인용	la citazione 라 치따찌오네
인류	l'umanità 루마니따	인용하다	citare 치따레

인터넷카페	l'internet caffè 린떼르넷 까페
일광욕을 하다	prendere il sole 쁘렌데레 일 솔레
일본어	il giapponese / la lingua giapponese 일 쟈뽀네제 / 라 링구아 쟈뽀네제
일어나다(사건이)	succedere 수체데레
일을 끝내다	finire il lavoro 피니레 일 라보로
일을 시작하다	cominciare il lavoro 꼬민챠레 일 라보로

한국어	이탈리아어
인출하다	ritirare 리띠라레
인터넷	l'internet 린떼르넷
인플레이션	l'inflazione 린플라찌오네
인형	la bambola 라 밤볼라
일 백 그램	un etto 운 엣또
일(1)	un / uno / una 운 / 우노 / 우나
일(날)	il giorno 일 죠르노
일(노동)	il lavoro 일 라보로
일간지	il quotidiano 일 꿔띠디아노
일등석	la prima classe 라 쁘리마 끌랏세
일방통행	il senso unico 일 센소 우니꼬
일본	il Giappone 일 쟈뽀네
일치	la corrispendenza / l'accordo 꼬리스뽄덴짜 / 라꼬르도
일치하다	coincidere / corrispondere a 꼬인치데레 / 꼬리스뽄데레 아
일터	il luogo di lavoro 일 루오고 디 라보로
입구	l'entrata / l'ingresso 렌뜨라따 / 링그렛소
입석	il posto in piedi 일 뽀쓰또 인 삐에디
입학	l'ammissione 람미시오네
입학 시험	l'esame d'ammissione 레자메 담미시오네

한국어	이탈리아어	한국어	이탈리아어
일본 사람	il giapponese 일 쟈뽀네제	입(口)	la bocca 라 보까
일어나다(자리에서)	alzarsi 알짜르시	입국	l'entrata 엔뜨라따
일어나라!	Alzati! 알짜띠!	입국 비자	il visto d'entrata 일 비스또 덴뜨라따
일요일	la domenica 라 도메니까	입술	il labbro 일 라브로
일월	il gennaio 일 젠나이오	입원	il ricovero 일 리꼬베로
일을 하다	lavorare 라보라레	입원하다	ricoverare 리꼬베라레
일찍	presto 쁘레스또	잇몸	la gengiva 라 젠지바
일차 요리	il primo piatto 일 쁘리모 삐앗또	잉크	l'inchiostro 링끼오스뜨로
읽다	leggere 렛제레	잊다	dimenticare 디멘띠까레
잃다	perdere 뻬르데레	잎	la foglia 라 폴리아
임신	la gravidanza 라 그라비단자		

ㅈ

한국어	이탈리아어
자(길이를 재는)	il righello 일 리겔로
자국이 난	macchiato 마끼아또
자다	dormire 도르미레
자동의	automatico 아우또마띠꼬
자동차로	in macchina 인 마끼나
자두	la susina 라 수지나
자르다	tagliare 딸리아레
자동 판매기	il distributore automatico 일 디스뜨리부또레 아우또마띠꼬
자동사	il verbo intransitivo 일 베르보 뜨란지띠보
자동차	la macchina / l'automobile 라 마끼나 / 라우또모빌레
자석	il magnete / la calamita 일 마녜떼 / 라 깔라미따
자리	il posto 일 뽀스또
자막	il sottotitolo 일 소또띠띠로
자매	la sorella 라 소렐라
자명종	la sveglia 라 즈벨리아
자몽	il pompelmo 일 뽐뻴모
자물쇠	il lucchetto 일 루껫또
자발적인	volontario 볼론따리오
자본	il capitale 일 까삐딸레
자손(후손)	il discendente 일 디쉔덴떼

한국어	이탈리아어	한국어	이탈리아어
자수정	l'ametista 라메띠스따	작년	l'anno scorso 란노 스꼬르소
자연	la natura 라 나뚜라	작동	la funzione 라 푼찌오네
자연히	naturalmente 나뚜랄멘떼	작동하다	funzionare 푼찌오나레
자유	la libertà 라 리베르따	작문	la composizione 라 꼼뽀지찌오네
자유로운	libero 리베로	작은	piccolo 삐꼴로
자유형(수영)	lo stile libero 로 스띨레 리베로	작은북(악기)	il tamburro 일 땀부로
자음	il consonante 일 꼰소난떼	작품	l'opera 로뻬라
자전거	la bicicletta 라 비치끌렛따	잔돈	lo spicciolo 로 스삐촐로
자정	la mezzanotte 라 메자놋떼	잔디밭	il prato 일 쁘라또
자주 색의	viola 비올라	잔치	la festa 라 페스따
작가	l'autore 라우또레	잘	bene 베네
자원봉사자	il volontario (남자) / la volontaria (여자) 일 볼론따리오 / 라 볼론따리아		
작게 말하다	parlare a bassa voce 빠를라레 아 밧사 보체		

잘못	l'errore 에로레	잣	il pinolo 일 삐놀로
잠들다	addormentarsi 아도르멘따르시	장갑	i guanti 이 관띠
잠자리(곤충)	la libellula 라 리벨룰라	장관(長官)	il ministro 일 미니스뜨로
잠재력	la potenzialità 라 뽀뗀찌알리따	장기(체스)	gli scacchi 리 스까끼
잡담	la chiachiera 라 끼아끼에라	장기판	la scacchiera 라 스까끼에라
잡아당기다	tirare 띠라레	장난감	il giocattolo 일 죠까똘로
잡음	il rumore 일 루모레	장래	il futuro 일 푸뚜로
잡지	la rivista 라 리비스따	장모	la suocera 라 수오체라

잔	la tazza / il bicchiere 라 땃짜 / 일 비끼에레
잠깐	un momento / un'attimo 운 모멘또 / 우낫띠모
장(場), 시장(市場)	il mercato 일 메르까또
장거리	la lunga distanza 라 룽가 디스딴짜
장관(壯觀)	la vista meravigliosa 라 비스따 메라빌리오자

장미	la rosa 라 로자	재미있는	divertente 디베르뗀떼
장인	il suocero 일 수오체로	재배하다	coltivare 꼴띠바레
장작	la legna 라 레냐	재산	la proprietà 라 쁘로쁘리에따
장치	l'apparecchio 라빠렉끼오	재킷	la giacca 라 쟈까
재고하다	ripensare 리뻰사레	잼(jam)	la marmellata 라 마르멜라따
재능	il talento 일 딸렌또	쟁반	il vassoio 일 바소이오
재료, 원료	l'ingrediente 링그레디엔떼	저것	quello 꿸로
재미	il divertimento 일 디베르띠멘또	저금	il risparmio 일 리스빠르미오

장식	l'ornamento / la decorazione 로르나멘또 / 라 데꼬라찌오네
장식물	l'oggetto ornamentale 로젯또 오르나멘딸레
장식하다	decorare / ornare 데꼬라레 / 오르나레
장학금	la borsa di studio 라 보르사 디 스뚜디오
재고품	lo stock / la merce in giacenza 로 스똑 / 라 메르체 인 쟈첸자

한국어	이탈리아어	한국어	이탈리아어
저금하다	risparmiare 리스빠르미아레	저항하다	protestare 쁘로떼스따레
저기	là / lì 라 / 리	적게	poco 뽀꼬
저녁	la sera 라 세라	적다(글을)	scrivere 스끄리베레
저녁 식사	la cena 라 체나	적다(양이)	essere poco 엣세레 뽀꼬
저녁마다	ogni sera 온니 세라	적도	l'equatore 레꽈또레
저민 고기	la carne tritata 라 까르네 뜨리따따	적어도(최소한)	almeno 알메노
저울	ia bilancia 라 빌란촤	적용	l'applicazione 라쁠리까찌오네
저자	l'autore 라우또레	적용하다	applicare 아쁠리까레
저작권	il diritto d'autore 일 디릿또 다우또레	적은	poco 뽀꼬
저주	l'odio 로디오	적포도주	il vino rosso 일 비노 롯소
저주하다	odiare 오디아레	적합한	adatto 아닷또
재털이	il portacenere / il posacenere 일 뽀르따체네레 / 일 뽀자체네레		
저녁 식사를 하다	fare cena 파레 체나		

한국어	이탈리아어	한국어	이탈리아어
전 세계	tutto il mondo 뚯또 일 몬도	전신	tutto il corpo 뚯또 일 꼬르뽀
전기	l'eletricità 렐레뜨리치따	전쟁	la guerra 라 구에라
전달하다	comunicare 꼬무니까레	전차	il tramm 일 뜨람
전례	la liturgia 라 리뚜르좌	전채요리	l'antipasto 란띠빠스또
전문적인	professionale 쁘로페시오날레	전체적인	totale 또딸레
전문화된	specializzato 스뻬촬리자또	전통	la tradizione 라 뜨라디찌오네
전복(해산물)	le aliotidi 레 알리오띠디	전통적인	tradizionale 뜨라디찌오날레
전시자	l'espositore 레스뽀지또레	전투	la battaglia 라 바딸리아
전시회	la mostra 라 모스뜨라	전화	il telefono 일 뗄레포노
전문가	il professionalista / l'esperto 일 쁘로페시오니스따 / 레스뻬르또		
전신 마취	l'anestesia totale 라네스떼지아 또딸레		
전자레인지	il forno a microonde 일 포르노 아 미끄론데		
전달	la comunicazione 라 꼬무니까찌오네		

한국어	이탈리아어	한국어	이탈리아어
전화기	il telefono 일 뗄레포노	점수	il voto 일 보또
전화를 하다	telefonare 뗄레포나레	점심 시간	l'ora di pranzo 로라 디 쁘란조
절대적인	assoluto 앗솔루또	점심(식사)	il pranzo 일 쁘란조
절약	il risparmio 일 리스빠르미오	점프하다	saltare 살따레
절약하다	risparmiare 리스빠르미아레	점화 플러그	la candela 라 깐델라
젊은이	il giovane 일 죠바네	접근하다	avvicinarsi 아비치나르시

한국어	이탈리아어
전치사(문법)	la preposizione 라 쁘레뽀지찌오네
전통음식	la cucina tradizionale 라 꾸치나 뜨라디찌오날레
전화 번호	il numero di telefono 일 누메로 디 뗄레포노
전화 카드	la scheda telefonica 라 스께다 뗄레포니까
전화를 끊다	staccare il telefono 스따까레 일 뗄레포노
점심 식사를 하다	fare pranzo 파레 쁘란조
점원	il commesso(남자) / la commessa(여자) 일 꼼멧소 / 라 꼼멧사

한국어	이탈리아어
접수	l'accettazione 라체따찌오네
접수하다	accettare 아체따레
접시	il piatto 일 삐앗또
접종	la vaccinazione 라 바치나찌오네
접종하다	vaccinare 바치나레
접질리다	slogarsi 즐로가르시
접촉	il contatto 일 꼰땃또
접촉하다	contattare 꼰땃따레
점퍼 케이블 (jumper cable)	il cavo per avviamento con cavi ponte 일 까보 뻬르 아비아멘또 꼰 까비 뽄떼
접속사(문법)	la congiunzione 라 꼰쥰찌오네
접이 의자	la sedia pieghevole 라 세디아 삐에게볼레
젓가락	i bastoncini cinesi / le bacchette 이 바스똔치니 치네지 / 레 바껫떼
정관사	l'articolo determinativo 라르띠꼴로 데떼르미나띠보
정각	l'ora esatta 로라 에삿따
정각에	in orario 인 오라리오
정거장(기차)	la stazione 라 스따찌오네
정기권	l'abbonamento 라보나멘또
정당	il partito 일 빠르띠또
정류소	la fermata 라 페르마따
정말로	proprio 쁘로쁘리오
정면	la faccia 라 팟차

한국어	이탈리아어	한국어	이탈리아어
정보	l'informazione 린포르마찌오네	정중히	cordialmente 꼬르디알멘떼
정복하다	conquistare 꼰뀌스따레	정직한	onesto 오네스또
정상(산의)	la cima 라 치마	정직함	l'onestà 로네스따
정시의	puntuale 뿐뚜알레	정차금지	Divieto di sosta 디비에또 디 소스따
정오	il mezzogiorno 일 메조죠르노	정찬	la cena formale 라 체나 포르말레
정원	il giardino 일 좌르디노	정책	la politica 라 뽈리띠까
정육점	la macelleria 라 마첼레리아	정체성	l'identità 리덴띠따
정장	l'abito 라비또	정치	la politica 라 뽈리띠까
정중한	cortese 꼬르떼제	정치인	il politico 일 뽈리띠꼬

정상(각 나라의)	il vertice 일 베르띠체
정신	la mente / lo spirito 라 멘떼 / 로 스삐리또
정제(精製)	la purificazione 라 뿌리피까찌오네
정제(錠劑), 알약	la pastiglia 라 빠스띨랴

한국어	이탈리아어	한국어	이탈리아어
정확한	preciso 쁘레치조	조각(彫刻)	la scultura 라 스꿀뚜라
젖병	il biberon 일 비베롱	조각상	la statua 라 스따뚜아
젖소	la mucca 라 무까	조개	la conchiglia 라 꼰낄랴
젖은	bagnato 바냐또	조건	la condizione 라 꼰디찌오네
제공하다	offrire 오프리레	조기(생선)	l'orata 로라따
제과점	la pasticeria 라 빠스띠체리아	조끼	il gilet 일 질레
제단(종교)	l'altare 랄따레	조동사	il verbo servile 일 베르보 세르빌레
제목	il titolo 일 띠똘로	조상	l'antenato 란떼나또
제조하다	fabbricare 파브리까레	조숙한	precoce 쁘레꼬체
제한하다	limitare 리미따레	조심스런	attento 아뗀또
조각(일부)	il pezzo 일 뻿쪼	조심하다	fare attenzione 파레 아뗀찌오네

제빵업자   il panettiere / il fornaio
일 빠넷띠에레 / 일 포르나요

제자   l'allievo(남자) / l'allieva(여자)
랄례보 / 랄례바

한국어	이탈리아어
조용해!	Zitto! 짓또!
조용히 하세요!	Silenzio! 실렌찌오!
조이는	stretto 스뜨렛또
조이다	stringere 스뜨린제레
조절하다	controllare 꼰뜨롤라레
조종사	il pilota 일 삘로따
조직	l'organizzazione 로르가니자찌오네
조합	la cooperazione 라 꼬오뻬라찌오네
조항	l'articolo 라르띠꼴로
조화	l'armonia 라르모니아
존경하다	rispettare 리스뻬따레
좁은	stretto 스뜨렛또
종(鐘)	la campana 라 깜빠나
종교	la religione 라 렐리죠네
종기, 부스럼	il foruncolo 일 포룬꼴로
종류	il tipo 일 띠뽀
조리개(사진기)	l'anello di messa a fuoco 라넬로 디 멧사 아 푸오꼬
조립하다	montare / assemblare 몬따레 / 아셈블라레
조용한	tranquillo / silenzionso 뜨랑뀔로 / 실렌찌오조
조카	il cognato(남자) / la cognata(여자) 일 꼬냐또 / 라 꼬냐따
조화(종이꽃)	il fiore artificiale 일 피오레 아르띠피치알레

한국어	이탈리아어
종사하다	occupare 오꾸빠레
종아리	il polpaccio 일 뽈빠쵸
종이	la carta 라 까르따
종점	il capolinea 일 까뽀리네아
종합하다	sommare 솜마레
좋다	essere buono 엣세레 부오노
좋아하다	piacere 삐아체레
좋은 기분	il buon uomore 일 부온 우모레
좋은 날씨	il bel tempo 일 벨 뗌뽀
좌석	il posto 일 뽀스또
좌약	la supposta 라 수뽀스따
죄	il peccato 일 뻬까또
죄송합니다	Mi scusi! 미 스꾸지!
주(週)	la settimana 라 셋띠마나
주관적인	soggettivo 소젯띠보
주근깨	le lentiggini 레 렌띠지니
주다	dare / rendere 다레 / 렌데레
주름	la ruga 라 루가
주머니	la tasca 라 따스까
주먹	il pugno 일 뿌뇨
종업원	l'impiegato(남자) / l'impiegata(여자) 림삐에가또 / 림삐에가따
종이 티슈	il fazzoletto di carta 일 파쫄렛또 디 까르따
좌석 번호	il numero del posto 일 누메로 델 뽀스또

주문	l'ordine 로르디네	주식	le azioni 레 아찌오니
주문하다	ordinare 오르디나레	주심, 심판	l'arbitro 라르비뜨로
주방	la sala da cucina 라 살라 다 꾸치나	주어	il soggetto 일 소젯또
주방장	il capocuoco 일 까뽀꾸오꼬	주의, 조심	l'attenzione 라뗀찌오네
주부	la casalinga 라 까살링가	주점	il bar / il pub 일 바르 / 일 펍
주사	l'iniezione 리니에찌오네	주차장	il parcheggio 일 빠르껫죠
주소	l'indirizzo 린디릿조	주차하다	parcheggiare 빠르께좌레
주스	il succo 일 수꼬	주택(집)	la casa 라 까자

주말	la fine settimana 라 피네 셋띠마나
주사를 놓다	fare un'iniezione 파레 운이니에찌오네
주유소	il distributore di benzina 일 디스뜨리부또레 디 벤지나
주인	il padrone(남자) / la padrona(여자) 일 빠드로네 / 라 빠드로나
주제	il tema / l'argomento 일 떼마 / 라르고멘또

한국어	이탈리아어	한국어	이탈리아어
죽	la zuppa / 라 줍빠	줄	la fila / 라 필라
죽다	morire / 모리레	줄자	il metro / 일 메뜨로
죽음	la morte / 라 모르떼	줍다	raccogliere / 라꼴례레
죽이다	uccidere / 우치데레	중국	la Cina / 라 치나
준결승전	il semifinale / 일 세미피날레	중급 코스	il corso medio / 일 꼬르소 메디오
준비	la preparazione / 라 쁘레빠라찌오네	중대한	grave / 그라베
준비된	pronto / 쁘론또	중독	l'avvelenamento / 라벨레나멘또
준비하다	preparare / 쁘레빠라레	중량	il peso / 일 뻬조

한국어	이탈리아어
주차금지	Divieto di parcheggio / 디비에또 디 빠르껫죠
중간 크기	la dimensione media / 라 디멘시오네 메디아
중공업	l'industria pesante / 린두스뜨라아 뻬산떼
중국 사람	il cinese(남자) / la cinese(여자) / 일 치네제 / 라 치네제
중국어	il cinese / la lingua cinese / 일 치네제 / 라 링구아 치네제

한국어	이탈리아어	한국어	이탈리아어
중세	il medioevo 일 메디오에보	즐거운	divertente 디베르뗀떼
중심	il centro 일 첸뜨로	증가시키다	aumentare 아우멘따레
중앙	il centro 일 첸뜨로	증거	la prova 라 쁘로바
중얼거리다	mormorare 모르모라레	증기	il vapore 일 바뽀레
중요한	importante 임뽀르딴떼	증명서	il certificato 일 체르띠피까또
중학교	la scuola media 라 스꾸올라 메디아	증명하다	testimoniare 떼스띠모니아레
중화 요리	la cucina cinese 라 꾸치나 치네제	증발하다	evaporare 에바뽀라레
쥐(근육경련)	il crampo 일 끄람뽀	증상	il sintomo 일 신또모
쥐(동물)	il topo 일 또뽀	증인	il testimone 일 떼스띠모네
즉시	subito 수비또	지각	il ritardo 일 리따르도

한국어	이탈리아어
중소기업	la piccola media impresa 라 삐꼴라 메디아 임쁘레자
중앙 우체국	l'ufficio postale centrale 루피쵸 뽀스딸레 첸뜨랄레
즉시 탑승	l'imbarco immediato 림바르꼬 임메디아또

한국어	이탈리아어	한국어	이탈리아어
지갑	il portafoglio 일 뽀르따폴료	지난 해	l'anno scorso 란노 스꼬르소
지구	la terra 라 떼라	지내다	stare 스따레
지금	adesso / ora 아뎃소 / 오라	지다(해)	tramontare 뜨라몬따레
지금부터	d'ora in poi 도라 인 뽀이	지도	la mappa 라 마빠
지나가다	passare 빳사레	지루한	noioso 노이오조
지난	scorso / passato 스꼬르소 / 빳사또	지름길	la scorciatoia 라 스꼬르촤또이아
지난 달	il mese scorso 이 메제 스꼬르소	지방(기름)	il grasso 일 그랏소
지난 밤	l'altra sera / questa sera 랄뜨라 세라 / 퀘스따 세라		
지난 주	la settimana scorsa 라 셋띠마나 스꼬르사		
지방	la regione / la provincia 라 레지오네 / 라 쁘로빈촤		
지불조건	le condizioni di pagamento 레 꼰디찌오네 디 빠가멘또		
지속하다	durare / continuare 두라레 / 꼰띠누아레		
지역	la zona / l'area / la località 라 조나 / 라레아 / 라 로깔리따		

한국어	이탈리아어	한국어	이탈리아어
지배하다	dominare 도미나레	지역 번호(전화)	il prefisso 일 쁘레핏소
지불	il pagamento 일 빠가멘또	지연	il ritardo 일 리따르도
지불하다	pagare 빠가레	지옥	l'inferno 린페르노
지붕	il tetto 일 뗏또	지우개	la gomma 라 곰마
지시	l'indicazione 린디까찌오네	지점	la filiale 라 필리알레
지시하다	indicare 인디까레	지진	il terremoto 일 떼레모또
지식	la conoscenza 라 꼬노쉔짜	지키다	mantenere 만떼네레

지퍼(zipper)	la chiusura lampo 라 끼우주라 람뽀
지하철	la metro / la metropolitana 라 메뜨로 / 라 메뜨로뽈리따나
지하철 역	la stazione metropolitana 라 스따찌오네 메뜨로뽈리따나
직접목적보어	il complemento oggetto diretto 일 꼼쁠레멘또 오젯또 디렛또
지하철 노선도	la pianta della metro 라 삐안따 델라 메뜨로
직장	il luogo di lavoro 일 루오고 디 라보로

한국어	이탈리아어
지폐	il biglietto 일 빌리엣또
지하	il sottoterra 일 소또떼라
지하실	il seminterrato 일 세미떼라또
지형	la topografia 라 또뽀그라피아
지휘를 하다	dirigere 디리제레
직업	la professione 라 쁘로페시오네
직원	l'impiegato 림삐에가또
직접	direttamente 디렛따멘떼
직접의	diretto 디렛또
직접적으로	direttamente 디렛따멘떼
직진하다	andare diritto 안다레 디릿또
진공 청소기	l'aspirapolvere 라스삐라뽈베레
진보주의자	il progressista 일 쁘로그레시스따
진단	la diagnosi 라 디아뇨지
진드기	l'acaro 라까로
진보	il progresso 일 쁘로그렛소
진실	la verità 라 베리따
진심으로	cordialmente 꼬르디알멘떼
진열장	la vetrina 라 베뜨리나
진정시키다	calmare 깔마레
진정하다	calmarsi 깔마르시
진주	la perla 라 뻬를라
진짜의	vero 베로
진통제	il calmante 일 깔만떼

한국어	이탈리아어	한국어	이탈리아어
진한	intenso 인뗀소	집중	la concentrazione 라 꼰첸뜨라찌오네
질문	la domanda 라 도만다	집중하다	concentrare 꼰첸뜨라레
질문하다	domandare 도만다레	징후	il sintomo 일 신또모
질투심이 있는	geloso 젤로조	짜다(옷을)	tessere 뗏세레
짐	il bagaglio 일 바갈리오	짠(맛)	salato 살라또
짐수레	il carro 일 까로	짧은	breve / corto 브레베 / 꼬르또
집	la casa 라 까자	짧은 머리	il capello corto 일 까뻴로 꼬르또
집게손가락	l'indice 린디체	쪽(방향)	la direzione 라 디레찌오네

진입금지   Divieto di accesso
디비에또 디 아쳇소

진주 반지   l'anello di perla
라넬로 디 뻬를라

진찰을 요구하다   chiedere un consulto
끼에데레 운 꼰술또

짐 보관소   il deposito bagaglio
일 데뽀지또 바갈리오

짐꾼   il facchino / il portabagagli
일 파끼노 / 일 뽀르따바갈리

쪽(페이지)	la pagina 라 빠지나	
쫓다	seguire 세귀레	
찌르다	pungere 뿐제레	
쪼들리다		essere in difficoltà 엣세레 인 디피꼴따
찐(증기로)		cotto a vapore 꼿또 아 바뽀레

ㅊ

한국어	Italiano	발음
차(음료)	il tè	일 떼
차가운	freddo	프레도
차고	il garage	일 가라제
차관	il vice ministro	일 비체 미니스뜨로
차다(발로)	calciare	깔치아레
차량	il veicolo	일 베이꼴로
차별하다	discriminare	디스끄리미나레
차액	il saldo	일 살도
차이	la differenza	라 디페렌짜
착륙	l'atterraggio	라떼랏쬬
착륙하다	atterrare	아떼라레
찬장	la credenza	라 끄레덴짜
참가자	il partecipante	일 빠르떼치빤떼
참가하다	partecipare	빠르떼치빠레

차(교통수단)   la macchina 라 마끼나

차(자동차)를 타다   prendere la macchina 쁘렌데레 라 마끼나

차를 마시다   prendere un tè 쁘렌데레 운 떼

차를 운전하다   guidare la macchina 구이다레 라 마끼나

차에서 내리다   scendere dalla macchina 쉔데레 달라 마끼나

한국어	이탈리아어
참치	il tonno 일 똔노
찻잔	la tazza da tè 라 땃짜 다 떼
창(무기)	la lancia 라 란촤
창구	lo sportello 로 스뽀르뗄로
창문	la finestra 라 피네스뜨라
창백한	pallido 빨리도
창조하다	creare 끄레아레
찾다	cercare 체르까레
채소	la verdura 라 베르두라
책	il libro 일 리브로
책방	la libreria 라 리브레리아
책장	lo scaffale 로 스까팔레
챔피업십	il campionato 일 깜삐오나또
처럼	come 꼬메
처럼 보이다	sembrare 셈브라레
처방전	la ricetta 라 리쳇따
창고	il magazzino / il ripostiglio 일 마가지노 / 일 리뽀스띨료
채소 가게	il negozio di verdura 일 네고찌오 디 베르두라
책상	lo scrittoio / il banco 로 스끄리또이오 / 일 방꼬
책임감	la responsabilità 라 레스뽄사빌리따
챔피언	il campione(남자) / la campionessa(여자) 일 깜삐오네 / 라 깜삐오넷사

처음	il principio 일 쁘린치삐오	첫번째의	primo 쁘리모
천	mille 밀레	첫사랑	il primo amore 일 쁘리모 아모레
천(옷의)	il tessuto 일 떼수또	청각	l'udito 루디또
천국	il padadiso 일 빠라디조	청바지	i jeans 이 진스
천둥	il tuono 일 뚜오노	청소하다	pulire 뿔리레
천연두	il vaiolo 이 바욜로	체계	il sistema 일 시스떼마
천연의	naturale 나뚜랄레	체류	il soggiorno 일 소죠르노
철(금속)	il ferro 일 페로	체육	la ginnastica 라 진나스띠까
첨부(편지)	l'allegato 랄레가또	체포	l'arresto 라레스또

천만에요!   Di niente! / Prego!
디 니엔떼! / 쁘레고!

천연자원   le risorse naturali
레 리소르세 나뚜랄리

천천히   lentamente / piano
렌따멘떼 / 삐아노

철물점   il negozio di ferramenta
일 네고찌오 디 페라멘따

한국어	이탈리아어
첼로	il violoncello 일 비올론첼로
초(시간)	il secondo 일 세꼰도
초(양초)	la candela 라 깐델라
초과	l'eccesso 에첏소
초과하다	eccedere 에체데레
초기	l'inizio 리니지오
초대	l'invito 린비또
초대 손님	l'ospite 로스삐떼
초대장	l'invito 린비또
초등학교	la scuola elementare 라 스꾸올라 엘레멘따레
초보자	l'apprendista / il principiante 라쁘렌디스따 / 일 쁘린치삐안떼
초음속 여객기	il volo supersonio 일 볼로 수뻬르소니꼬
최소 수량	la quantità minima 라 꽌띠따 미니마
초대하다	invitare 인비따레
초록 색의	verde 베르데
초상화	il ritratto 일 리뜨랏또
초안	la bozza 라 봇짜
초인종	il campanello 일 깜빠넬로
초점	il fuoco 일 푸오꼬
초콜릿	il cioccolato 일 쵸꼴라또
촛대	il candeliere 일 깐델리에레
최근에	recentemente 레첸떼멘떼

최대한의	massimo 맛시모	추세	la tendenza 라 뗀덴짜
최소한의	minimo 미니모	추억	il ricordo 일 리꼬르도
최후의	ultimo 울띠모	추운	freddo 프레도
추가요금	il supplemento 일 수쁠레멘또	축구	il calcio 일 깔쵸
추가하다	aggiungere 아쥰제레	축복	la benedizione 라 베네디찌오네
추상적인	astratto 아스뜨랏또	축복하다	benedire 베네디레

추월금지	Divieto di sorpasso 디비에또 디 소르빳소
축구 경기	la partita di calcio 라 빠르띠따 디 깔쵸
축구 선수	il calciatore 일 깔촤또레
축구 시합	la partita di calcio 라 빠르띠따 디 깔쵸
축구팀	la squadra di calcio 라 스꽈드라 디 깔쵸
축구화	le scarpe da calcio 레 스까르뻬 다 깔쵸
축하	il complimento / l'augurio 일 꼼쁠리멘또 / 라우구리오

한국어	이탈리아어
축제일	il giorno festivo 일 죠르노 페스띠보
축하하다	augurare 아우구라레
축하합니다!	Auguri! 아우구리!
출구	l'uscita 루쉬따
출국	la partenza 라 빠르뗀자
출발	la partenza 라 빠르뗀자
출발하다	partire 빠르띠레
출산하다	partorire 빠르또리레
출입금지	vietato entrare 비에따또 엔뜨라레
출판사	l'editore / l'editrice 레디또레 / 레디뜨리체
출납계(원)	il cassiere(남자) / la cassiera(여자) 일 깟시에레 / 라 깟시에라
출발지	il luogo di partenza 일 루오고 디 빠르뗀자
출생증명서	il certificato di nascita 일 체르띠피까또 디 나쉬따
출석하다, 참석하다	presentarsi 쁘레젠따르시
출석한, 참석한	presente 쁘레젠떼
출입국관리소	l'ufficio immigrazione 루피쵸 임미그라찌오네
출판	l'editoria / la pubblicazione 레디또리아 / 라 뿌블리까찌오네
출판물	la pubblicazione 라 뿌블리까찌오네

한국어	이탈리아어
출판하다	pubblicare 뿌블리까레
출혈	l'emorragia 레모라지아
춤	il ballo / la danza 일 발로 / 라 단짜
춤을 추다	ballare 발라레
춥다(날씨가)	fa freddo 파 프레도
춥다(몸이)	avere freddo 아베레 프레도
충고	il consiglio 일 꼰실료
충고하다	consigliare 꼰실랴레
충돌	la collisione 라 꼴리지오네
충전하다(배터리)	caricare 까리까레
치과	lo studio dentistico 로 스뚜디오 덴띠스띠꼬
치수	la taglia / la dimensione 라 딸랴 / 라 디멘시오네
치안	la sicurezza pubblica 라 시꾸렛짜 뿌블리까
충분하다	bastare 바스따레
충분한	sufficiente 수피첸떼
취미	l'hobby 롭비
취한(술)	ubriaco 우브리아꼬
측면	il lato 일 라또
측정하다	misurare 미주라레
층	il piano 일 삐아노
치과 의사	il dentista 일 덴띠스따
치료	la cura 라 꾸라

한국어	이탈리아어
치료하다	curare 꾸라레
치마	la gonna 라 곤나
치아	il dente 일 덴떼
치약	il dentifricio 일 덴띠프릿쵸
치즈	il formaggio 일 포르맛죠
치킨	il pollo 일 뽈로
치통	il mal di dente 일 말 디 덴떼
친애하는	caro 까로
친절	la gentilezza 라 젠띨렛짜
친절하다	essere gentile 엣세레 젠띨레
친절한	gentile 젠띨레
친척	il parente 일 빠렌떼
친하다	essere amici 엣세레 아미치
칠레	la Cile 라 칠레
칠면조	il tacchino 일 따끼노
칠월	il luglio 일 룰리오
칠판	la lavagna 라 라바냐
침(타액)	la saliva 라 살리바
침(한의학)	l'agopuntura 라고뿐뚜라
침, 바늘	l'ago 라고
친구	l'amico(남자) / l'amica(여자) 라미꼬 / 라미까
칠레 사람	il cileno(남자) / la cilena(여자) 일 칠레노 / 라 칠레나
칠레산 와인	il vino cileno 일 비노 칠레노

침낭	il sacco a pelo 일 사꼬 아 뻴로	침대차	il vagone letto 일 바고네 렛또
침대	il letto 일 렛또	침술사	l'agopunturista 라고뿐뚜리스따
침대 시트	la lenzuola 라 렌쭈올라	칭찬하다	lodare 로다레

침실	la camera da letto 라 까메라 다 렛또
침용(와인)	la macerazione 라 마체라찌오네
칫솔	lo spazzolino da denti 로 스빳쫄리노 다 덴띠

ㅋ

한국어	이탈리아어
카네이션	il garofano 일 가로파노
카드	la carta 라 까르따
카세트	la cassetta 라 까셋따
카테고리	la categoria 라 까떼고리아
카메라	la macchina da fotografia 라 마끼나 다 포또그라피아
카메라점	il negozio fotocamere 일 네고찌오 포또까메레
카뷰레이터(자동차)	il carburatore 일 까르부라또레
카운터	lo sportello / il banco 로 스뽀르뗄로 / 일 방꼬
카탈로그	il catalogo / il depliant 일 까딸로고 / 일 데쁠리앙
칸(기차의)	lo scompartimento 로 스꼼빠르띠멘또
캐나다 사람	il canadese(남자)/la canadese(여자) 일 까나데제 / 라 까나데제
카트(cart)	il carrello 일 까렐로
카페	il caffè 일 까페
카푸치노	il cappuccino 일 까뿌치노
칼	il coltello 일 꼴뗄로
칼로리	la caloria 라 깔로리아
캐나다	la Canada 라 까나다

한국어	이탈리아어
캐다(묻힌 것을)	scavare 스까바레
캐러멜	la caramella 라 까라멜라
캐럿	il carato 일 까라또
캐비닛	l'armadietto 일 아르마디엣또
캐비아	il caviale 일 까비알레
캐비지	il cavolo 일 까볼로
캔(깡통)	la lattina 라 라띠나
캔디	la caramella 라 까라멜라
캔맥주	la birra in lattina 라 비라 인 라띠나
캠프장	il campeggio 일 깜뻿죠
커다란	grande 그란데
커서(컴퓨터)	il cursore 일 꾸르소레
커튼	la tenda 라 뗀다
커플	la coppia 라 꼽삐아
커피	il caffè 일 까페
커피포트	la caffettiera 일 까페띠에라
컬러	il colore 일 꼴로레
컴퓨터	il computer 일 꼼쀼떼르
커트릿(cutlet)	la cotoletta 라 꼬똘렛따
커피 한 잔	una tazza di caffè 우나 따짜 디 까페
커피그라인더	il macinino del caffè 일 마치니노 델 까페
컬러필름	la pellicola a colori 라 뻴리꼴라 아 꼴로리

한국어	이탈리아어
컵(cup)	il bicchiere 일 삐끼에레
케이크	la torta 라 또르따
코	il naso 일 나조
코끼리	l'elefante 렐레판떼
코너킥	il calcio d'angolo 일 깔쵸 당골로
코믹한 책	il fumetto 일 푸멧또
코트(coat)	il cappotto 일 까뽀또
콘돔	il preservativo 일 쁘레세르바띠보
콘텍트렌즈	la lente a contatto 라 렌떼 아 꼰땃또
콜롬비아 사람	il colombiano(남자) / la colombiana(여자) 일 꼴롬비아노 / 라 꼴롬비아나
콧물	la secrezione nasale / il naso che cola 라 세끄레찌오네 나잘레 / 일 나조 께 꼴라
콩나물	il germoglio di soia 일 제르몰료 디 소이아
쿠바 사람	il cubano(남자) / la cubana(여자) 일 꾸바노 / 라 꾸바나
콘서트	il concerto 일 꼰체르또
콜레라	il colera 일 꼴레라
콜롬비아	la Colombia 라 꼴롬비아
콧구멍	la narice 라 나리체
콧수염	i baffi 이 바피
콩	i fagioli 이 파졸리
쾌활한	allegro 알레그로
쿠바	la Cuba 라 꾸바

한국어	이탈리아어
크기	la dimensione 라 디멘시오네
크림(식용)	la panna 라 빤나
크림(화장용)	la crema 라 끄레마
큰북(악기)	la grancassa 라 그란깟사
클럽	il club / il circolo 일 끌럽 / 일 치르꼴로
클립	la graffetta 라 그라펫따
크게 말하다	parlare ad alta voce 빠를라레 아달따 보체
크다(사이즈)	essere grande 엣세레 그란데
크로아상(빵)	il cornetto 일 꼬르넷또
크루즈(cruise)	la crociera 라 끄로췌라
크림(cream 우유에서 나온)	la panna 라 빤나
클러치(자동차)	la frizione 라 프리찌오네
키보드(컴퓨터)	la tastiera 라 따스띠에라
키	l'altezza 랄뗏짜
키(열쇠)	la chiave 라 끼아베
키가 작은	basso 밧소
키가 큰	alto 알또
키스	il bacio 일 바쵸
키스하다	baciare 바챠레

키위	il kiwi	
	일 끼위	
키친타월	la carta da cucina	
	라 까르따 다 꾸치나	
킬로	il chilo	
	일 낄로	
킬로그램	il chilogrammo	
	일 낄로그람모	

E

타다(버스 등)	prendere 쁘렌데레
타다(불에)	bruciare 브루촤레
타이어	lo pneumatico 일 쁘네우마띠꼬
타입	il tipo 일 띠뽀
타조	lo struzzo 로 스뜨룻쪼
탁자	la scrivania 라 스끄리바니아
탄생	la nascita 라 나쉬따
탄생일	la data di nascita 라 다따 디 나쉬따
탄생하다	nascere 나쉐레
탑(塔)	la torre 라 또레
타동사	il verbo transitivo 일 베르보 뜨란지띠보
타월(수건)	l'asciugamano 라슈가마노
타월걸이	il portasciugamano 일 뽀르따슈가마노
탁구	il ping-pong / il tennis da tavolo 일 삥뽕 / 일 뗀니스 다 따볼라
탁상 시계	l'orologio da tavola 로롤로죠 다 따볼라
탄생지	il luogo di nascita 일 루오고 디 나쉬따
타이핑하다	battere a macchina 바떼레 아 마끼나

한국어	이탈리아어
탑승	l'imbarco 림바르꼬
태양	il sole 일 솔레
태어나다	nascere 나쉐레
택시	il tassi / il taxi 일 땃시 / 일 땃 시
택하다	scegliere 쉘리에레
탱크(군사)	il carro armato 일 까로 아르마또
탑승구	l'uscita d'imbarco 루쉬따 딤바르꼬
탑승권	la carta d'imbarco 라 까르따 딤바르꼬
태국	la Thailandia 라 따일란디아
태국 사람	il thailandese(남자) / la thailandese(여자) 일 따일란데제 / 라 따일란데제
태국어	il thailandese / la lingua thailandese 일 따일란데제 / 라 링구아 따일란데제
태도	il comportamento 일 꼼뽀르따멘또
태풍	il tifone / l'uragano 일 띠포네 / 루라가노
택시 정류소	la fermata del tassi 라 페르마따 델 땃시
택시를 부르다	chiamare un tassi 끼아마레 운 땃시
택시를 타다	prendere il tassi 쁘렌데레 일 땃시

탱크(저장고)	il serbatoio 일 세르바또이오	텐트	la tenda 라 뗀다
터미널	il terminale 일 떼르미날레	텔레비전	il televisore 일 뗄레비죠레
턱(인체)	il mento 일 멘또	토끼	il coniglio 일 꼬닐료
털털거리다	rombare 롬바레	토론하다	discuttere 디스꿋떼레
테라스	la terrazza 라 떼랏짜	토마토	il pomodoro 일 뽀모도로
테러	il terrorismo 일 떼로리즈모	토양	il terreno 일 떼레노
테이블	la tavola 라 따볼라	토요일	il sabato 일 사바또

테니스 공	la palla da tennis 라 빨라 다 뗀니스
테니스라켓	la racchetta da tennis 라 라껫따 다 뗀니스
토마토 스파게티	gli spaghetti al pomodoro 리 스빠겟띠 알 뽀모도로
토산품	il prodotto locale 일 쁘로돗또 로깔레
통과 비자	il visto di transito 일 비스또 디 뜨란시또
통과 승객	il passeggero in transito 일 빠세제로 인 뜨란지또

한국어	이탈리아어
토하다	vomitare 보미따레
통	il contenitore 일 꼰떼니또레
통과	il passaggio 일 빠삿죠
통과하다	passare 빳사레
통로	il passaggio 일 빳사죠
통밀빵	il pane integrale 일 빠네 인떼그랄레
통역	l'interpretazione 린떼르쁘레따찌오네
통역하다	interpretare / tradurre 인떼르쁘레따레 / 뜨라두레
통해서	mediante / attraverso 메디안떼 / 아뜨라베르소
퇴원하다	uscire dall'ospedale / essere dimesso 우쉬레 달로스뻬달레 / 엣세레 디멧소
투표	la votazione / il voto 라 보따찌오네 / 일 보또
트래픽	il traffico / la coda 일 뜨라피꼬 / 라 꼬다
트렁크(자동차)	il bagagliaio 일 바갈랴이오
통역가	l'interprete 린떼르쁘레떼
통일	la riunificazione 라 리우니피까찌오네
통행로	il passaggio 일 빠삿죠
퇴장(축구)	l'espulsione 레스뿔시오네
투자	l'investimento 린베스띠멘또
투자하다	investire 인베스띠레
투표하다	votare 보따레

한국어	이탈리아어
투표함	l'urna elettorale 루르나 엘레또랄레
튀기다	friggere 프릿제레
트럭	il camion 일 까미온
트윈	il gemello 일 제멜로
특별한	speciale 스뻬치알레
특별히	specialmente 스뻬치알멘떼
틀린	falso 팔소
티눈	il callo 일 깔로
티라미수	il tiramisù 일 띠라미수
티스푼	il cucchiaino 일 꾸끼아니노
티켓	il biglietto 일 빌리엣또
팁(tip)	la mancia 라 만챠
특제품	il prodotto speciale / la specialità 일 쁘로돗또 스뻬치알레 / 라 스뻬치알리따
특파원	il corrispondente 일 꼬리스뽄덴떼
특히(무엇보다)	soprattutto 소쁘라뚯또

ㅍ

한국어	이탈리아어
파(야채)	i cipollini / 이 치뽈리니
파괴하다	distruggere / 디스뜨룻제레
파도	l'onda / 론다
파라솔	l'ombrellone / 롬브렐로네
파란 색의	blu / 블루
파마	la permanente / 라 뻬르마넨떼
파상풍	il tetano / 일 떼따노
파마를 하다	fare la permanente / 파레 라 뻬르마넨떼
파산	la bancarotta / il fallimento / 라 방까롯따 / 일 팔리멘또
팔이 아프다	avere mal di braccio / 아베레 말 디 브랏쵸
파운드(무게)	la libbra(0,454 kg) / 라 립브라
파업	lo sciopero / 로 쇼뻬로
파업하다	scioperare / 쇼뻬라레
파운드(화폐)	la sterlina / 라 스떼를리나
파이프	il tubo / 일 뚜보
파인애플	l'ananas / 라나나스
파충류	il rettile / 일 레띨레
파티	la festa / 라 페스따
파티를 하다	festeggiare / 페스떼좌레
판결	la sententa / 라 센뗀자

한국어	이탈리아어
판매	la vendita 라 벤디따
판사	il giudice 일 쥬디체
팔(8)	otto 옷또
팔(신체)	le braccia 레 브라촤
팔꿈치	il gomito 일 고미또
팔다	vendere 벤데레
팔레트(그림용)	la tavolozza 라 따볼롯짜
팔월	l'agosto 라고스또
팔찌	il braccialetto 일 브라촬렛또
팥(콩)	il fagiolo azuki 일 파죨로 아주끼
패배	la sconfitta 라 스꼰핏따
패션(fashion)	la moda 라 모다
팩스기	il fax 일 팍스
팬(fan), 애호가	il tifoso 일 디포조
팬케이크(pancakes)	la frittata 라 프리따따
팬티	le mutande / lo slip 레 무딴데 / 로 슬립
평영(수영)	il nuoto a rana 일 누오또 아 라나
펑크나다	avere una gomma a terra 아베레 우나 곰마 아 떼라
페널티킥	il calcio di rigore 일 깔쵸 디 리고레
페루 사람	il peruviano(남자) / la peruviana(여자) 일 뻬루비노 / 라 뻬루비나

한국어	이탈리아어	한국어	이탈리아어
펌프	la pompa 라 뽐빠	편도	andata 안다따
펑크	la foratura 라 포라뚜라	편리한	comodo 꼬모도
페루	il Perù 일 뻬루	편안하게	comodamente 꼬모다멘떼
페이지	la pagina 라 빠지나	편지	la lettera 라 렛떼라
페인트	la vernice 라 베르니체	편집	il montaggio 일 몬땃죠
펜션	la pensione 라 뻰시오네	평가	la valutazione 라 발루따찌오네
펜치(pliers)	le pinze 레 삔쩨	평가하다	valutare 발루따레
펭귄	il pinguino 일 삥귀노	평균	la media 라 메디아

편지를 받다	ricevere la lettera 리체베레 라 렛떼라
편지를 보내다	spedire / mandare la lettera 스뻬디레 / 만다레 라 렛떼라
편지를 쓰다	scrivere la lettera 스끄리베레 라 렛떼라
편지에 답장을 하다	rispondere alla lettera 리스뽄데레 알라 렛떼라
편하게 하다	accomodarsi 아꼬모다르시

한국어	이탈리아어
평야	la pianura 라 삐아누라
평일	il giorno feriale 일 죠르노 페리알레
평화	la pace 라 빠체
폐(의학)	il polmone 일 뽈모네
폐렴	la polmonite 라 뽈모니떼
폐병(의학)	il tubercolosi 일 뚜베르꼴로지
폐지하다	abolire 아볼리레
포기하다	abbandonare 아반도나레
포도	l'uva 루바
포도 송이	il grappolo 일 그랍뽈로
포도 수확	la vendemmia 라 벤뎀미아
포도 알	l'acino 라치노
포도 으깨기	la pigiatura 라 삐좌뚜라
포도 품종	il vitigno 일 비띠뇨
포도나무	la vite 라 비떼
포도주	il vino 일 비노
포도밭	la vigna / il vigneto 라 비냐 / 일 비녜또
포도주 양조	la vinificazione 라 비니피까찌오네
포도주 한 병	una bottiglia di vino 우나 보띨랴 디 비노
포도주 한 잔	un bicchiere di vino 운 비끼에레 디 비노
포장하다	fare un pacchetto regalo 파레 운 빠껫또 레갈로

한국어	이탈리아어
포도즙	il mosto 일 모스또
포옹	l'abbraccio 라브랏쵸
포옹하다	abbracciare 아브랏촤레
포워드(축구)	l'attacante 라따깐떼
포장	l'imballaggio 림발랏쵸
포크	la forchetta 라 포르껫따
포터	il facchino 일 파끼노
포함하다	includere 인끌루데레
폭탄	la bomba 라 봄바
폭포	la cascata 라 까스까따
폭풍우	il temporale 일 뗌뽀랄레
표	il biglietto 일 빌리엣또
표를 사다	comprare il biglietto 꼼쁘라레 일 빌리엣또
표시하다	segnare / segnalare 세냐레 / 세냘라레
푸딩(pudding)	il budino 일 부디노
풀바디의(full bodied 와인)	abboccato 아보까또
풀보드(full board)	la pensione completa 라 뻰시오네 꼼쁠레따
풀코스 식사	il pasto completo 일 빠스또 꼼쁠레또
프라이드에그(fried egg)	l'uovo al tegame 루오보 알 떼가메

한국어	이탈리아어
표 파는 곳	la biglietteria 라 빌리에떼리아
표현	l'espressione 레스쁘레시오네
표현하다	esprimere 에스쁘리메레
푸른 색의	azzuro 아쭈로
푸른 하늘	il cielo azzuro 일 치엘로 아쭈로
풀(사무용품)	la colla 라 꼴라
풀다(끈을)	slegare 즐레가레
품질	la qualità 라 꽐리따
풋과일	la frutta acerba 라 프룻따 아체르바
풋콩	il fagiolo acerbo 일 파죠올로 아체르보
풍경	il panorama 일 빠노라마
풍미	il sapore 일 사뽀레
풍부한	abbondante 아본단떼
풍부함	l'abbondanza 라본단짜
풍선	il palloncino 일 빨론치노
풍습, 관습	l'usanza 루산자
퓨즈(fuse)	il fusibile 일 푸지빌레
프라이팬	il tegame 일 떼가메
프랑스어	la francese / la lingua francese 라 프란체제 / 라 링구아 프란체제
프랑스인	il francese(남자) / la francese(여자) 일 프란체제 / 라 프란체제
프런트 직원	il personale dell'accettazione 일 뻬르소날레 델라체따찌오네
프로그래머	il programmatore(남자) / la programmatrice(여자) 일 쁘로그람마또레 / 라 쁘로그람마뜨리체

한국어	이탈리아어
프랑스	la Francia 라 프란챠
프런트	la reception 라 리셉션
프로그램	il programma 일 쁘로그람마
프로젝트	il progetto 일 쁘로젯또
프린터	lo stampante 로 스땀빤떼
플러그(plug)	la spina 라 스삐나
플로피디스크	il dischetto 일 디스껫또
피(혈액)	il sangue 일 상구에
피곤한	stanco 스땅꼬
피망	il peperone 일 뻬뻬로네
피부	la pelle 라 뻴레
피아노	il pianoforte 일 삐아노포르떼
피임약	il contraccettivo 일 꼰뜨라체띠보
피자	la pizza 라 삣짜
프로그래밍	la programmazione 라 쁘로그람마찌오네
프리킥	il calcio di punizione 일 깔쵸 디 뿌니찌오네
피아니스트	il pianista (남자) / la pianista (여자) 일 삐아니스따 / 라 삐아니스따
필란드 사람	il filandese (남자) / la filandese (여자) 일 필란데제 / 라 필란데제
필란드어	il filandese / la lingua filandese 일 필란데제 / 라 링구아 필란데제
필요하다	essere necessario 엣세레 네체사리오

피자 가게	la pizzeria 라 삣쩨리아	필수적인	indispensabile 인디스뻰사빌레
피하다	evitare 에비따레	필요	la necessità 라 네체시따
핀(pin)	lo spillo 로 스삘로	필통	l'astuccio 라스뚜쵸
필란드	la Filandia 라 필란디아		
필름	la pellicola 라 뻴리꼴라		

ㅎ

한국어	이탈리아어
하나(1)	un / uno / una 운 / 우노 / 우나
하녀	la servitrice 라 세르비뜨리체
하늘	il cielo 일 치엘로
하다	fare 파레
하드디스크	il disco rigido 일 디스꼬 리지도
하이시즌(high season)	l'alta stagione 랄따 스따죠네
하프보드(half board)	la mezza pensione 라 멧짜 뻰시오네
하프타임(운동 경기)	l'intervallo 린떼르발로
하루	il giorno 일 죠르노
하루 종일	tutto il giorno 뜻또 일 죠르노
하루에	al giorno 알 죠르노
하인	il servitore 일 세르비또레
하지만	però 뻬로
학교	la scuola 라 스꾸올라
학기	il semestre 일 세메스뜨레
학생	lo studente(남자) / la studentessa(여자) 로 스뚜덴떼 / 라 스뚜덴뗏사
학생할인	la riduzione stedente 라 리두지오네 스뚜덴데
한국 사람	il coreano(남자) / la coreana(여자) 일 꼬레아노 / 라 꼬레아나

한국어	이탈리아어	한국어	이탈리아어
학장	il decano / 일 데까노	함께	insieme / 인시에메
한가한	libero / 리베로	합계	la somma / 라 솜마
한국	la Corea del Sud / 라 꼬레아 델 수드	합리적인	ragionevole / 라죠네볼레
할 수 있다	potere / 뽀떼레	합성하다	comporre / 꼼뽀레
할머니	la nonna / 라 논나	합창	il coro / 일 꼬로
할아버지	il nonno / 일 논노	항구	il porto / 일 뽀르또
할인	lo sconto / 로 스꼰또	항공	l'aviazione / 라비아찌오네
할인하다	scontare / 스꼰따레	항공 우편	la posta aerea / 라 뽀스따 아에레아

한국 식당	il ristorante coreano / 일 리스또란떼 꼬레아노
한국 요리	la cucina coreana / 라 꾸치나 꼬레아나
한국어	il coreano / la lingua coreana / 일 꼬레아노 / 라 링구아 꼬레아나
항공권	il biglietto d'aereo / 일 빌리엣또 다에레오
항공회사	la compagna aerea / 라 꼼빠냐 아에레아

한국어	이탈리아어	한국어	이탈리아어
항공기	l'aeroplano 라에로쁠라노	해(태양)	il sole 일 솔레
항공로	la via aerea 라 비아 아에레아	해결책	la soluzione 라 솔루찌오네
항구	il porto 일 뽀르또	해결하다	risolvere 리졸베레
항상	sempre 셈쁘레	해고	il licenziamento 일 리첸찌아멘또
항생제	l'antibiotico 란띠비오띠꼬	해바라기	il girasole 일 지라솔레
항해	la navigazione 라 나비가찌오네	해변	la spiaggia 라 스삐앗좌
항해사	il marinaio 일 마리나이오	해산물	i frutti di mare 이 프룻띠 디 마레
항해하다	navigare 나비가레	해야만 한다	dovere 도베레
해(년도)	l'anno 란노	해열제	i'antipiretico 란띠삐레띠꼬
해물 스파게티			gli spaghetti ai frutti di mare 리 스빠겟띠 아이 프룻띠 디 마레
해안			la costa / la spiaggia 라 꼬스따 / 라 스삐앗좌
핸드브레이크			il freno a mano 일 프레노 아 마노
해상운송			il trasporto via mare 일 뜨라스뽀르또 비아 마레

한국어	이탈리아어	한국어	이탈리아어
핵무기	l'arma nucleare 라르마 누끌레아레	행운의	fortunato 포르뚜나또
핸드백	la borsetta 라 보르셋따	행인	il passante 일 빠산떼
핸들(자동차)	il volante 일 볼란떼	향기	il profumo 일 쁘로푸모
햄	il prosciutto 일 쁘로슛또	향기로운	profumato 쁘로푸마또
행동	l'azione 라찌오네	향료	le spezie 레 스뻬찌에
행복	la felicità 라 펠리치따	향수(鄕愁)	la nostalgia 라 노스딸좌
행복한	felice 펠리체	향수(화장품)	il profumo 일 쁘로푸모
행선지	la destinazione 라 데스띠나찌오네	향하다	dirigersi 디리제르시
행성	la pianeta 라 삐아네따	허가	il permesso 일 뻬르멧소
행운	la fortuna 라 포르뚜나	허가장	il permesso 일 뻬르멧소

핸들링 반칙(축구) il fallo a mano 일 팔로 아 마노

허기가 심하다 avere fame da lupo 아베레 파메 다 루뽀

허락을 구하다 chiedere il permesso 끼에데레 일 뻬르멧소

한국어	이탈리아어
허가하다	permettere 뻬르멧떼레
허기	la fame 라 파메
허리띠	la cintura 라 친뚜라
허벅지	la coscia 라 꼬솨
허풍을 떨다	esagerare 에사제라레
헌법	la costituzione 라 꼬스띠뚜지오네
헌신하다	dedicarsi 데디까르시
헤드라이트(자동차)	il faro 일 파로
헤드폰	le cuffie 레 꾸피에
헤딩	la testata 라 떼스따따
헤어스프레이	la lacca 라 락까
헤어지다	separarsi 세빠라르시
해체하다	smontare 즈몬따레
헬멧	il casco 일 까스꼬
헹구다	sciaquare 솨꽈레
혀	la lingua 라 링구아
혁명	la rivoluzione 라 리볼루찌오네
현관	l'anticamera 란띠까메라
현금	il contante 일 꼰딴떼
현기증	la vertigine 라 베르띠지네
헤어밴드	la fascia per capelli 라 파솨 뻬르 까뻴리
현금자동지급기	la macchina Bancomat / la macchina bancario automatico 라 마끼나 방꼬맛 / 라 마끼나 방까리오 아우또마띠꼬

현대적인	moderno 모데르노	형수	la cognata 라 꼬냐따
현상하다	sviluppare 즈빌루빠레	형식	la forma 라 포르마
현수막	lo striscione 로 스뜨리쇼네	형용사(문법)	l'aggettivo 라젯띠보
현실	la realtà 라 레알따	형제	il fratello 일 프라뗄로
현재	il presente 일 쁘레젠떼	호기심이 있는	curioso 꾸리오조
협회	l'associazione 라소챠찌오네	호두	la noce 라 노체
형부	il cognato 일 꼬냐또	호두 나무	il nocciolo 일 노촐로

현대화	la modernizzazione 라 모데르니자찌오네
혈압	la pressione sanguigna 라 쁘레시오네 상귀냐
혈액형	il gruppo sanguigno 일 그룹뽀 상귀뇨
협력	la cooperazione / la collaborazione 라 꼬오뻬라찌오네 / 라 꼴라보라찌오네
형편	la circostanza / la condizione 라 치르꼬스딴짜 / 라 꼰디찌오네
형	il fratello maggiore 일 프라뗄로 마죠레

한국어	이탈리아어
호두(열매)	la nocciola / 라 노촐라
호랑이	la tigre / 라 띠그레
호밀	la segala / 라 세갈라
호박(광물)	l'ambra / 람브라
호박(식물)	la zucca / 라 주까
호수	il lago / 일 라고
호주머니	la tasca / 라 따스까
호출	la chiamata / 라 끼아마따
호텔	l'hotel / l'albergo / 로뗄 / 랄베르고
호흡	il respiro / 일 레스삐로
혹은	o / 오
혼(horn)	il clacson / 일 끌락송
혼동하다	confondere / 꼰폰데레
홀(hall)	il padiglione / 일 빠딜리오네
홀로	solo / 솔로
홍수	l'alluvione / 랄루뵤네
홍역	il morbillo / 일 모르빌로
홍합	la cozza / 라 꼿짜
호의	la gentilezza / il favore / 라 젠띨렛짜 / 일 파보레
호의를 베풀다	dare il favore / 다레 일 파보레
홍보를 하다	fare pubblicità / 파레 뿌블리치따
화려한	splendido / lussoso / 스쁠렌디도 / 루소조

한국어	이탈리아어
화(노여움)	l'ira 리라
화가(화家)	il pittore 일 삣또레
화가난	arrabbiato 아라비아또
화내다	arrabbiarsi 아라비아르시
화물	il carico 일 까리꼬
화물 자동차	il camion 일 까미온
화산	il vulcano 일 불까노
화살	la freccia 라 프렛챠
화상	l'ustione 루스띠오네
화요일	il martedì 일 마르떼디
화장실	il bagno 일 바뇨
화장을 하다	truccare 뜨룩까레
화장지	la carta igienica 라 까르따 이제니까
화장품	il cosmetico 일 꼬스메띠꼬
화차	il carro merci 일 까로 메르치
화학	la chimica 라 끼미까
화학자	il chimico 일 끼미꼬
확대	l'ingrandimento 린그란디멘또
확대하다	ingrandire 인그란디레
확신	la convinzione 라 꼰빈찌오네
확신하다	convincersi 꼰빈체르시
확인	la conferma 라 꼰페르마
화장대	la toletta / la toilette 라 똘렛따 / 라 또일렛떼
환승역	la stazione di cambio 라 스따찌오네 디 깜비오

한국어	이탈리아어	한국어	이탈리아어
확인하다	confermare 꼰페르마레	환자	il paziente 일 빠찌엔떼
환경	l'ambiente 람비엔떼	환전소	l'ufficio cambi 루피쵸 디 깜삐
환불	il rimborso 일 림보르소	환전하다	cambiare 깜비아레
환불하다	rimborsare 림보르사레	활	l'arco 라르꼬
환승	il cambio 일 깜삐오	활동	l'attività 랏띠비따
환승하다	cambiare 깜비아레	활주로	la pista 라 삐스따
환어음	la cambiale 라 깜비알레	황새치	il pesce spada 일 뻬쉐 스빠다
환율	il cambio 일 깜비오	회계	la contabilità 라 꼰따빌리따

환영하다	dare il benvenuto 다레 일 벤베누또
환전	il cambio di valuta 일 깜비오 디 발루따
회사원	l'impiegato(남자) / l'impiegata(여자) 림삐에가또 / 림삐에가따
횡단보도	le strisce pedonali 레 스뜨리쉐 뻬도날리
후미등	la luce retromarcia 라 루체 레뜨로마르챠

한국어	이탈리아어
회사	la ditta 라 딧따
회의, 모임	la riunione 라 리우니오네
회화	la conversazione 라 꼰베르사찌오네
횡단하다	attraversare 아뜨라베르사레
효과	l'effetto 레펫또
효모	il lievito 일 리에비또
후에	dopo 도뽀
후위의	posteriore 뽀스떼리오레
후유증	la conseguenza 라 꼰세구엔짜
후추	il pepe 일 뻬뻬
후행성	la posteriorità 라 뽀스떼리오리따
후회하다	pentirsi 뻰띠르시
훌륭한	bravo 브라보
훔치다	rubare 루바레
훈장	la decorazione / la medaglia 라 데꼬라찌오네 / 라 메달리아
훈제 연어	il salmone affumicato 일 살모네 푸미까또
휴가를 떠나다	andare in vacanza 안다레 인 바깐짜
휴관일	il giorno di chiusura 일 죠르노 디 끼우주라
휴대폰	il cellullare / il telefonino 일 첼룰라레 / 일 뗄레포니노
흑백 필름	la pellicola in bianco e nero 라 뻴레꼴라 인 비앙꼬 에 네로

한국어	이탈리아어
휘발유	la benzina 라 벤지나
휴가	le vacanze 레 바깐쩨
휴대하다	portare 뽀르따레
휴식	il riposo 일 리뽀조
휴식시간	l'intervallo 린떼르발르
휴식을 취하다	riposarsi 리뽀자르시
휴지통	il cestino 일 체스띠노
흔적	la traccia 라 뜨랏챠
흡연 금지	vietato fumare 비에따또 푸마레
희극	la commedia 라 꼼메디아
희망	la speranza 라 스뻬란짜
희생	il sacrificio 일 사끄리피치오
희생자	la vittima 라 빗띠마
희생하다	sacrificare 사끄리피까레
흰 옷	il vestito bianco 일 베스띠또 비앙꼬
흰색	il colore bianco 일 꼴로레 비앙꼬
흰색의	bianco 비앙꼬
히터	il riscaldamento 일 리스깔다멘또
힘	la forza / il potere 라 포르짜 / 일 뽀떼레

부록

- ▶요 일
- ▶달
- ▶숫자 −기수
- ▶숫자-서수
- ▶시간표현
- ▶인사표현

요일

domenica 일요일
도메니까

lunedì 월요일
루네디

martedì 화요일
마르떼디

mercoledì 수요일
메르꼴레디

giovedì 목요일
죠베디

venerdì 금요일
베네르디

sabato 토요일
사바또

Oggi è lunedì. 오늘은 월요일이다.
옷지 에 루네디

Domani è martedì. 내일은 화요일이다.
도마니 에 마르떼디

Dopodomani è mercoledì. 모레는 수요일이다.
도뽀도마니 에 메르꼴레디

달 (i mesi 月)

gennaio. 젠나이오	1월	luglio. 룰리오	7월
febbraio. 페브라이오	2월	agosto. 아고스또	8월
marzo. 마르쪼	3월	settembre. 세뗌브레	9월
aprile. 아쁘릴레	4월	ottobre. 오또브레	10월
maggio. 마죠	5월	novembre. 노벰브레	11월
giugno. 쥬뇨	6월	dicembre. 디쳄브레	12월

Siamo in aprile. 시아모 인 아쁘릴레	지금은 4월이다.

숫자-기수

1.	uno(un, una) 우노(운, 우나)	11.	undici 운디치
2.	due 두에	12.	dodici 도디치
3.	tre 뜨레	13.	tredici 뜨레디치
4.	quattro 꽈뜨로	14.	quattordici 꽈또르띠치
5.	cinque 칭꿰	15.	quindici 뀐디치
6.	sei 세이	16.	sedici 세디치
7.	sette 셋떼	17.	diciassette 디치아셋떼
8.	otto 옷또	18.	diciotto 디치옷또
9.	nove 노베	19.	diciannove 디치안노베
10.	dieci 디에치	20.	venti 벤띠

21.	ventuno 벤뚜노	32.	trentadue 뜨렌따두에
22.	ventidue 벤띠두에	33.	trentatré 뜨렌따뜨레
23.	ventitré 벤띠드레		...
24.	ventiquattro 벤띠꽈뜨로	40.	quaranta 꽈란따
25.	venticinque 벤띠칭꿰	41.	qurantuno 꽈란뚜노
26.	ventisei 벤띠세이		...
27.	ventisette 벤띠셋떼	50.	cinquanta 칭꽌따
28.	ventotto 벤똣또	51.	cinquantuno 칭꽌뚜노
29.	ventinove 벤띠노베	52.	cinquantadue 칭꽌따두에
30.	trenta 뜨렌따	53.	cinquantatré 칭꽌따뜨레
31.	trentuno 뜨렌뚜노		...

60.	sessanta 세산따	400.	quattrocento 꽈뜨로첸또
70.	settanta 세딴따	500.	cinquecento 칭꿰첸또
80.	ottanta 오딴따	600.	seicento 세이첸또
90.	novanta 노반따	700.	settecento 셋떼첸또
100.	cento 첸또	800.	ottocento 오또첸또
101.	centouno 첸또우노	900.	novecento 노베첸또
102.	centodue 첸또두에	1000.	mille 밀 레
108.	centootto 첸또오또		
	...		
200.	duecento 두에첸또		
300.	trecento 뜨레첸또		

부록

숫자-서수

primo 쁘리모	첫 번째	sesto 세스또	여섯 번째
secondo 세꼰도	두 번째	settimo 세띠모	일곱 번째
terzo 떼르쪼	세 번째	ottavo 오따보	여덟 번째
quarto 꽈르또	네 번째	nono 노노	아홉 번째
quinto 뀐또	다섯 번째	decimo 데치모	열 번째

undicesimo 운디체지모	열한 번째
dodicesimo 도디체지모	열두 번째
tredicesimo 뜨레디체지모	열세 번째
quattordicesimo 꽈또르디체지모	열네 번째
quindicesimo 뀐디체지모	열다섯 번째

sedicesimo 세디체지모	열여섯 번째
diciassettesimo 디치아세떼지모	열일곱 번째
diciottesimo 디치오떼지모	열여덟 번째
diciannovesimo 디치안노베지모	열아홉 번째
ventesimo 벤떼지모	스무 번째
centesimo 첸떼지모	백 번째
millesimo 밀레지모	천 번째

시간 표현

Che ora è? 께 오라 에?	몇 시입니까?
Che ore sono? 께 오레 소노?	몇 시입니까?
È l'una. 에 루나	1시입니다.
È l'una e dieci. 에 루나 에 디에치	1시 10분입니다.
È l'una e venti. 에 루나 에 벤띠	1시 20분입니다.
Sono le due. 소노 레 두에	2시입니다.
Sono le due e quaranta. 소노 레 두에 에 꽈란따	2시 40분입니다.
È mezzogiorno. 에 메조죠르노	정오입니다.
Sono le sei e mezzo. 소노 레 세이 에 메조	6시 30분입니다.
È mezzanotte. 에 메자노떼	자정입니다.

인사 표현

Ciao! 챠오!	안녕
Salve! 살베!	안녕!
Buon giorno!(= Buon dì! 아침인사) 부온 죠르노! 부온 디	안녕하세요!
Buon pomeriggio 부온 뽀메리죠!	안녕하세요!(점심인사)
Buona sera! 부오나 세라!	안녕하세요! (저녁인사)
Buona notte! 부오나 놋떼!	안녕히 주무세요! (저녁인사) 안녕하세요!
Buon fine settimana! 부온 피네 쎄띠마나!	주말 잘 보내세요! (주말인사)
Buon appetito! 부온 아뻬띠또!	맛있게 드십시오!
Buon lavoro! 부온 라보로!	수고하십시오!
Buon viaggio! 부온 비앗죠!	좋은 여행 하십시오!

Buon divertimento! 부온 디베르띠멘또!	재미있게 보내세요!
Buon compleanno! 부온 꼼쁠레안노!	생일을 축하합니다!
Buon Natale! 부온 나딸레!	메리 크리스마스!
Buona Pasqua! 부오나 빠스꽈!	즐거운 부활절 보내세요!
Buona fortuna! 부오나 포르뚜나!	행운이 있기를 빕니다!
Arrivederci! 아리베데르치!	또 만나!
Benvenuto! 벤베누또!	어서 오십시오! 잘 오셨습니다! (남자 한 명에게)
Benvenuta! 벤베누따!	어서 오십시오! 잘 오셨습니다! (여자 한 명에게)
Benvenuti! 벤베누띠!	어서 오십시오! 잘 오셨습니다! (남자 여러 명 또는 여러 명의 남녀에게)
Benvenute! 벤베누떼!	어서 오십시오! 잘 오셨습니다! (여자 여러 명에게)

A: Buona fortuna!   행운이 있기를 빌어!
부오나 포르뚜나!

B: Anche a te!   네게도 마찬가지야!
앙께 아 떼!

A: Buon appetito!   맛있게 드세요!
부온 아뻬띠또!

B: Altrettanto!   당신도 맛있게 드세요!
알뜨레딴또!

감사 및 실례 표현

Grazie! 그라찌에!	감사합니다.
Molte grazie! 몰떼 그라찌에!	대단히 감사합니다.
Prego! 쁘레고!	천만에요.
Di niente! 디 니엔떼!	천만에요!
Si figuri! 시 피구리!	별 말씀을요!
Scusa! 스꾸자	실례해! 미안해!
Scusi! 스꾸지!	실례합니다! 미안합니다!

식당에서 주문하기

Scusi! Il menu per favore! 실례합니다! 메뉴 주세요!
스꾸지! 일 메누 뻬르 파보레!

이 식당의 특별 요리는 무엇입니까?
Qual è la specialità della casa?
꽐 레 라 스뻬치알리따 델라 까자?

1차 요리로는 마늘과 올리브유가 들어간 스파게티 주세요
Per primo, gli spaghetti all'aglio e olio.
뻬르 쁘리모, 리 스빠게띠 알알리오 에 올리오

메인 요리로는 삶은 고기 모듬 주세요.
Per secondo, bollito misto.
뻬르 세꼰도, 볼리또 미스또

Per me, il vino rosso. 나에게는 적포도주 주세요.
뻬르 메, 일 비노 롯소

Ben cotto, per favore! 잘 익혀(Well done) 주세요.
벤 꼬또, 뻬르 파보레!

Cotto medio, per favore! 중간 정도로 익혀(Medium) 주세요.
꼬또 메디오, 뻬르 파보레!

Al sangue, per favore! 알 상구에, 뻬르 파보레	아주 살짝 익혀(rare) 주세요.
Niente zucchero, per favore! 니엔떼 쭈께로, 뻬르 파보레!	설탕을 전혀 넣지 마세요.
Poco sale, per favore! 뽀꼬 살레, 뻬르 파보레!	소금을 조금 넣으세요.
Prenderei un tiramisù. 쁘렌데레이 운 띠라미수.	저는 티라미수 먹겠어요.
Prendo un caffè. 쁘렌도 운 카페.	저는 커피 마시겠어요.
Per me, un deca. 뻬르메, 운 데까.	저는 카페인이 없는 커피 마시겠어요.
Per me, un gelato. 뻬르메, 운 젤라또.	저는 아이스크림 먹겠어요.

꿩먹고 알먹는 이탈리아어 첫걸음

이기철 저
46배판 / 242쪽
18,000원(mp3CD)

노래로 배우는 이탈리아어

최보선 저
신국판 / 312쪽
15,000원(CD롬)

독학으로 이탈리아 간다

최보선 저
46배판 / 598쪽
25,000원

동사를 알면 이탈리아어가 보인다

최보선 저
46배판 / 616쪽
28,000원(CD롬)

여행필수 이탈리아어회화

허인 편저
B6 / 288쪽
6,500원

영어대조 이탈리아어 회화

허인 편저
46판 / 224쪽

8,000원
(테이프2개포함 15000원)

입에서 톡 (talk)이탈리아어
(해설강의 mp3CD)

이기철 저

176×248 / 256쪽

18,000원
((mp3CD (회화1,해설강의 CD2))

영어대조 이탈리아어 회화

최보선 저

46판 / 490쪽

30,000원

이탈리아어 한국어
한이 입문소사전

초판인쇄	2013년 5월 20일
초판발행	2013년 5월 30일
저　　자	이 기 철
발 행 인	서 덕 일
펴 낸 곳	도서출판 문예림
등　　록	1962. 7. 12 제2-110호
주　　소	서울특별시 광진구 군자동 1-13
	문예하우스 101호
전　화	(02)499-1281~2
팩 스	(02)499-1283

http://www.bookmoon.co.kr
Email:book1281@hanmail.net

ISBN 978-89-7482-580-5(13770)

정가 17,000원

*잘못된 책은 구입하신 서점에서 교환해 드립니다.